brand eins *Thema*

Lernen lassen

Abenteuer Bildung

Vorwort

Hamburg ist ein gutes Beispiel. Hier gehen derzeit Tausende junger Eltern gegen die von der schwarz-grünen Regierung geplante Erhöhung der Kita-Gebühren auf die Barrikaden, hier streiten Politiker, Lehrer und Elterninitiativen seit Monaten über die Frage, ob die Grundschule künftig vier oder sechs Jahre dauern soll. Hier suchen rund 80 000 Menschen eine Beschäftigung und fast 50 Prozent aller Hauptschüler eine Lehrstelle. Hier bleibt regelmäßig jeder zehnte Schulabgänger ohne Abschluss und jedes fünfte Migrantenkind auf der Strecke – mit 20 Prozent liegt der Anteil ausländischer Schüler ohne Bildungsabschluss im Stadtstaat fast doppelt so hoch wie im Bundesgebiet.

Hamburger Verhältnisse herrschen inzwischen fast überall. Es fehlt an Mitteln, an Konzepten, an Personal. Vor allem aber fehlt das gemeinsame Ziel. Denn während wir uns noch über das perfekte Punktesystem im Bachelor-Studiengang oder um die zweite Nachkommastelle bei den diversen Studien streiten, die sich mit der Sprach-, der Lese- oder der mathematischen Kompetenz deutscher Schüler befassen, verlieren wir die wichtigste Frage aus dem Blick: Was bedeutet heute eigentlich Bildung?

Brauchen wir wirklich nur mehr Geld, um besser zu werden? Besser worin? Im Anhäufen von Lehrstoff? Im Repetieren von Formeln? Im Aneinanderreihen von Leistungsnachweisen oder im Trainieren von Fertigkeiten, die vielleicht schon morgen gar keiner mehr braucht?

Bildung hat etwas damit zu tun, wie wir die Welt begreifen. Sie beginnt nach der Geburt, und sie endet mit dem Eintritt ins Erwerbsleben noch lange nicht. Sie geht uns alle an. Jede Altersgruppe, jede Nationalität und jede soziale Schicht, Lehrer wie Schüler, Eltern wie Studenten, Unternehmer wie Politiker. Bildung kostet. Aber sie erfordert viel weniger Geld als Einsicht. Die Einsicht, dass es heute eben nicht mehr reicht, mit einem möglichst gut gefüllten Konto an Know-how ins Berufsleben zu starten, um die nächsten 30 Jahre davon zu zehren. Die Einsicht, dass haufenweise Informationen noch kein Wissen sind und das Sammeln von Fleißkärtchen bis Mitte 20 noch keine Bildungskarrieren. Dass Noten nicht helfen, sich in der kompliziert gewordenen Welt zurechtzufinden und seinen Weg zu suchen. Dass Wissenserwerb kein Privileg der Jugend ist, jede Bildungskarriere ihren Anfang aber sehr wohl im Kleinkindalter nimmt. Dass Alte ihren Mangel an modernem Fachwissen im Zweifel mühelos durch Erfahrung wettmachen können. Dass Hauptschüler nicht selten die besseren Manager sind. Ausländerkinder nicht per se die schlechteren Schüler. Qualitätsprüfer keine Feinde. Denkende Mitarbeiter keine Bedrohung. Neue Ideen kein Angriff. Und mutige Lehrer ein Segen.

Über all das haben sich die Autoren dieses Buches in ihren Geschichten Gedanken gemacht. Die Texte sind schon einmal in Publikationen der brand eins Medien AG veröffentlicht worden, aber sie haben über die Zeit nichts an Wert verloren. Wir haben sie für dieses Buch aktualisiert und neu zusammengestellt. Als Plädoyer: für Lernen, Denken-Dürfen, Wissen-Wollen – und für einen neuen Bildungsbegriff. ◀

Susanne Risch
brand eins Wissen

ISBN 978-3-86850-657-0

Inhalt

Leben heißt lernen

Ein kurzer Überblick über alles.

Von Peter Lau

Anfangs kümmern sich deine Eltern den ganzen Tag um dich, und auch später helfen sie dir noch ein wenig: Du machst die ersten Schritte, und sie halten deine Hand, du fährst auf deinem neuen Fahrrad, und sie laufen einige Zeit neben dir her. So gewöhnst du dich daran, dass du immerzu etwas Neues tun musst. Aber schnell wird dir klar, dass sie nicht immer da sein werden: Als sie dich zum ersten Mal allein im Kindergarten lassen, ist es seltsam, vielleicht sogar schrecklich, doch irgendwann gewöhnst du dich selbst daran. Das ist auch besser so, denn so wird es bleiben: Für den Rest deines Leben wirst du auf dich selbst angewiesen sein.

Du kommst in die Schule, gerade als du dich an den Kindergarten gewöhnt hast: Du kennst dich dort aus, weißt, wo die Spiele sind, und hast Freunde, aber nun ist es aus mit Spielen, jetzt wird gearbeitet. Damit du dich daran gewöhnst, hast du anfangs nur einige Stunden Unterricht, aber bald werden es mehr, und mit Spaß hat das nichts mehr zu tun. Immerhin kannst du dich immer noch gut mit anderen Kindern unterhalten, das war noch nie schwierig, nur ändert sich das leider ebenfalls recht bald. Sie werden alle so komisch, die Mädchen kichern albern, die Jungs rempeln brutal oder geben an, überhaupt wirken alle Kinder um dich herum wie ausgetauscht. Und nicht nur das: Du selbst wirst ebenfalls komisch. Du hast Gefühle, die du nicht kennst, und entdeckst eines Tages im Spiegel einen Körper, der völlig grotesk ist – der gehört dir auf keinen Fall! Zumindest musst du dich daran erst mal gewöhnen, aber leider hast du dafür überhaupt keine Zeit, und so überziehst du zum ersten Mal dein Konto der Erkenntnis – du steckst knietief im Lebensdispo.

Zum Glück weißt du das nicht. Du weißt nur, dass da draußen Mädchen oder Jungs auf dich warten, eine Welt der tausend Möglichkeiten, dein Leben. Also probierst du alles aus. Und machst alles falsch. Du bist zum ersten Mal betrunken, und es ist zum Kotzen, du verliebst dich zum ersten Mal, und es bricht dir das Herz, du hast zum ersten Mal Sex, und es ist furchtbar kompliziert. Nein, Spaß macht auch das nicht. Vielleicht wäre es besser, wenn du üben könntest, aber dafür ist keine Zeit. Die Schule ist vorbei, gerade als du dich endlich an sie gewöhnt hast, und nun sollst du dich entscheiden, was du für den Rest deines Lebens machen willst. Natürlich ist das völlig idiotisch, natürlich hast du keine Idee, aber daran kannst du dich gleich gewöhnen: Es geht hier nicht um dich, du bist nur Teil der Maschine. Und die Maschine, die siehst du erst ganz am Schluss.

Immerhin hast du jetzt offiziell eine Wahl, oft kommt das im Leben nicht vor, und mit etwas Glück wählst du das Richtige. Vielleicht reicht es sogar, um ein bisschen rauszukommen aus dem Lebensdispo – vielleicht probierst du tatsächlich einige Sachen lange genug aus, um sie zu verstehen. Danach hast du eventuell Spaß am Sex, weil du dich traust zu tun, was du wirklich willst, oder trinkst zum Alkohol Wasser, sodass du dich am nächsten Morgen nicht mehr ganz so elend fühlst. Mit etwas Glück triffst du sogar ein paar Menschen, mit denen du offen darüber sprechen kannst, dass du keine Ahnung hast, worum es geht. Und mit ganz viel Glück sagen sie: wir auch nicht. Das fühlt sich dann für einen Moment an, als hättest du alles verstanden, das Leben und so weiter, und diesen Moment solltest du wirklich genießen, denn lange wird dieses Gefühl nicht halten.

Dann ist deine Ausbildungszeit auch schon rum, du bist etwas geworden, und nun beginnt der Alltag, denn du hast einen Beruf. Damit hast du nicht gerechnet: Die ganze Zeit ging es holterdipolter die Lebenstreppe rauf (oder war es eher runter?), und plötzlich bewegt sich nichts mehr. Du gehst zur Arbeit, du hast einen Partner oder suchst einen, abends kochst du und siehst fern, am Wochenende fährst du mal weg, und alles ist eigenartig ruhig. Vielleicht zu ruhig? Wo sind die wilden Abende in den Clubs, wo die verrückten Touren mit den Freunden, wo die Ideen, die ihr verwirklichen wolltet, denn wozu ist das Leben da, wenn nicht dazu, seine Träume wahr werden zu lassen? Doch nach Feierabend ist es irgendwie schwierig, wild und gefährlich zu sein, und schließlich ist es nicht so, als hättest du gar keinen Spaß. Außerdem bekommst du kurz darauf Kinder.

D amit hast du ebenfalls nicht gerechnet. Sicher, du wolltest welche haben, aber dass man die aufziehen muss und wie das geht, war dir nicht ganz klar. Bald kannst du Windeln wechseln und Fläschchen wärmen, doch die kleinen Racker wachsen in einem irren Tempo, und so hechelst du die ganze Zeit hinter ihnen her, andauernd haben sie irgendwas Neues. Immerhin entwickelt sich in dir langsam ein Gefühl von Stabilität: Du machst deine Arbeit seit einiger Zeit und bist inzwischen gut darin, du verstehst tatsächlich, worum es geht und wie da etwas unter deinen Händen wächst. Du hast Gewohnheiten, und sie fühlen sich gut an, du hast neue Fähigkeiten, und sie sind verblüffend, du kochst, und es schmeckt nicht mehr wie früher das Studentenzeug. Alles wächst, und du wächst mit, so wie deine Kinder, so wie dein Leben.

Einiges ist auch verschwunden, die Kinder wollen spielen, und das kannst du leider nicht mehr, jedenfalls nicht so unschuldig wie früher. Du würdest es vielleicht gern wieder lernen, doch es bleibt nicht genug Zeit zum Üben: Im Alltag ist kein Platz zum Spielen, und die lieben Kleinen wollen schon bald lieber groß sein. So folgt die nächste Überraschung: Gerade dachtest du, du hättest es endlich geschafft, einen Platz im Leben gefunden, und plötzlich steckst du wieder im Dispo. Diesmal aber bis zum Hals: Du hast eine Lebenskrise.

Entschuldigungen am Schluss nützen nichts. Du hast also ein Haus gebaut, du kannst einen prima Lammbraten zubereiten, du hast tolle Freunde und kennst dich aus mit allem, was dich interessiert. Eines Abends liegst du auf dem Sofa, liest ein schönes Buch, trinkst Tee, das Telefon klingelt, und jemand, der dich liebt, erzählt dir von einem kleinen Glück.

Alles ist gut. Doch nachdem du aufgelegt und das Licht eingeschaltet hast, weil es dämmert, wirst du so schwer. Du zögerst. Die Kinder sind aus dem Haus, deine Arbeit machst du so lange, dass es sich anfühlt wie schon immer, alles ist an seinem Platz. Trotzdem hast du das Gefühl, dass das nicht alles gewesen sein kann. Was ist denn mit deinen Träumen? Wo sind die geblieben? Warum bist du nicht reich, berühmt und glücklich?

Du wirst also wieder aktiv, schaffst Sachen, die du dir nie zugetraut hast, versuchst noch mal etwas Neues und findest ein weiteres Mal einen Platz im Leben. Doch es ist nur eine Zwischenstation, und das ahnst du. Denn nun zeigt dein Körper erste Ausfallerscheinungen. Anfangs sind es nur Kleinigkeiten, doch bald läufst du nicht mehr so leichtfüßig wie einst durch die Welt, spürst das Wetter in den Knochen und bist oft müde. Klar, du könntest jetzt wieder ausgehen wie früher, die Kinder sind aus dem Haus, du hast Geld, und die Arbeit lässt dir mehr Freiraum. Aber irgendwie hast du keine Lust. Du bist häufig schlapp, außerdem hast du alles schon tausendmal gesehen, die Restaurants, die Gespräche, die Taxis. Und jemanden abschleppen für eine wilde Nacht, nein, das kannst du sowieso vergessen, das ist vorbei, und das weißt du auch. Reisen geht noch, immerhin, fremde Länder besuchen macht Spaß, aber der Klimawechsel ist mühsam, du bist langsamer geworden und brauchst länger zum Eingewöhnen. Eigentlich brauchst du sowieso mehr Zeit. Na, die wirst du kriegen.

D u gehst also in Rente. Hättest du mitgezählt, wäre das jetzt wahrscheinlich die millionste neue Situation in deinem Leben, und würde es gerecht zugehen, bekämst du dafür eine Anstecknadel. Das mit der Gerechtigkeit hast du dir zum Glück schon vor längerer Zeit abgeschminkt, aber an die Stille und den Mangel an Aufgaben und Zielen gewöhnst du dich lange nicht.

Zum Glück bist du nicht allein, einige Freunde, die damals meinten, sie wüssten ebenfalls nicht, worum es im Leben geht, sind noch da. So könnt ihr darüber lachen, wie naiv ihr damals wart, und euch darüber freuen, wie viel ihr trotzdem geschafft habt. Insgeheim weißt du aber, dass sie eines Tages sterben werden. Der Tod ist zwar nichts Neues für dich, deine Eltern sind bereits tot, aber als sie starben, waren sie dir schon fern. Natürlich tat es furchtbar weh, aber sie waren nicht mehr die Menschen, mit denen du dein ganzes Leben teilst. Nun ist es anders. Doch selbst daran gewöhnst du dich nach einiger Zeit. Bald kennst du dich aus auf Friedhöfen, und die Gespräche bei den Beerdigungen werden routinierter. Schließlich bist du dran.

Lust zu leben hast du sowieso nicht mehr viel. Dein Körper ächzt, du stöhnst den ganzen Tag, schläfst nicht gut, einige deiner besten Freunde sind tot, und neben deinem Bett befindet sich eine Apotheken-Zweigstelle. Du darfst nicht essen, was du magst, alles fällt dir schwer, die Straßen von früher findest du nicht wieder, und die jungen Leute verstehst du schon lange nicht mehr.

Du liegst also im Bett, jemand hat dir irgendwas gebracht, es dämmert, und plötzlich weißt du, dass das jetzt nicht bloß der Abend ist, der kommt. Und dann siehst du sie. Die Maschine, die dein Leben war. Wie du ihr brav gefolgt bist, wie du an jeder Abzweigung aus den Vorschlägen gewählt hast, die dir vorgegeben waren, wie du immer gerannt bist, dem Leben hinterher, wie du nie wusstest, was du eigentlich wolltest. Sie haben mir keine Zeit gelassen, rufst du in das Nichts, und eine Stimme antwortet leise: Sie lassen dir nie irgendwas, du musst dir alles nehmen.

Also schließt du die Augen, da ist das Licht, darüber hast du mal im »Spiegel« gelesen, die sind echt gut informiert beim »Spiegel«, und dann zieht noch mal alles vorbei, deine Freundin im Kindergarten und wie sie gelacht hat, die Sonne am ersten Morgen nach der ersten Nacht mit deiner großen Liebe, der ernste, erstaunte, ferne Blick deines ersten Kindes, das Glück in dem einen Gesicht, das über Jahrzehnte beim Aufwachen neben dir lag, und du weißt, es war gut, es war so gut, gelebt zu haben. Dann ist es fort. Deine Augen sind geschlossen, und wenn du sie wieder öffnest, blicken sie in ein anderes Leben. Vielleicht kriegst du es dann besser hin. Vielleicht hast du etwas gelernt. ◄

„Leben heißt lernen" erschien zuerst in brand eins 05/2005.

„Wir denken, um die Wahrheit zu beweisen."

Besser wäre es, so der Mediziner und Denktrainer
Edward de Bono, wenn wir unseren Kopf dazu nutzten,
neue Lösungen zu finden.

Interview: Christiane Sommer

*Herr de Bono, seit mehr als 40 Jahren kritisieren Sie die Art, wie die meisten
Menschen denken. Warum?*

de Bono: Weil die Weise, wie wir denken, das größte Problem der Menschheit ist, nicht etwa der Klimawandel. Und wir merken es nicht mal. Wir
sind dermaßen selbstzufrieden, dass wir nicht auf die Idee kommen, uns
zu hinterfragen. Was nicht erstaunlich ist, weil wir unsere Art zu denken
dazu benutzen, unser Denken zu beurteilen.

*Immerhin sind die Menschen auf diese Weise doch ganz schön weit gekom-
men.*

Sicher, wir waren auf dem Mond und haben das Telefon erfunden und
noch ein paar Dinge mehr. Aber ich bleibe dabei: Unser Denken ist stark
eingeschränkt und hat sich im Grunde seit mehr als 2000 Jahren kaum
weiterentwickelt. Bis heute ist unser Denken ganz wesentlich von Sopho-
kles, Platon und Aristoteles geprägt. Alle drei stehen für ein Denken, das
sich vor allem auf Urteile stützt. Auch der Einfluss der Kirche ist bis heute

spürbar. Sie besaß ja lange Zeit ein Monopol auf Bildung. An den Schulen und auch an Universitäten wurde vor allem das gelehrt, was die Kirchenoberen für gut und richtig hielten. Und die Kirche brauchte kein für Veränderungen offenes oder kreatives Denken. Ihr ging es um ihre Wahrheit, um Logik und Argumentationsketten, die die Häretiker widerlegen sollten. Und das ist bis heute der Kern unseres Denkens geblieben. Wir denken, um die Wahrheit zu finden und zu beweisen.

In vielen Wissenschaften – wie etwa der Physik – hat uns die Logik vorangebracht.

Diese Art des logischen Denkens funktioniert in den Wissenschaften tatsächlich ganz gut. Dennoch haben wir es nie geschafft, im großen Maßstab ein Denken zu entwickeln, das wirklich zu neuen Lösungen und Ansätzen führt. Selbstverständlich sind einzelne Personen immer wieder sehr kreativ: Erfinder, Unternehmer. Aber im Wesentlichen sind die großen Leistungen Einzelleistungen geblieben. Kulturell beherrschen wir in der Masse diese Art zu denken nicht. Und wir lernen sie auch nicht. In der Schule geht es von Anfang an darum, zu analysieren und Informationen und Wissen anzuhäufen, Logik anzuwenden und eben zu urteilen. Um neue Denkansätze oder Denkwerkzeuge geht es nie. Und das bleibt bei den meisten Menschen ihr Leben lang so. Deshalb sind wir nur sehr, sehr selten wirklich erfolgreich, wenn es um die größeren Herausforderungen geht.

Vor etlichen Jahren habe ich einmal versucht, in der UNO Mitstreiter für neue Lösungsansätze bei Konflikten zu finden – unmöglich. Die haben mir gesagt: Wir sind nicht hier, um tolle neue Ideen zu entwickeln, wir sind hier, um unsere Länder zu repräsentieren.

Möglicherweise fällt es den Menschen schwer, sich auf Ihre Ideen einzulassen, weil sie so wenig konkret und schwer zu fassen sind?

Deshalb ist eines meiner aktuellen Projekte, einen besonderen Ort des Denkens zu etablieren. Was ich mir vorstelle, ist ein bahnbrechendes Gebäude, das Ort sein soll für neue Gedanken. Ein Treffpunkt und eine Basis für Menschen, die den Mut haben, anders zu denken. Von dort sollen neue Ideen und Lösungsansätze in die Welt kommen und diskutiert werden. Ideen wie diese: Als ich neulich in Indien war, kam ein junger Mann zu mir und sagte: „Ich habe eine neue Idee, wie man die Demokratie voranbringen könnte – wer Kinder hat, sollte eine Stimme mehr bei Wahlen bekommen. Denn wer keine Kinder hat, der blickt ganz anders in die Zukunft als ein Mensch, der Kinder hat. Wer 50 ist und kinderlos, dem kann der Klimawandel eigentlich egal sein." Oder nehmen wir diese Idee: Es ist eine Lösungsmöglichkeit für den Konflikt zwischen Israel und Palästina. Die könnte so aussehen, dass die Länder, die Israel damals mit zu gründen halfen, jedes Jahr insgesamt drei Milliarden Dollar an Palästina überweisen. Doch für jede Rakete, die auf Israel abgeschossen wird, werden 50 Millionen Dollar von diesem Betrag abgezogen.

Solche Ideen finde ich zumindest diskussionswürdig. Bislang aber finden sie kein Forum. Ein solches Forum könnte uns helfen, Wege zu Lösungen zu finden, die den Zustand, den wir für erstrebenswert halten, befördern. Dabei dürfen wir uns nicht mit Be- und Verurteilungen aufhalten. Wir müssen damit aufhören, uns damit zufriedenzugeben zu beweisen, dass wir recht haben und die anderen unrecht.

Das wäre ein Kulturbruch. Wie sollen wir den schaffen?

Die Werkzeuge haben wir schon. Wie Sie wissen, habe ich das Denken mit den sechs Hüten vorgestellt*. Laterales Denken hilft*, Wahrnehmungstrainings helfen, das beweisen auch Studien in Harvard. Die Untersuchungen kommen zu dem Schluss, dass 90 Prozent unseres Denkens am Ende von Wahrnehmungen abhängen und nicht, wie wir glauben, von Logik. Das bedeutet auch, dass uns Logik nicht weiterbringt. Denn die Crux mit der Logik ist, dass sie an Grundannahmen hängt. Und die sind wegen unseres eingeschränkten Denkens, das durch unsere untrainierte Wahrnehmung nicht korrigiert wird, eben oft falsch.

Könnte das Internet helfen, aus den alten Mustern herauszukommen? Immerhin ermöglicht es die Kommunikation zwischen Menschen mit unter-

schiedlichen kulturellen Hintergründen – da könnten es neue Denkweisen doch leichter haben.

Theoretisch ja. Praktisch offenbar nein. Ich beobachte viel Konformität im Netz. Es scheint eher so zu sein, dass das Web zu noch mehr allgemeiner Verdummung führt. Eigentlich ist das auch klar: Nur weil sich jemand einer Community anschließt, heißt das eben nicht, dass sein Denken dadurch verbessert wird. Gerade für Kinder sehe ich da noch eine weitere Gefahr: Sobald sie vor dem Computer sitzen, glauben viele, sie könnten aufhören zu denken. Anstatt über eigene Lösungen nachzudenken, verlegen sie sich auf die Suche nach der vermeintlich richtigen Lösung. Dabei verkümmert das Denken vollends.

Immerhin macht das Internet Wissen allgemein zugänglich.

Sicher, das Web ist voll mit Daten und aller Art Informationen, die jeder jederzeit abrufen kann. Aber was wir brauchen, sind Fähigkeiten, damit etwas anzufangen. Und die sollten in den Schulen und allerspätestens an den Universitäten vermittelt werden: Führungsfähigkeiten, kreative Fähigkeiten, Managementfähigkeiten, Denkfähigkeiten. Bloß Wissen zu vermitteln ist lächerlich.

Das ist allgemein bekannt – aber die Konsequenz wird in Schulen dennoch selten gezogen.

Na, so ist es auch wieder nicht. In China werden in einem Pilotprojekt Schüler in fünf verschiedenen Provinzen nach meinen Methoden unterrichtet. Wenn sie sich dort bewähren, wird laterales Denken in die Lehrpläne landesweit integriert.

Aber generell ist meine Erfahrung, dass diejenigen Menschen, die für Bildung zuständig sind, sehr, sehr konservativ sind. Sie trauen sich nicht, neue Wege zu gehen. Das sieht in Ländern wie China anders aus. Allerdings ist es dort natürlich auch leichter, solche Dinge politisch durchzusetzen. Aber auch in Venezuela wird laterales Denken nun an allen Schulen unterrichtet. In Malaysia, Singapur, Australien und Kanada schwenken die Verantwortlichen langsam um. Dabei beweisen Studien in Großbritannien, dass laterales Denken als Unterrichtsfach an Schulen die Leistungen in allen anderen Bereichen um mindestens 30 Prozent verbessert.

In den Unternehmen glaubt man, dass Teamarbeit zu besseren Ergebnissen führt. Zu Recht?

Teamarbeit hat durchaus ihre Berechtigung. Aber sie ist nicht unbedingt der Schlüssel zu mehr Kreativität, zu mehr guten Ideen.

In Italien werde ich oft gefragt: Sind wir Italiener nicht besonders kreativ? Nein, sage ich dann. Die Überzeugung, kreativ zu sein, macht noch niemanden kreativ, außerdem verwechseln viele Menschen Stil und Design mit Kreativität. Ein schönes Autodesign, ein atemberaubendes Kleid – das ist Stil, aber der betrifft nur die Ästhetik. Kreativität und echtes Design dagegen haben die Kraft, die Dinge grundlegend zu verändern. Es ist fundamental und bedeutet, dass man die Dinge, die man hat, so kombiniert, dass man die Dinge und Werte erreicht, die man will.

Und um auf Ihre Frage zu kommen: Die Italiener sind zu gesellig. Sie diskutieren alles mit ihren Freunden, natürlich auch ihre neuen Ideen. Und wenn die Freunde nicht begeistert sind, dann nehmen sie von ihrer Idee Abstand. Das bedeutet, dass wirklich gute Ideen dem Konsensstreben geopfert werden. Manchmal ist es besser, sein Ding allein zu machen. Übrigens wundert es mich deshalb auch nicht, wenn mir Leute erzählen, sie hätten ihre besten Ideen auf dem Klo oder unter der Dusche. Da sind sie allein und müssen nicht dauernd reden. Um kreativ zu sein, braucht man Zeit, um zu denken. Und zwar ganz für sich.

Deshalb sage ich Führungskräften auch: Mindestens einmal in der Woche solltet ihr allein zum Mittagessen gehen.

Viele nehmen durchaus wahr, dass ihre Unternehmen ein Innovations-problem haben. Sie restrukturieren, starten Change-Prozesse, ermutigen Mitarbeiter, Vorschläge zu machen. Warum hilft das so wenig?

Weil sie es im Großen und Ganzen machen wie der Koch, der zwar andere Zutaten nimmt, aber die Rezepte nicht ändert.

Außerdem fehlt vielen Unternehmen die Disziplin, sich wirklich zu verändern. Und die müssten sie auch aufbringen, um ihr Denken zu verändern. Ich arbeite viel mit DuPont. Die haben einen Chief-Idea-Officer und ein Zentrum für Kreativität gegründet. Man muss das Denken schon ernst nehmen. Es reicht nicht, einmal eine neue Methodik wie meine vorzustellen und zu sagen: Hier, das ist toll, wir möchten euch ermutigen, neue Ideen zu haben. Nein, es muss klar sein, dass ein neuer Wind weht, was auch heißt, dass man verantwortliche Personen braucht. Menschen, die sich die neuen Ideen anhören und sie intern promoten. Und auch diese Leute müssen unterstützt werden. Denn bislang leisten wir es uns, dass wir zwar die Menschen belohnen, die eine Idee hatten – aber diejenigen, die früh erkannt haben, dass sie gut ist, gehen leer aus. Sie sehen: Man muss das Ideenmanagement genauso ernst nehmen wie Finanzen, Controlling und die Rechtsabteilung. Und sich wirklich Gedanken darüber machen. Aber das fällt uns eben schwer.

Ich erzähle gern folgenden Witz dazu: Ein Mann beschließt, Selbstmord zu begehen. Also springt er von einem Hochhaus. Und als er am dritten Stock vorbeirauscht, sagt er sich: so weit, so gut.
Ungefähr so tiefsinnig ist unser Denken. ➤

Sechs Hüte
Mit dieser Methode hat de Bono einen einfachen Weg gefunden, aus Denkschablonen auszubrechen – sechs Hüte, sechs Farben, und jede steht für eine andere Denkweise. Hat man ein Problem oder eine Fragestellung, kann man sich der Reihe nach alle Hüte aufsetzen und ein Thema aus immer neuer Perspektive sehen; in der Gruppe lassen sich die Hüte auch auf die Teilnehmer verteilen. Wer den blauen Hut aufhat, ist für strukturiertes, ordnendes Denken zuständig; mit dem gelben Hut nennt man erst einmal nur die Vorteile, mit dem schwarzen Hut nur die Nachteile eines Problems oder Projektes. Mit dem grünen Hut geht es um assoziatives Denken und ungewöhnliche Ideen, mit dem roten Hut um den Ausdruck von Gefühlen, die bei einem

Projekt oder Problem auftauchen. Und der Träger des weißen Hutes schließlich sammelt alle Informationen wie in einer Datenbank, ohne sie zu bewerten.

Laterales Denken
ist der Oberbegriff für das, was de Bono mit den sechs Hüten praktiziert: die Fähigkeit, ein Thema unter verschiedenen Denk- und Wahrnehmungsperspektiven zu betrachten.

Edward de Bono, 76,
ist auf Malta geboren und studierte dort Medizin am St. Edward's College. Später ging er an die Universität Oxford, studierte dort Psychologie und promovierte an der Universität Cambridge. Mitte der sechziger Jahre stellte er sein Modell des lateralen Denkens vor und gründete 1969 den Cognitive Research Trust, um es zu verbreiten. In den achtziger Jahren hatte er eine eigene Sendereihe in der BBC, in der er seine Methoden erklärte. Edward de Bono ist Autor von mehr als 60 Büchern. Seine Lernvideos werden ebenso wie seine Bücher in mehr als 30 Ländern verkauft. Er ist verheiratet und hat zwei Söhne.

„Wir denken, um die Wahrheit zu beweisen" erschien zuerst in brand eins 11/2009.

Die Vermessung der Welt

Die Fähigkeit zu rechnen ist im Hirn von
Kleinkindern ähnlich angelegt wie das Erlernen
der Muttersprache. Das mathematische
Talent muss nur richtig gefördert werden,
meint Professorin Elsbeth Stern.

Von Frank Burger

D er lebenslange Lernprozess des Menschen beginnt mit einem kleinen Wunder: Alle Kinder lernen Sprechen, von der ersten Minute
an. Obwohl keiner genau weiß, wie sie das tun, wie der Prozess des Sprach-
erwerbs abläuft, was im Gehirn des Menschen dabei geschieht. Niemand
kann wirklich erklären, welcher Mechanismus dafür sorgt, dass schon
wenige Tage alte Babys auf die spezifischen Laute ihrer Muttersprache
sensibler reagieren als auf Laute einer Fremdsprache, wie es kommt, dass
sie irgendwann zum ersten Mal „Mama" oder „Hunger" sagen – trotzdem
geht jeder Vater und jede Mutter ganz selbstverständlich davon aus, dass
der Sprössling irgendwann perfekt sprechen wird. Die Natur hat es schließlich so eingerichtet.

Die Mathematik dagegen erscheint den meisten Menschen als etwas
zutiefst Artifizielles, als eine Spezialwissenschaft, ein Buch mit sieben Sie-
geln. Wer sie beherrscht, hat die Gabe von den Göttern in die Wiege gelegt
bekommen. Oder war schon immer ein Tüftler, ein Streber. „Mathe? Habe

ich nie gekonnt", der Satz würde wohl mindestens der Hälfte der Bevölkerung locker über die Lippen gehen.

Dabei ist eine Fünf in Mathe kein Schicksal. Im Gegenteil: Ein intuitives Grundverständnis für Mathematik ist dem Menschen angeboren, genau wie die Sprachfähigkeit. Säuglinge lernen ihre Welt durch Worte kennen – und sie bekommen mithilfe der intuitiven Mathematik erste Vorstellungen von Mengen und Größen. Genau wie beim Erlernen einer Sprache kommt es jedoch darauf an, dieses mathematische Talent nicht verkümmern zu lassen, sondern es möglichst schon im Vorschulalter spielerisch zu fördern und im Laufe der Jahre auszubauen. Wie das funktioniert und welche Erkenntnisse der Linguistik, Hirnforschung und Pädagogik dabei von Nutzen sein können, untersucht die Kognitionspsychologin Elsbeth Stern schon seit Jahrzehnten. Die Wissenschaftlerin ist eine der gefragtesten Expertinnen im deutschsprachigen Raum, wenn es darum geht, wie kleine Kinder lernen, insbesondere Naturwissenschaften – und sie weiß, dass gerade auf diesem Gebiet die Weichen für Interesse, Leidenschaft und Verständnis bereits in jungen Jahren gestellt werden.

Seit vergangenem Oktober hat Elsbeth Stern, Jahrgang 1957, eine Professur für Lehr- und Lernforschung an der Eidgenössischen Technischen Hochschule Zürich inne, zuvor war sie zehn Jahre am Max-Planck-Institut für Bildungsforschung (MPIB) in Berlin als Forschungsgruppenleiterin tätig. Jetzt sitzt sie in ihrem alten Arbeitszimmer am MPIB, die Übergangsphase ist noch nicht ganz abgeschlossen, ein paar Dinge hat sie hier noch zu erledigen. Dazu zählt auch dieser Termin, bei dem sie erklärt, wie Kinder mittels der Sprache ihre Welt erfassen.

„Kleine Kinder leben mit der Herausforderung, dass ständig Worte auf sie einprasseln, deren Bedeutung sie nicht kennen", sagt Elsbeth Stern, „sie müssen sich den Sinn induktiv erschließen. Das gelingt ihnen, weil sie von Geburt an auch Feinheiten des sprachlichen Ausdrucks und der Grammatik wahrnehmen." Stern erklärt den Zusammenhang gern mit einer blauweiß gestreiften Handpuppe. „Wenn ich einem Kind diese Puppe zeige und sage: ‚Das ist Fido', weiß es, dass Fido der Name ist. Sage ich aber: ‚Das ist ein Fido', registriert das Kind sinngemäß: Aha, davon gibt es anscheinend noch mehr, das ist also eine Gattungsbezeichnung. Oder ich greife in den Papierkorb, krame darin herum und nenne das meinetwegen ‚muggeln' – das Kind hat zwar keine Ahnung, was das heißt, aber es begreift, dass es sich um eine Tätigkeit handeln muss."

So nutzen Kinder jeden kleinen Hinweis, um ihre Welt kennenzulernen und zu verstehen – beim Sprechenlernen tun sie das, ohne bewusst auf eine Grammatik zuzugreifen. Dieses seit Jahrtausenden erprobte Erfolgsmodell funktioniert erstaunlicherweise unter so ziemlich allen Umständen. Es schadet Kindern nicht im Geringsten, wenn die Großtante auf Besuch grundsätzlich nur dutzi-dutzi und eia-eia sagt, solange die Hauptbezugspersonen normal sprechen. „Eltern können bei der Sprachförderung eigentlich nicht viel verkehrt machen. Sie müssen nur mit den Kindern reden. Und wenn die Kleinen einen falschen Satz sagen, sollten die Eltern ihn einfach korrekt neu formulieren. Durch dieses Feedback werden Kinder immer kompetenter", sagt die Expertin.

Das gilt auch für die Sprachförderung außerhalb der Familie: „Gute Erzieherinnen fragen ein Kind, das gerade den Tisch deckt: ‚Was machst du da? Wie ordnest du die Teller an? Wo möchtest du dich hinsetzen?' Dann muss das Kind kommunizieren, beschreiben, Worte finden."

W issensgrundlagen schaffen, damit Kindern der Wissenserwerb später leichter fällt, Fehlentwicklungen entgegenwirken – das sind für Stern zentrale Aufgaben frühzeitiger Förderung. „Wer beispielsweise einer Lese-Rechtschreib-Schwäche vorbeugen will, kann mit Kindern im Kindergarten singen und dichten, damit sie eine phonologische Bewusstheit für die Sprache entwickeln. Lieder, mit denen P und B unterschieden werden, oder die berühmten ‚Drei Chinesen mit dem Kontrabass' für Vokaleinheiten. Längsschnittstudien zeigen, dass ganz einfache tägliche Dinge im Kindergarten enorme Wirkung auf die Sprachkompetenz haben, etwa wenn die Kinder erklären müssen, was Laus, Maus und Haus gemeinsam haben."

Selbstverständlich sind selbst solche simplen Konzepte nicht, bis weit ins 20. Jahrhundert hinein glaubte die Wissenschaft sogar, die kognitiven Fähigkeiten von Kleinkindern seien zu schwach entwickelt, als dass man sie überhaupt sinnvoll fördern könne. „Nun hängen viele Bildungspolitiker und Eltern dem anderen Extrem an und glauben, wir müssten schon bei den Säuglingen mit der Förderung beginnen, um nicht noch mehr Lost Generations zu produzieren."

Zu diesem Pendelausschlag haben nicht zuletzt Erkenntnisse aus der Neurobiologie beigetragen. Seit Langem ist bekannt, dass in den ersten, erfahrungsintensiven Lebensjahren eines Kindes sehr viele Neuronen, also Nervenzellen, Verbindungen miteinander eingehen. Wenn das Kind älter wird, lösen sich viele dieser Verbindungen wieder – so weit die Fakten. Umstritten ist ihre Interpretation. Einige Hirnforscher haben daraus geschlossen, dass ungenutzte Verknüpfungen aufgegeben werden und sich Zeitfenster zum Erlernen bestimmter Dinge unwiderruflich schließen. Deshalb komme es darauf an, dem Gehirn so viele Anregungen wie möglich anzubieten, damit die Verbindungen erhalten bleiben. „Mittlerweile wissen wir aber, dass eine hohe Neuronendichte nicht automatisch eine hohe Lernfähigkeit bedeutet", sagt Stern. Vielmehr sei das Gehirn erst wirklich lernfähig, wenn sich ganz bestimmte Neuronen verbunden hätten und gleichzeitig eine Reduzierung stattgefunden habe – viele kleine Trampelpfade sind weniger effizient als eine gut ausgebaute Hauptstraße.

Bis ins Jugendalter hinein lernen Kinder manche Dinge sogar deutlich schlechter als Erwachsene. Das hängt mit der Entwicklung der Stirnlappen des Gehirns zusammen, des Frontalhirns. Besonders der sogenannte präfrontale Cortex hat große Bedeutung für die kognitiven Prozesse. Er sorgt dafür, dass der Mensch seine Umwelt einordnen, langfristige Pläne fassen und sich in den unterschiedlichsten Situationen richtig verhalten kann – er ist das Zentrum der Einsicht und der Affektkontrolle. Und er ist der Teil des Zentralorgans, der am langsamsten heranreift. Deshalb sind die meisten Kinder auch erst mit ungefähr sechs Jahren so weit, Lerninhalte sinnvoll und dauerhaft aufzunehmen und zu verstehen, die ein gewisses Maß an Selbstbeherrschung, Frustrationstoleranz und anhaltender Konzentration verlangen, wie etwa Lesen und Rechnen.

Das heißt nicht, dass Mathematik erst in der Grundschule ein Thema sein sollte, die Grundlagen einer erfolgreichen Mathe-Karriere werden schon früher geschaffen. Denn ein mathematisches Grundverständnis ist dem Menschen angeboren – und es kann, ähnlich wie die Sprachkompetenz, gefördert oder vernachlässigt werden.

Die amerikanische Psychologin Karen Wynn veröffentlichte 1992 eine aufsehenerregende Untersuchung, in der sie nachwies, dass Kinder schon mit sechs Monaten ein Bewusstsein für Mengenverhältnisse haben. Die Wissenschaftlerin setzte vor Babys eine Puppe auf den Boden und verbarg sie nach einer Weile durch einen Vorhang. Dann zeigte sie den Kindern eine zweite Puppe und versteckte auch sie hinter dem Sichtschutz. Anschließend entfernte Wynn den Vorhang. Waren erwartungsgemäß beide Puppen zu sehen, verloren die Kinder nach kurzer Zeit das Interesse. Erblickten sie dagegen überraschenderweise nur eine Puppe, weil eine Figur unbemerkt entfernt worden war, starrten die Babys deutlich länger hin – ganz so, als würden sie nachrechnen. Dasselbe geschieht bei der umgekehrten Variante: Zwei Puppen, der Vorhang fällt, eine wird deutlich sichtbar hinter dem Sichtschutz hervorgezogen, Vorhang auf, und es sitzen noch zwei Puppen da – großes Erstaunen beim Probanden.

A ls die Studie publik wurde, vereinfachte die Presse die Ergebnisse gern zu der Schlagzeile „Babys können rechnen". Mit Folgen, die die Psychologinnen Kathy Hirsh-Pasek, Roberta Michnick Golinkoff und Diane Eyer in ihrem Buch „Einstein never used Flash Cards" beschreiben: Eine Frau liest in der Zeitung von den Forschungsergebnissen und ist entsetzt – ihr zwei Jahre alter Sohn kann gerade mal bis zehn zählen, aber nicht addieren. Sofort macht sie sich auf und kauft spezielle Lernkarten, um mit dem Kind Rechnen zu üben. Vergebliche Liebesmüh. Zweijährige kennen zwar schon Zahlwörter und verwenden sie spielerisch, aber sie sind nicht in der Lage, wirklich zu rechnen – ganz zu schweigen von den Säuglingen aus den Versuchen Karen Wynns. Sie quantifizieren lediglich eine Menge von Gegenständen und registrieren Widersprüche zwischen dem, was sie erwarten, und dem, was sie sehen.

Elsbeth Stern hält es für sinnvoll, Kinder ab vier Jahren gezielt zu fördern und auf die Inhalte vorzubereiten, die sie in der Schule lernen müssen. In diesem Alter haben die Kinder in der Regel die sogenannte Fähigkeit zur Perspektivübernahme entwickelt: Sie verstehen, dass andere Menschen andere Gedanken haben – eine Grundvoraussetzung für erfolgreiches Lernen. Das verdeutlicht ein Beispiel: Zeigt man einem Dreijährigen eine Buntstiftschachtel und fragt ihn: „Was ist da drin?", wird er „Buntstifte" sagen. Dann wird die Schachtel geöffnet, und der Junge sieht, dass sich statt Stiften Salzstangen in der Schachtel befinden. Auf die anschließende Frage „Was glaubt wohl dein Bruder, was in der Schachtel ist?", wird das Kind antworten: „Salzstangen", weil es noch nicht von seinem eigenen Wissen abstrahieren kann.

Vierjährige sind in ihrer Entwicklung schon weiter, was aber nicht bedeutet, „dass sie das Einmaleins lernen sollen", wie Stern betont. „Ziel ist es, Kindern die Konzepte näherzubringen, auf denen Mathematik beruht. Beispielsweise kann man sie auffordern, an einer gemusterten Tapete oder an einem Kachelboden gleich aussehende Muster zu finden, weil Symmetrie ein wichtiges Prinzip der Mathematik ist. Oder sie beginnen zu verstehen, was Zählbarkeit überhaupt bedeutet, indem man die Blätter eines großen Baums mit denen einer einzelnen Tulpe vergleicht. Sogar Musik kann hilfreich sein, etwa wenn mit Trommeln das Zählen im Takt geübt wird."

Diese spielerischen Ansätze knüpfen an das angeborene intuitive mathematische Verständnis des Menschen an. Sie sind die Basis für die nächsten Schritte, mit denen Kinder anspruchsvollere Operationen begreifen sollen, die Prinzipien der sogenannten kulturellen Mathematik – der Begriff hebt die Rolle einer über Jahrtausende hinweg entwickelten Wissenschaft hervor. Was intuitive und kulturelle Mathematik unterscheidet, verdeutlicht Elsbeth Stern mit einer Rechenaufgabe, die sie im Rahmen einer ihrer Studien zum mathematischen Verständnis bei Kindern verwendet hat: Fünf Vögel haben Hunger. Sie finden drei Würmer. Auf die Frage „Wie viele Vögel bekommen keinen Wurm?" können 96 Prozent der Erstklässler die richtige Antwort geben. Die Frage „Wie viel mehr Vögel als Würmer gibt es?" kann nur noch ein Viertel der Schüler korrekt beantworten.

Diese Diskrepanz liegt nicht an Unterschieden im Sprachverständnis, sondern daran, dass Variante B einen Vergleich zwischen Mengen darstellt. Vergleichsaufgaben jedoch erfordern ein fortgeschrittenes Zahlenverständnis, das über die reine Zählfunktion hinausgeht. Das Üben dieser Form von Textaufgaben in der Grundschule – und anderer anspruchsvoller Aufgaben, die früh zu einem abstrakteren Verständnis von Mathematik führen – ist ein Stützpfeiler für anhaltend gute Leistungen im weiteren Verlauf einer Schulkarriere. In einer Langzeituntersuchung fand Stern heraus: Nur wer bereits in der Grundschule – in diesem Fall in der zweiten Klasse – ein großes Verständnis für Mathematik entwickelt hat, kann auch in der elften Klasse gut in Mathe sein. Besonders bemerkenswert: Dieses Vorwissen spielt sogar eine deutlich größere Rolle für die Leistungen in Klasse 11 als die Intelligenz der Schüler.

„Es ist also nicht gut für die Schüler, wenn der Lehrplan vor allem Aufgaben beinhaltet, die nur an das intuitive mathematische Verständnis anknüpfen. Denn fördern heißt auch fordern", sagt Elsbeth Stern. „Konsequenterweise müssen die Lehrer dann aber auch Fehler erlauben und die Schüler daraus lernen lassen. Wer ihnen immer nur einen möglichen Lösungsweg präsentiert, macht sie unselbstständig."

Für diese Art von Trial-and-Error-Unterricht ist eine offene Kommunikation zwischen Lehrern und Schülern wichtig, und „das bedeutet, dass das Lehrpersonal immer wieder nachfragt, was die Kinder eigentlich wissen, auf welchem Stand sie sind", so Stern. Beispielsweise haben Grundschüler oft recht eigene Vorstellungen und Erklärungen für naturwissenschaftliche Phänomene. „Wenn man Kinder fragt, warum ein Schiff aus Eisen schwimmt, sagen sie ‚weil der Kapitän mitfährt' oder ‚weil es einen Motor hat'. Diese intuitiven Erklärungen muss der Lehrer kennen und berücksichtigen, wenn er sie ausräumen will."

Gerade auf dem Gebiet der Physik hat die Wissenschaftlerin während ihrer Zeit am Berliner Max-Planck-Institut für Bildungsforschung sehr viel darüber herausgefunden, wie kleine Kinder sich Wissen aneignen. In einem eigens eingerichteten Lernlabor hat sie beispielsweise Grundschüler mit einer Balkenwaage experimentieren lassen. Die Kinder lernten anhand von Teilen aus Holz, Metall, Styropor und anderen Stoffen, dass Volumen und Masse eine Rolle spielen bei der Entscheidung, ob ein Gegenstand schwimmt oder nicht. Durch die Anschaulichkeit der Versuche und die Darstellung der unterschiedlichen Messergebnisse mithilfe eines Graphen verinnerlichten die Kinder das physikalische Prinzip des Auftriebs.

„Wir müssen versuchen, so früh wie möglich die Neugier der Kinder zu wecken, egal, auf welchem Wissensgebiet", sagt Elsbeth Stern, „aber diese Erkenntnis ist eigentlich ein alter Hut. Der zweite Schritt ist wichtiger: Wenn sie gepackt sind, muss man ihnen gezielt Lerngelegenheiten zur Verfügung stellen. Man muss sie richtig rannehmen." ◄

„Die Vermessung der Welt" erschien zuerst im April 2007 in „Notizen Bildung".

• • •

Und heute?

Elsbeth Stern lehrt und forscht bis heute an der ETH in Zürich. Im März 2007 veröffentlichte sie gemeinsam mit ihrem Kollegen Aljoscha Neubauer das Buch „Lernen macht intelligent":
Elsbeth Stern, Aljoscha Neubauer (Hg.): Lernen macht intelligent. Warum Begabung gefördert werden muss. Goldmann-Verlag, 2007; 288 Seiten, 8,95 Euro

Krabbeln, brabbeln, entdecken

Verstecken, entwerfen, verwerfen, aufbauen, draufhauen,
drüberspringen, verkleiden, vermeiden, enthüllen,
verzücken, verbinden, vertragen, jagen, weinen, meinen,
verwöhnen, versöhnen, alles sagen und fragen:
Das tolle Leben beginnt im Kindergarten.
Pisa auch.

Von Ralf Grauel

Ich bin ein kleiner Hampelmann, der Arm und Bein bewegen kann. Mal rechts hm-hm, mal links hm-hm ..." Fünf hohe Stimmen, fünf passende Hampelmannbewegungen in einer allen offensichtlich bekannten Choreografie und fünf Babys, die bis vor ein paar Sekunden noch friedlich an der Flasche nuckelten oder mit ihren weichen Fingern an einem der bunten Polsterkissen knibbelten, die Erzieherin Gaby gerade frisch bei Ikea gekauft hat. Nun aber biegen sie staunend ihre Rücken durch, schauen mit offenen, teilweise noch zahnlosen Mündern nach oben, wo sie ein Kreis fröhlicher Mütter umtanzt. Das macht wohl gerade für die Kleinen nicht viel Sinn, denkt man, aber hey: Die Mütter scheinen Spaß zu haben.

Ein paar Minuten später, die Frauen haben inzwischen „Es tanzt ein Bi Ba Butzemann", „Zehn kleine Zappelfinger" und „Hopp, hopp, hopp, Pferdchen lauf Galopp" gesungen, folgt der Höhepunkt des Morgens. Die Kleinen sitzen jetzt auf den Knien ihrer Mütter, die singen: „Ich bin ein kleines Pony, mein Reiter, der heißt Johnny. Und bin ich richtig schlapp, dann werf' ich Johnny ab!" „Hoppe, hoppe, Reiter" (das Lied mit dem Graben und den Kinder fressenden Raben) ist wohl aus heutiger Sicht zu brutal, aber in den Gesichtern der Kleinen explodiert nun ein Thrill, an den man sich auch erinnert, wenn man seit 34 Jahren keinen Kindergarten mehr von innen gesehen hat, ein Nervenkitzel, der sich um den drohenden Absturz von einem galoppierenden Wildpferd dreht und im sicheren Schoß der Mutter endet, auf den es nur eine Antwort gibt: „Noch mal!"

Kids-Club in der Kindertagesstätte Schillerstraße, im Berliner Stadtteil Charlottenburg. Einer von vielen Programmpunkten in einer von vielen Kindertagesstätten in Deutschland, in der einem vieles bekannt vorkommt. Das Gebäude ist ein zweigeschossiger, nicht gerade einladender Zweckbau. Innen: Linoleumböden, lange Gänge mit bunten Bildern und Garderobenhaken auf Brusthöhe, Geländern auf Oberschenkelhöhe, Handtuchhalterreihen auf Bauchnabelhöhe. Kleine Tische, kleine Stühle, kleine Zahnputzbecher, sogar eine Mini-Toilette gibt es hier. Eine Mini-Welt für Mini-Menschen.

Es ist wie ein Besuch in der alten Schule. Die Hülle ist alt, aber die Inhalte sind neu. An der Pinnwand hängt das Wochenprogramm. Es gibt „Tai-Chi mit Mr. Wang", „Babymassage", es gibt den „Kids-Club", Entspannungskurse, Englisch- und Spanischkurse, Kochen-für-Kinder-Kurse, Rechtsberatung, Spiele- und Bücherverleih, und es gibt sogar ein Konflikt-Training für Eltern. „Struktur und Werte sind heute die großen Probleme", erzählte Anne Burgthaler am Telefon, eine Trainerin, die hier „Triple P", eines der Erziehungsprogramme, anbietet: „Jede Familie hat ihre eigene Kultur, die sie aus sich selbst heraus entwickelt. Und viele Eltern sind verunsichert, was richtig ist und was nicht."

Die Kindertagesstätte in der Schillerstraße ist eine typische Großstadt-Kita, die Funktionen für Kernfamilien übernimmt, die außer sich selbst kaum noch etwas drum herum besitzen. Wo Großeltern fehlen, wo sich Werte schneller wandeln als Auto-Marken, wo immer mehr Mütter allein erziehen, wo Doppelverdiener ranmüssen oder -wollen, wird der Kindergarten zum Lern-Center Kindheit. Für Kids und Eltern gleichermaßen.

Und so muss eine Kindertagesstätte heute eben auch Eltern in ihren neuen Lebensabschnitt Elternsein einführen.

Den Kindern scheint das gut zu tun. Die stromern hier auffällig locker durch die Gänge. Da gibt es große, mittlere, kleine und ganz kleine Kinder, die gelegentlich verschlafen, bewindelt und sich die Augen reibend aus einem verdunkelten Zimmer kommen, bevor sie ein Erwachsener auf den Arm nimmt und wachstreichelt. Überall hängen Zeichnungen. Und Fotos. Frühreife Ahnengalerien der Helden von morgen. Kinder neben selbst gebauten Türmen, Kinder beim Kindergeburtstag, Kinder allein, zu zweit, zu dritt, zu viert, stolz, vertieft, verkleidet, beim Essen, beim Spielen, beim Träumen oder einfach nur so. Überhaupt, es gibt hier eigentlich alles, was irgendwie Spaß machen könnte. Nicht schlecht, denkt man, während gerade ein „Ich bin ein Haifisch" flüsternder Haifisch vorbeischwimmt, in Deutschlands Kindergärten hat sich richtig was getan.

Falsch gedacht. „Das machen nur wir in der Schillerstraße so", sagt Martina Guse-Schnabel. Die Erzieherin ist 44 Jahre alt, 24 davon arbeitet sie in der Schillerstraße. „Hallo, ich bin Martina", hatte sie sich vorgestellt und strahlte dabei diese glückliche, leicht überarbeitete Gelassenheit junger Eltern aus, die ständig zu wenig Schlaf kriegen. Zum Beweis führt sie den Gast erst einmal durch die Räume. Erklärt die Inneneinrichtung des Abenteuerlandes, so heißt die Abteilung, die wie eine Wohnung aussieht, würde man sie von einem fünfjährigen Inneneinrichter gestalten lassen. Die überdachte Kuschelecke, die Theaterecke mit Plüsch- und Samtkostümen, die sehr gut ausgestattete Bauecke mit raffiniert geformten Bauklötzen und Formen.

Auch die roten Fotoalben, die hinter Martina im Regal stehen, gibt es anderswo nicht. Jedes dokumentiert die Entwicklung eines Kindes, das zu Martinas Gruppe gehört. Wer das alles ist, sieht man an den Porträtfotos, die wie Blütenblätter um einen roten Kreis geklebt sind. Zieht man also all diese netten Innovationen ab, bliebe dann derselbe Kindergarten übrig, den man selbst vielleicht vor 30, 40 Jahren besucht hat? Erzieherin Martina kommentiert die Frage mit einem Blick, der sagt: „Endlich aufgewacht?"

Bis auf die Kinder ist hier nichts normal. Die Kita Schillerstraße gehört zu den modernsten Einrichtungen Deutschlands. Sicher, es gibt Ähnliches und Vergleichbares im bunten Garten der Frühpädagogik. Doch die Masse hat den Anschluss verpasst. Das schlechte Pisa-Ergebnis Deutschlands im Jahr 2001 wird von Erziehungsexperten übereinstimmend auf die Situation deutscher Kindergärten zurückgeführt. Im Kindergartenalter werden die Weichen gestellt für die Art und Weise, wie wir lernen, wie wir uns weiterbilden und wie wir auf Veränderung reagieren. Hierzulande jedoch wächst dichtes Gras über diese Weichen, denn in den vergangenen Jahrzehnten hat sich die deutsche Kindergarten- und Vorschulpädagogik von der europäischen Forschung und Entwicklung abgekoppelt. Innovationen sind Randerscheinungen, fast überall beruhen sie auf privater Initiative.

Auch in der Schillerstraße war so viel Einsatz gefragt, dass vier von zwölf Kolleginnen es vorzogen, sich versetzen zu lassen, als sie hier vor drei Jahren die Tagespläne abschafften, Wände einrissen und Beobachtungsprotokolle einführten. Mit dem Schreibkram kommt Martina Guse-Schnabel auf mehr Arbeit. „Ein Drittel an Stunden sind dazugekommen", sagt sie und sieht jetzt wirklich müde aus. Mehr Geld bekommt sie nicht. Stressiger ist das neue System auch. Sie blickt sich um. „Maja, musst du pullern?", fragt sie ein kleines Mädchen im roten Kleid, „ich merke doch, die zappelt die ganze Zeit." Aber zurück ins alte System will sie nie wieder, sagt Martina, und dann muss sie mal mit Maja aufs Klo.

Early Excellence Center heißt das, was sie hier machen. Das Original kommt aus England, aus einer kleinen Kindertagesstätte namens Pen Green Center (PGC) im ehemaligen Stahlarbeiterstädtchen Corby. Die Kleinstadt war jahrzehntelang von Arbeitslosigkeit und einer der höchsten Schulabbrecherquoten Englands geprägt. Als Anfang der achtziger Jahre die Stahlwerke schlossen, drohte Corby vollends abzurutschen.

Jeder Sozialarbeiter kennt dieses Phänomen, wenn Familien oder Bezirke innerhalb von ein, zwei Generationen in die Isolation abdriften. Soziale Verlierer meiden Institutionen. Sie schicken ihre Kinder ungern in Kindergärten, kümmern sich weniger um schulische Leistungen, denn die Konfrontation mit den Institutionen spiegelt für viele Mütter und Väter das eigene Versagen. In Corby kombinierte man in einem staatlichen Testprojekt (neben anderen Maßnahmen) einen Kindergarten mit einem Familienzentrum. Man sprach die Aussteiger über Kurse, Weiterbildungs- und Beratungsangebote an und integrierte nach und nach die Eltern, die vorher durch das Raster gefallen waren. Viele der allein erziehenden Frauen bekamen einen Job als Teilzeit-Erzieherinnen. Ihren Kindern verschaffte das PGC einen messbaren Vorsprung gegenüber Kindern in anderen Einrichtungen.

D enn gleichzeitig wurde die Kita neuesten pädagogischen Erkenntnissen angepasst. Sie führte offene Aktivitätszonen ein, wie sie aus der Reggio- und Montessori-Pädagogik bekannt sind, sie stellte neue Erzieher ein, ohne die Zahl der Kinder zu erhöhen. Und sie gewöhnte die von ihrer eigenen Schulerfahrung traumatisierten Eltern langsam daran, dass Leistung oder Erfolg etwas Schönes sein kann. „A Celebration Of My Achievements", zur Feier meiner Errungenschaften, steht auf den Einbänden der Entwicklungsbücher ihrer Kinder. Mit diesen Büchern hängt die wichtigste Veränderung zusammen: die strukturierte Beobachtung der Kids. Und das Protokollieren dessen, woran sie gerade werkeln. „Wir nennen das Schema", sagt Martina. Schemata sind Verhaltensmuster, die bei einem Kind zu bestimmten Zeiten wiederholt auftauchen und darauf hindeuten, dass es gerade spezifische Lernerfahrungen macht. Schon Jean Piaget, der berühmte Entwicklungspsychologe, beobachtete das Vorhandensein kognitiver Fahrpläne, die individuelle Lernfenster des jungen Menschen öffnen und schließen. „Ein Kind beschäftigt sich zum Beispiel mit Schnüren und Klebeband und wickelt alles Mögliche ein. Ein anderes schüttet gern Wasser von einem Glas ins andere, weil es sich gerade mit Rauminhalten auseinandersetzt." Vom Zähneputzen bis zum Balancieren auf der Bordsteinkante: Für Kinder gibt es keine leeren Beschäftigungen. Alles ist Lernen.

Jedes Kind wird alle vier bis sechs Monate vier Tage hintereinander von allen Erzieherinnen einer Abteilung beobachtet. Danach entscheiden sich die Pädagogen für einen Spielaufbau, der genau diese Tätigkeiten stärkt. Und sie melden das Schema den Eltern, das auf diese Weise zum Thema wird. Es wird Thema für Gespräche, es wird Anlass für Beobachtungen. Und es belässt das Kind ganz bewusst dort, wo es sich gerade befindet: im Mittelpunkt seiner eigenen Entwicklung.

Am nächsten Morgen ist die Stimmung im Turnraum des Abenteuerlandes andächtig, es ist „Story Time". Martina sitzt mit acht Kindern ihrer Gruppe im Kreis, alle singen das Begrüßungslied: „Hello, hello, how are you? How are you today?" Ein Kinder-Mantra, das sich für jeden wiederholt, jeder bekommt eine eigene Strophe. „It's good to see you, Niklas", singen sie, bevor das Lied von vorn losgeht und bei Sarah endet, dann bei Finnegan, einer nach dem anderen, am Ende kommt das Lied zu Lukas. Heute ist ein bisschen sein Tag, denn diese Woche wurde er beobachtet. „Lukas' Schema ist Transport", erzählte Martina gestern. Der Dreieinhalbjährige ist einer der Kleinsten in der Gruppe, die sich nun hinter ihm aufstellt. Dann folgt ein Geschicklichkeitsspiel. Nach und nach legen Lukas, Niklas, Sarah, Finnegan und die anderen Kinder Holzschienen aus. Sie bauen damit einen Parcours, über den sie erst mit einem, dann mit zwei, dann mit drei Bällen balancieren. Das ist erstens nicht so einfach für kleine Menschen. Zweitens macht es Spaß. Wie soll man auch um die Kurve kommen, die der listige Finnegan gelegt hat, wenn man seine eigenen Füße nicht mehr sieht, weil man zwei gelbe Schaumstoffbälle zwischen den Armen und einen zwischen Kinn und Brust geklemmt hat?

Später wird geturnt. Sie springen von der Sprossenwand auf die große Schaumstoffmatte. Ein paar von ganz oben, auch Lukas, zum ersten Mal. Dann gehen sie weiteren Tätigkeiten nach, die Erwachsene gern als Spielen bezeichnen, weil dabei das Spaßprinzip regiert. Abends wird Ute Sturmhobel, Lukas Mutter, aufhorchen, als Martina erzählt, welches Schema sie bei ihrem Sohn gerade sehen. „Das ist lustig", sagt die Fernseh-Redakteurin und zählt Dinge auf, die ihr Sohn zu Hause macht. Ein paar davon ähneln denen, die er morgens mit den Stoffbällen unternommen hat. „Er räumt gerne Geschirr ein. Sachen ordnen ist auch toll.

Knöpfe drücken, Dinge an- und ausschalten. Ein totaler U-Bahn- und S-Bahn-Freak! Mein Mann sagt immer, Lukas sei Verfahrenstechniker." Kein schlechtes Wort. Es dürfte auch Piaget gefallen haben.

Die Umstellungen in der Kita in Corby auf die individuellen verfahrenstechnischen Bedürfnisse der kleinen Forscher und Weltentdecker waren so durchschlagend, dass die Blair-Regierung das Modell 2001 zur Benchmark erklärte, unter dem Titel „Early Excellence Center" fördert und bis heute auf 100 Kindergärten in Großbritannien erweitert hat. 11,6 Milliarden Euro hat die britische Labour-Regierung in den vergangenen drei Jahren in frühkindliche Erziehung investiert. Großbritannien, Belgien, Frankreich, Italien, Griechenland, Finnland: Kaum ein europäisches Land, das nicht irgendeine Art von Erziehungsprogramm für Kleinkinder oder eine Novellierung der Erzieherausbildung verabschiedet hätte. In Deutschland reichen Hauptschulabschluss und eine zweijährige Berufsfachschule zur Kinderpflegerin.

Seit Jahren werden Einrichtungen wie das Pen Green Center evaluiert. Piaget, kognitive Lernfenster, der Zusammenhang von Aktivität und Lernen: All das ist längst bekannt, seit 20 Jahren sogar neurologisch nachgewiesen. In Deutschland fällt das Interesse der Pädagogikprofis für die Frage, wie eine strukturelle Antwort auf die entwicklungsphysiologischen Tatsachen aussehen könnte, lau aus. „Gehen Sie mal auf eine internationale Konferenz zum Thema Vorschulpädagogik", sagt Sabine Hebenstreit-Müller, Direktorin des Pestalozzi-Fröbel-Hauses (PFH), dem Träger der Kita Schillerstraße, „da finden Sie 20 Australier, 16 Japaner und 5 Deutsche." 2001 gab es eine OECD-Vergleichsstudie, eine Art Pisa-Studie zur frühkindlichen Erziehung. „Wer fehlte? Deutschland. Der Projektleiter hat auf Bundesebene keinen Ansprechpartner für den Elementarbereich gefunden. Es gab keinen", erzählt Sabine Hebenstreit-Müller.

S abine Hebenstreit-Müller kommt aus Witten, sie spricht diesen lustvollen Ruhrgebietsdialekt, der jedes Wort mit der Pinzette greift. Am Telefon meldet sie sich mit Hebenstreit, so wie sich die Leiterin des Familienzentrums in der Kita Schillerstraße, Jutta Burdorf-Schulz, nur mit

Burdorf meldet. Sabine Hebenstreit-Müllers Büro liegt in der Karl-Schrader-Straße, dort ist die Hauptverwaltung des PFH. Neben ihrer Tür steht eine Büste von Karl Schrader, sie weiß noch nicht, wohin damit. Nach dem Industriellen ist zwar die Straße benannt, das PFH gegründet hat aber seine Frau, eine Großnichte des Pädagogen Friedrich Fröbel: Henriette Schrader-Breymann.

E s ist nur ein Detail am Rande, doch es fällt auf, wie sehr diese holprigen Doppelnamen in der Pädagogik-Szene grassieren. Das Detail passt, denn genauso irrational und reformbedürftig wie die Gesetze, die bis in die neunziger Jahre dafür verantwortlich waren, dass sich Frauen mit diesen zickigen Namenskolonnen herumplagen müssen, gestaltet sich die Gesetzeslage der Branche, in der sie agieren.

Der sogenannte Bildungsauftrag, den deutsche Kindergärten seit 1991 per Gesetz haben, ist weder mit Inhalten gefüllt, noch jemals mit irgendeiner Art von Vorgabe versehen worden. Frühkindliche Pädagogik wird zwar auch von Familienministerin Renate Schmidt mit „höchster Priorität" eingestuft, jedoch fehlt ihr jegliche Macht, einen Strukturwandel in der Frühpädagogik einzuleiten.

„Frühkindliche Pädagogik ist in Deutschland den Sozial- und Jugendämtern zugeordnet", sagt Sabine Hebenstreit-Müller. Die hängen an den Kommunen, und denen geht das Geld aus. Gerade muss sie den von Ver.di und dem Berliner Senat ausgehandelten Tarifvertrag umsetzen. „Geld gegen Freizeit" heißt das Konzept: zehn Prozent weniger Verdienst gegen zehn Prozent weniger Arbeitszeit. „Ich bekomme auf einmal lauter Nebentätigkeitsanträge auf den Tisch", sagt Hebenstreit-Müller. Was macht eine Erzieherin als Nebenjob? „Viele gehen putzen."

Entwicklungsphysiologisch ausgedrückt, sind Kindergärten Orte, an denen über 25 Prozent der Fähigkeit entschieden wird, die eigene Sprache zu beherrschen. Fiskalisch betrachtet, sind sie Sozialstationen. Kostenstellen. Das mag vielleicht hysterisch klingen. Im Land der Chancengleichheit, mag man einwenden, gibt es keinen Bedarf für Sozialmodelle wie Early Excellence Center. Doch das Gegenteil ist richtig. Das deutsche Bildungssystem ist nicht nur eines der schlechtesten. Es ist auch das ungerechteste in Europa. Wie kein zweites grenzt es alleinerziehende Mütter aus. Wie in keinem anderen Land grenzt unser Bildungssystem sozial Schwache von Aufstiegschancen aus. Das deutsche Bildungssystem ist nachweislich nicht in der Lage, die „von der Herkunft bedingte Chancenungleichheit der Kinder auszugleichen", schreibt Sabine Hebenstreit-Müller in einem Bericht in der Fachpresse. Und das ist nicht ihre Meinung, sondern ein Ergebnis der Pisa-Studie. Hebenstreit-Müllers Fazit: „Der spätestens seit den Entdeckungen der Psychoanalyse eigentlich selbstverständliche Gedanke, die ersten sechs Lebensjahre seien die entscheidendsten Bildungsjahre, ist im deutschen Bildungswesen nicht verankert."

4,5 Prozent des Bruttoinlandsproduktes gehen in Deutschland in den Bildungssektor. Der EU-Durchschnitt liegt bei 4,9 Prozent. Spitzenreiter sind hier die skandinavischen Länder Schweden (7,4) und Dänemark (8,4). In Deutschland werden jährlich 4855 Euro pro Kleinkind ausgegeben, 5845 für Schüler und 11 106 für Studenten. Der erste Betrag ist nur offensichtlich zu gering, tatsächlich ist er dank falscher Strukturen und schlecht ausgebildetem Personal so fehlinvestiert, dass er die Zahl späterer Sozialhilfeempfänger nicht verringert, sondern sie festigt.

K indergarten und Schule müssen zusammenkommen. Beide müssen mehr vom anderen haben. Die Kita braucht Bildung. Die Grundschule braucht Spiel. Und beide brauchen weniger Regeln. Der Bruch zwischen den Institutionen rührt aus einer romantischen Annahme in den zwanziger Jahren, wie der Begabtenforscher Franz Emanuel Weinert anmerkt, nämlich der vom „Schonraum" Kindheit, im Gegensatz zum Schulungsraum. Diese Trennung deckt sich jedoch mit nichts, was wir heute über Kinder wissen. Immer wieder kommt es zu Disziplin- und Bildungsschocks zwischen Kindergarten und Schule.

Seit der neurophysiologischen Bestätigung der Beobachtungen Piagets werden die Strukturen der Vorschulpädagogik heftig diskutiert. Wissenschaftlich betrachtet steht fest: Aus dem Lernverhalten von Kindern und Jugendlichen lassen sich Strukturen wie Tagespläne, Klassenverbände und

Stundenpläne nicht ableiten. Stundenpläne und Zeitschienen für Spielgruppen fördern höchstens die Ausbildung kreativer Dropout-Strategien. Stundenpläne strukturieren Wissensvermittlung. Das tun sie, aber ohne die Vermittlung von Wissen zu unterstützen. Stundenpläne strukturieren den Apparat Schule. Sie produzieren Vergleichbarkeit: vergleichbares Wissen, vergleichbaren Erfolg und vergleichbares Scheitern. Sie behindern jedoch die individuelle Förderung junger Menschen. Stundenpläne behindern, Achtung, gleich kommt ein schönes Wort: Bildung.

„Niemand in England käme auf die Idee, die Kinder in der Grundschule plötzlich an Pulte zu setzen und sich anschließend darüber zu beschweren, sie wären zu unruhig", sagt Sabine Hebenstreit-Müller.

Irgendwo zwischen Schule und Kita wird auch in Deutschland etwas Neues entstehen müssen. Bislang gilt: Wer etwas verändern will, muss Überstunden einlegen. Wer umbauen will, braucht Spenden. So auch die Kindertagesstätte in der Schillerstraße. Die Erweiterung zum Familienzentrum, die anderthalb Planstellen, die es dafür braucht, und die Studienreisen der Erzieherinnen ins englische Pen Green Center werden finanziert von einer Spende der Heinz und Heidi Dürr Stiftung.

Das deutsche Early Excellence Center in der Schillerstraße könnte ein Vorbild sein für einen bundesweiten Neustart nach englischem Vorbild. In Berlin haben sie bereits eigene Vorstellungen von der Adaption, denn alles wollen sie in der Schillerstraße nicht übernehmen. Kerstin Brußig, eine Erzieherin, kommt gerade von einem Besuch aus England zurück. „Das Erste, was einem auffällt, ist die Ruhe", sagt sie und: „Kein Wunder, in Corby kommen acht Erzieherinnen auf zwölf Kinder." Das klingt toll, aber dadurch spielen sie dort auch weniger frei und in Gruppen. Und was sie garantiert nicht übernehmen werden: „Die Kinder müssen dort nicht aufräumen. Das machen die Erzieherinnen, wenn die Kleinen abgeholt wurden." In Deutschland nicht wirklich vorstellbar, schon gar nicht in der Berliner Schillerstraße, wo im Schnitt sieben Kinder auf eine Erzieherin kommen.

In dem neuesten Import aus England stecken gerade sechs Kinderhände, die ihre Finger in eine rote Wanne tauchen und durch eine grüne

Matsche ziehen. „Das ist Slime", sagt Kerstin Brußig stolz, nach einem Rezept aus Corby, aus Kartoffelstärke, Wasser und Lebensmittelfarbe. Es kommt auch Gegenbesuch aus England in die Schillerstraße. „Die Kolleginnen redeten immer von ,well-being' und meinten, wir sollten darauf achten, dass das nicht zu kurz käme", erzählt Kerstin Brußig.

Es dauerte eine Weile, bis die deutschen Erzieherinnen verstanden, dass die englischen Kolleginnen von Wohlgefühl, Entspannung und guter Laune redeten. Es dauerte noch viel länger, bis sie verstanden, wen die Besucher aus England adressierten. „Die redeten gar nicht von den Kindern", sagt die Erzieherin, „die meinten uns." ◄

Literatur:
Jürgen Kluge: Schluss mit der
Bildungsmisere – Ein Sanierungskonzept.
Campus Verlag, 2003;
220 Seiten; 24,90 Euro

Donata Elschenbroich: Weltwissen der
Siebenjährigen – Wie Kinder die
Welt entdecken können. Goldmann Verlag,
2002; 288 Seiten; 9,90 Euro

„Krabbeln, brabbeln, entdecken" erschien zuerst im März 2004 in „McK Wissen 08 – Menschen".

• • •

Und heute?

Die Erzieherin Martina Guse-Schnabel arbeitet noch immer in der Berliner Kita Schillerstraße, inzwischen seit mehr als 30 Jahren. Die 115 Plätze in der Einrichtung sind heiß begehrt: Es gibt schon jetzt verbindliche Anmeldungen für den Sommer 2011. Der Träger der Einrichtung, das Pestalozzi-Fröbel-Haus (www.pfh-berlin.de), war von dem Erfolg des Early-Excellence-Modellprojektes in der Schillerstraße so begeistert, dass er den Ansatz inzwischen auf alle seine Einrichtungen ausgeweitet hat. So arbeiten jetzt unter anderen die elf Kindertagesstätten, sechs Grundschul-Ganztagesbetreuungen und fünf Familienzentren nach dem britischen Vorbild.

Anlässlich des zehnjährigen Jubiläums der Early-Excellence-Idee in Deutschland, veranstaltet das Pestalozzi-Fröbel-Haus im September 2010 eine Fachtagung zum Thema, auf der die britischen Bildungsforscherinnen Kathy Sylva und Brenda Taggart die Ergebnisse der bislang größten und umfassendsten Studie zur Wirksamkeit der institutionellen Vorschulbildung nach dem Early-Excellence-Modell vorstellen werden.

Im September 2005 erschien Donata Elschenbroichs zweites großes Werk: „Weltwunder – Kinder als Naturforscher" (Antje Kunstmann Verlag; 240 Seiten, 19,80 Euro. Inzwischen bei Goldmann auch als Taschenbuch erhältlich). Im September 2010 wird im Kunstmann Verlag Elschenbroichs neues Werk erscheinen: „Die Dinge: Expeditionen zu den Gegenständen des täglichen Lebens".

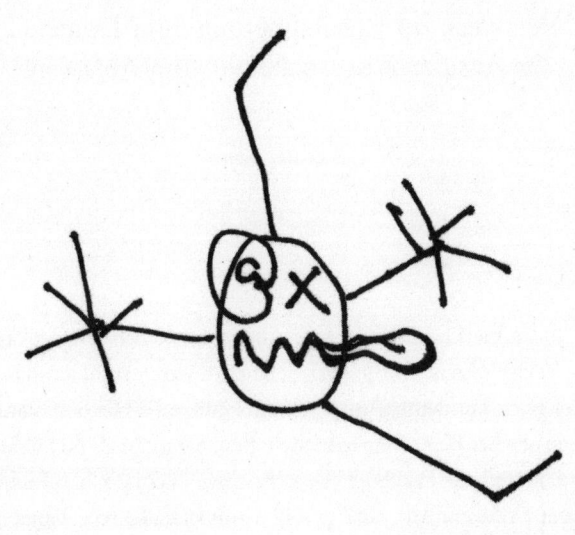

Wieso, weshalb, warum?

Grundschullehrer fürchten die eigene Blamage im
naturwissenschaftlichen Unterricht.
Schüler langweilen sich angesichts faktenlastiger
Physik- und Chemiestunden. Eine Katastrophe,
fanden Forscher und Pädagogen in Frankreich –
und bildeten mit La main à la pâte ein unterstützendes
Netzwerk zur Rehabilitierung ihrer Domäne.
Ihr Ansatz: Wissenschaften zum Anfassen.

Von Kerstin Friemel

Guillaume Lecointre ist eine Autorität auf dem Gebiet der Evolu -
tionsbiologie. Der französische Professor forscht am renommierten Pariser Naturkundemuseum Muséum National d'Histoire Naturelle. Er
ist Mitglied etlicher Forschungsgesellschaften, hat mehr als 60 Publikationen
veröffentlicht und vier Fachbücher geschrieben. Lecointre hält Fachvorträge
und betreut Doktoranden. Und er gibt Grundschullehrern Tipps für ihren
naturwissenschaftlichen Unterricht. Wenn sie ihn fragen.

Alle paar Wochen findet Lecointre in seinem E-Mail-Eingang Post von
Grundschulpädagogen auf der Suche nach fachlicher Erleuchtung. Neulich
wollte eine Lehrerin von ihm wissen, welche Wissenschaftler die Namen
der verschiedenen Arten des Menschen festgelegt haben. Und warum sie
für den modernen Menschen ausgerechnet den Terminus Homo sapiens

wählten. Eine andere Grundschulpädagogin fragte: „Was wird es nach dem Menschen geben?" Lecointre half mit einer wissenschaftlich haltbaren Antwort. „Viele herkömmliche Lehrbücher behandeln derartige Aspekte nicht", sagt der Evolutionsbiologe, „deshalb müssen Lehrer auch andere Quellen anzapfen können."

Lecointre ist einer von 200 Ansprechpartnern, die ehrenamtlich an dem Projekt La main à la pâte – zu Deutsch etwa „selbst Hand anlegen" – mitarbeiten. Das Netzwerk aus Biologen, Chemikern, Physikern, Ingenieuren und Pädagogen will Lehrer mit Rat und praktischer Hilfe unterstützen, wenn die besseren naturwissenschaftlichen Unterricht machen wollen. Mit aktuellem Fachwissen und mit Handwerkszeug, das die Grundschulpädagogen nicht im Studium gelernt haben.

Auf der Web-Seite des Projektes dreht sich deshalb alles darum, Lehrern beim Schließen ihrer fachlichen Wissenslücken zu helfen oder ihnen pädagogische Ratschläge zu geben. Per E-Mail gestellte Fragen beantwortet das Experten-Netzwerk innerhalb von 48 Stunden. Suchen die Grundschul-Lehrkräfte Ideen für ihren Unterricht, können sie sich kostenlos Module mit genauen Anweisungen für den Aufbau von Schulstunden herunterladen. In Online-Diskussionsforen finden sie Lehrer und Naturwissenschaftler zum Fachsimpeln. Und wenn ihnen die virtuelle Beratung nicht reicht, kommen die Experten von La main à la pâte auf Wunsch auch in die Klassenzimmer, um die Lehrer beim Unterricht zu unterstützen. 13 regionale Zentren der Organisation koordinieren den Besuch von Wissenschaftlern in den Schulen, bieten Fortbildungsseminare für Lehrer an und stellen ihnen Materialien für Experimente zur Verfügung.

Dabei verfolgt La main à la pâte ein besonderes pädagogisches Konzept: Im Vordergrund steht das Experimentieren der Kinder. Sie sollen selbst Hypothesen und Ideen entwickeln, ihre Annahmen überprüfen und anwenden. Daneben geht es um das Verknüpfen von naturwissenschaftlichem Lernen und Sprache. Jedes naturkundliche Thema wird über einen längeren Zeitraum behandelt, und im Laufe des Prozesses sollen die Kinder ihr Wissen durch Argumentieren und Hinterfragen vertiefen und festigen.

David Jasmin nennt das Konzept „forschendes Lernen". Der Leiter von La main à la pâte arbeitet mit einem kleinen Team hauptberuflicher Mitarbeiter in Montrouge, rund 20 Minuten außerhalb des Stadtzentrums von Paris. Dort hat ihnen die Eliteuniversität École Normale Supérieure Räume zur Verfügung gestellt. In den Büros stehen abgedeckte Mikroskope und ausgemusterte Holzgloben. Die Schreibtische und Bücherregale von Jasmin und den zwei Kollegen, mit denen sich der 39-Jährige sein Zimmer teilt, scheinen älter als der Projektleiter.

Luxus ist Mangelware. Idealismus nicht. „Lehrer und Schüler sollen lernen, die Naturwissenschaften zu lieben", sagt Jasmin, selbst promovierter Physiker. In vielen Klassenzimmern mangele es nach wie vor an der Didaktik. „Der Unterricht läuft häufig noch genauso ab wie vor 50 Jahren." Lehrer bauten vorschnell auf Abstraktion und setzten Schülern fertige Formeln und Lehrsätze vor, ohne dass sich dabei ein Bild oder eine praktische Anwendungsidee im Schülerhirn bilde. Pädagogik als eine Art geistigen Bodenturnens zur allgemeinen Ertüchtigung. „Wer nicht auf frontal vermitteltes Faktenwissen setzt, streicht den naturwissenschaftlichen Unterricht häufig sogar komplett", weiß Projektleiter Jasmin. 1995, als die Idee zu La main à la pâte entstand, wurden in nur weniger als fünf Prozent aller französischen Grundschulklassen naturwissenschaftliche Fächer unterrichtet. Eine katastrophale Situation, findet David Jasmin. Theoretisch müssten die Naturwissenschaften an allen Grundschulen unterrichtet werden, praktisch prüfe jedoch niemand, was in den Klassenzimmern tatsächlich passiert. Vor allem die Angst vor dem eigenen Versagen vermiese vielen Lehrern die Lust an Fächern wie Physik, Chemie oder Biologie. „Die meisten haben schlechte Erfahrungen in der eigenen Schulzeit gesammelt und unterrichten trotzdem – wenn überhaupt – in der gleichen Art, die ihnen als Schüler den Spaß am Thema geraubt hat." Ein Teufelskreis, der lange nicht durchbrochen wurde, vor allem, weil der gesellschaftliche Druck fehlt, glaubt Jasmin: „Eltern verlangen, dass ihre Kinder schreiben, lesen und rechnen können. Alles andere erscheint ihnen nicht essenziell." Eine Niete in Physik oder Chemie zu sein ist niemandem peinlich.

Das ist in Deutschland nicht anders. Und auch hierzulande halten sich beispielsweise rund 80 Prozent der Lehrkräfte an Grundschulen nicht für kompetent, Technikthemen oder Physik zu unterrichten, hat Kornelia Möller, Professorin für Didaktik des Sachunterrichts an der Universität Münster, in Umfragen herausgefunden. Wer für Physik oder Technik schwärmt, unterrichtet lieber am Gymnasium. An die Grundschule gehen überwiegend Frauen, die sich allenfalls für Biologie interessieren.

Ähnlich wie La main à la pâte in Frankreich will die deutsche Professorin mit Weiterbildungsangeboten für Pädagogen das Interesse an den Naturwissenschaften ankurbeln. Die Didaktische Werkstatt, die sie seit Mitte der neunziger Jahre regelmäßig anbietet, ist ausgebucht, ständig werden Kisten mit Unterrichtsmaterial in Münster ausgeliehen. Doch während das Angebot des Lehrstuhls in Deutschland noch eine von wenigen Ausnahmen ist, bekämpft Frankreich die naturwissenschaftliche Ignoranz in den Grundschulen mit La main à la pâte auf nationaler Ebene.

Angeregt durch den französischen Nobelpreisträger für Physik, Georges Charpak, hatte vor allem die französische Akademie der Wissenschaften Mitte der neunziger Jahre die Idee einer nationalen Initiative unterstützt. Andere wissenschaftliche Organisationen und Ausbildungsstätten schlossen sich bald an, auch sie stellten Gelder und Fachwissen bereit. 1996 startete das Projekt La main à la pâte, zwei Jahre später folgte eine Projekt-Web-Seite als Plattform zum virtuellen Austausch. 2001 eröffneten die ersten regionalen Pilotzentren, um Lehrer vor Ort zu unterstützen. Inzwischen hat auch das Erziehungsministerium die Initiative der Wissenschaftler aufgegriffen und übernimmt einen Teil der Finanzierung.

Das Projekt gilt als großer Erfolg. Bis zu 250 000 Nutzer besuchen die naturwissenschaftliche Web-Seite im Monat. 30 Prozent von ihnen steuern sie an, um per E-Mail Fachfragen zu stellen oder im Antwort-Archiv zu stöbern. Rund die Hälfte aller Besucher fahndet nach Unterrichtsmodulen für die eigenen Schulstunden. Die gibt es thematisch und alphabetisch geordnet für etliche Fachbereiche – von Akustik und Astronomie über Humanbiologie bis zu Technologie. Infos und Hilfsmittel zum Thema „Sonne und Gesundheit" lassen sich in dem elektronischen Werkzeugkasten genauso finden wie Tipps, die helfen, das Funktionieren eines Thermometers zu erklären.

Während die ersten Unterrichtsmodule noch von den Initiatoren von La main à la pâte entwickelt wurden, stammen heute etwa 80 Prozent der rund 250 Angebote von Lehrern. „Die Qualität hat darunter nicht gelitten", sagt Projektleiter David Jasmin. Veröffentlicht werden die Beiträge erst, nachdem ein kompetenter Naturwissenschaftler und ein Pädagoge sie geprüft haben: Hat das Konzept wissenschaftliche Fehler? Ist es in der Klasse praktikabel? Wird es dem Anspruch gerecht, den Unterricht als Erkundungsprozess zu gestalten? Lässt sich der Lernprozess Schritt für Schritt über mehrere Wochen aufbauen? „Die Angebote müssen mit unserem pädagogischen Konzept vereinbar sein", sagt David Jasmin.

Dass sich Lehrer und Kinder mit Wissenschaften zum Anfassen tatsächlich für den naturwissenschaftlichen Unterricht begeistern lassen, zeigen Erfahrungen in den Klassenzimmern. Selbst Pädagogen der französischen Vorschule École maternelle, in der schon Drei- bis Fünfjährige nach nationalen Lehrplänen unterrichtet werden, arbeiten inzwischen mit Konzepten von La main à la pâte.

Zum Beispiel Veronique Pichard. Es ist Mittwochmorgen, und die Lehrerin einer Vorschule in Montreuil verteilt auf einem Tisch Plastikbecher, in denen jeweils zwei mit Erdbeersirup rot gefärbte Eiswürfel liegen. Um Pichard herum drängen sich neugierig rund 30 vierjährige Mädchen und Jungen. An die Eiswürfel können sich die Jungforscher noch erinnern. In der vergangenen Woche haben sie Wasser in kleine Formen gefüllt, in verschieden kalte Fächer des Kühlschranks gestellt und herausgefunden, dass das Wasser nur dort, wo die Temperaturen unter null Grad lagen, zu Eiswürfeln gefroren war.

Die stehen jetzt vor ihnen. „Und wie machen wir aus dem Eis wieder Wasser?" Veronique Pichard schaut fragend in die Runde. Kevin zappelt ungeduldig hin und her. „Mit dem Frühling geht das Eis", ruft er. „Ja, das ist wie mit Schnee und der Sonne", meint Jennifer. Die Vierjährigen diskutieren eifrig, jeder hat seine eigene Erklärung. Veronique Pichard hört geduldig zu. Erst als die intuitiven Vorstellungen der Kinder an ihre Grenzen stoßen und sie sich geeinigt haben, dass Eis durch Wärme wieder zu Wasser wird, zeigt die Lehrerin ihnen einen neuen Weg auf. Vorsichtig füllt sie heißes Wasser in eine leere Schüssel. Neugierig strecken ein paar der Kleinen ihre Handfläche über den dampfenden Behälter. Für die weniger Mutigen hält Veronique Pichard einen Spiegel über die Schüssel und lässt die Kinder anschließend mit der Hand über das beschlagene Glas streichen. „Das ist ja ganz nass", sagt ein Junge, und seiner Nachbarin dämmert: „Wenn das Wasser verraucht, ist es ja gar nicht richtig weg." „Der Rauch heißt Dampf", korrigiert Veronique Pichard.

Eine halbe Stunde experimentiert sie mit ihren Schülern, am Ende schüttet sie das heiße Wasser zu den angeschmolzenen Eiswürfeln in die Becher und zaubert – von den Kleinen mit großen Augen beobachtet – einen Erdbeersaft. Jeder darf sich einen Becher nehmen, dann schart Veronique Pichard die Gruppe auf einem bunten Teppich im Kreis um sich, wiederholt, was sie eben gemacht haben, und versucht, das Gelernte auf größere Zusammenhänge zu übertragen. Nicht immer sofort erfolgreich. Auf ihre Frage, woher denn die Wolken kommen, fällt Jennifer zuerst ein: „Aus dem Wasserhahn." Erst einige Minuten und viele kuriose Antworten später kommt es von irgendwoher durch den Jungforscherlärm: „Aus dem Meer." Sie haben verstanden. Aus eigenen Entdeckungen und über die Korrektur von Fehlschlüssen, aus Versuch und Irrtum resultiert ein Aha-Erlebnis. Am Ende steht Wissen, gerade weil der Weg dahin kurvig war.

A uch in der Grundschule ein paar Meter weiter wird in La-main-à-la-pâte-Manier zurzeit das Wasser erforscht. In der vergangenen Woche haben die elfjährigen Schüler einen Bindfaden mit Gewichten beschwert und dabei festgestellt, dass er einen rechten Winkel zum Wasserspiegel bildet; sie haben an den vier Ecken des Wasserbehälters die Differenz zwischen Wasseroberfläche und Tisch gemessen und herausgefunden, dass sie immer gleich war. Auch als sie das Wasser durch einen Trichter in einen durchsichtigen U-förmigen Schlauch schütteten, stand es anschließend in beiden Schlauchenden gleich hoch. „Die Wasseroberfläche ist also immer horizontal", resümiert ein Schüler. „Das ist eine gute Idee", lobt seine Lehrerin, „schreib das in dein Buch."

Das Cahier d'experience, das Erfahrungsbuch, ist essenzieller Bestandteil des pädagogischen Konzeptes von La main à la pâte. Die Schüler halten darin regelmäßig ihre Erfahrungen im naturwissenschaftlichen Unterricht fest, und das vom Beginn der Vorschule bis zum Ende der Grundschule.

Die Verbindung von Sprache und Naturwissenschaften hat System: Die Sprache ist das wichtigste Denkwerkzeug des Menschen. Sie beeinflusst, wie Kinder die Welt wahrnehmen, strukturieren und verstehen. Wissenschaftliche Untersuchungen zeigen, dass vor allem die richtigen sprachlichen Grundlagen helfen, komplexe mathematische und naturwissenschaftliche Aufgaben besser zu verstehen und zu lösen. Der korrekte Umgang mit Sprache und Zeichensystemen fördert die kognitive Entwicklung.

Deshalb sollen in Frankreich schon die Vorschulkinder lernen, sich präzise auszudrücken. Die ganz Kleinen diktieren ihre Eindrücke fürs Erfahrungsbuch, oder sie malen. Die größeren Kinder schreiben selbst. Alles ist erlaubt: eingeklebte Zettel, per Hand beschrieben oder am Computer getippt, Zeichnungen, Fotos, Fotokopien und Dokumente der Recherchen, vom Prospekt bis zum getrockneten Baumblatt. Eine bunte, individuelle Sammlung. Und ein Spiegel des eigenen Fortschritts über einen längeren Zeitraum, aufgeteilt in einen persönlichen Teil und in einen, der in der Gruppe entwickelt wurde.

Im persönlichen Teil schreibt das Kind über seine eigenen Erfahrungen. Vor Experimenten schildert es, was es erwartet, anschließend, was es verstanden hat. Das Kind hinterfragt, was es tun wird und was es getan hat, analysiert die Chronologie der Ereignisse. Das persönlich Geschriebene bringt Struktur in die Gedanken. Rechtschreibfehler? Kein Makel. Falsche Vorstellungen? Ganz sicher. Würden sie nicht artikuliert, könnten sie auch nicht korrigiert werden. Durchgestrichene und neu formulierte Gedanken? Erwünscht. Sie spiegeln den Lernprozess wider. So verarbeitet jedes Kind seine Erfahrungen, lernt, eigene Standpunkte zu entwickeln und darzulegen, und das möglichst objektiv und für andere verständlich. So entsteht Wissen – aus eigener Anschauung und in eigenen Worten, keiner muss vorgegebene richtige Schlüsse ziehen, die er nicht versteht.

Was die Kinder in ihr Buch notiert haben, wird meist spielerisch korrigiert. Einige der elfjährigen Grundschul-Wasserforscher zum Beispiel lesen ihre Notizen vor, ein Mitschüler versucht, das Gehörte wie im Theater nachzuspielen. Ein Realitäts-Check.

Dabei stellt sich etwa heraus, dass ein Schüler vergessen hat aufzuschreiben, dass das Wasser erst in den Schlauch gegossen werden muss, bevor es in den beiden Schlauchenden auf einer Höhe stehen kann. Seine Mitspielerin quittiert die fehlende Regieanweisung in ihrem Spiel mit Achselzucken. Und erinnert so auf lustige Art an die Wichtigkeit, sich präzise auszudrücken.

„Die Schüler haben plötzlich wieder Lust auf Naturwissenschaften", sagt Marie-Pier Freche. Die Lehrerin arbeitet seit zwei Jahren mit Konzepten von La main à la pâte. Im vergangenen Jahr hat sie sich auf der Web-Seite Tipps zum Unterricht über Vulkane und über den Wind besorgt. Sie hat mit ihren Schülern Vulkane aus Pappmaché gebaut und mithilfe der richtigen Chemikalienmischung eine Eruption simuliert. An einem windigen Tag ließen Freche und ihre Schüler mit Segeln ausgestattete Strandreiter über den Schulhof flitzen. „Je mehr solcher Erfahrungen ich sammle, desto mehr Spaß macht auch mir der Unterricht", sagt die Lehrerin.

Ein wenig Unsicherheit bleibt. „Zwischen meiner Begeisterung für das Konzept und seiner Umsetzung klafft manchmal noch eine Lücke." Deshalb hat die Lehrerin jetzt, nach 22 Jahren Diensterfahrung, auch das Angebot wahrgenommen, sich im Unterricht unterstützen zu lassen. Zweimal die Woche kommt Alice Couillard in ihre Klasse. Die 22-Jährige studiert Physik und Chemie im vierten Jahr und absolviert ein dreimonatiges Praktikum bei La main à la pâte. Vier Tage in der Woche fährt sie für das Projekt in verschiedene Pariser Vor- und Grundschulen, um Lehrern zur Seite zu stehen. Dabei, so betont die angehende Naturwissenschaftlerin, gehe es nicht darum, „den Pädagogen die Verantwortung für den Unterricht abzunehmen, sondern vielmehr, ihnen bei Experimenten oder kniffligen Fachfragen zu helfen".

Alice Couillard ist eine von rund 200 Studenten verschiedener französischer Eliteuniversitäten, die unbezahlt für La main à la pâte in die Schulen pilgern. Selbst erfahrene Naturwissenschaftler erklären sich mitunter bereit, den Pädagogen im Unterricht persönlich zur Seite zu stehen. 13 regionale Zentren von La main à la pâte koordinieren ihre Besuche.

Der Einfluss der regionalen Aktivitäten ist enorm. Wo La main à la pâte vor Ort präsent ist, unterrichten nach Angaben von Projektleiter David

Jasmin bereits bis zu 100 Prozent der Lehrkräfte nach den Grundsätzen des Projektes. In anderen Bezirken seien es nur 15 bis 20 Prozent. Für Jasmin ist klar: „Wir brauchen unbedingt mehr regionale Ressourcenzentren. Hier muss die Politik übernehmen und sie flächendeckend gründen."

E ine Forderung, mit der er derzeit offene Türen bei den französischen Bildungspolitikern einrennt. Das Erziehungsministerium hat Grundsätze von La main à la pâte schon 2002 in seinen nationalen Lehrplänen für den Naturkundeunterricht in der Vor- und Grundschule aufgegriffen. Zwei Jahre zuvor hatten die Politiker etlichen Schulen Gelder für die Einrichtung von Naturwissenschaftsräumen bewilligt. In den kommenden Jahren soll die Zahl der regionalen Zentren auf bis zu 1500 anwachsen. Lehrer sollen häufiger für Weiterbildung freigestellt werden. Und das Konzept von La main à la pâte, das bislang nur in den Unterricht der Vor- und Grundschulen Eingang fand, soll künftig auch in den Lehrplänen für die höheren Jahrgänge berücksichtigt werden.

Selbst der kommerzielle Markt hat die Arbeit der Naturwissenschaftler entdeckt. Das Label La main à la pâte, das die Akademie der Wissenschaften bereits 1998 schützen ließ, ist unter Lehrmittel-Verlagen zu einem angesehenen Qualitätssiegel geworden. Und verhilft den Wissenschaftlern zu einer stärkeren Verbreitung ihrer Idee des forschenden Lernens: Das Label erhalten nur jene Mittel, die auf einen Lernprozess ausgerichtet sind, der mit den pädagogischen Grundsätzen des Projektes vereinbar ist.

David Jasmin reicht das noch nicht. Er träumt vom Aufstieg der Naturwissenschaften in den Klassenzimmern der ganzen Welt. Bei den europäischen Nachbarn gibt es bislang zwar kaum Interesse, das Konzept nachzuahmen. „Die Europäer sind es gewöhnt, jeweils ihr eigenes Ding zu machen", hat Jasmin gelernt. Im außereuropäischen Ausland kooperieren die Franzosen dagegen bereits mit Vertretern aus 25 Ländern.

Der chinesische Bildungsminister hat unlängst etliche der unter La main à la pâte entwickelten Unterrichtsmaterialien übersetzen lassen. Eine arabische Version der Web-Seite ist in Arbeit. Und in Südamerika haben einige Länder unter Führung Kolumbiens gemeinsam eine Web-Seite auf

Spanisch entwickelt. Teilweise, sagt David Jasmin, seien die Südamerikaner sogar weiter als sein eigenes Team. Für die Franzosen kein Problem. Immerhin seien sie die Experten für forschendes Lernen, sagt Jasmin lächelnd. „Dazu gehört, dass auch wir das Wissen anderer anzapfen." Wer nicht fragt, bleibt dumm. ◄

„Wieso, weshalb, warum?" erschien zuerst im September 2005 in „McK Wissen 14 – Bildung".

• • •

Und heute?

Inzwischen gibt es neben der chinesischen, arabischen, serbischen und kolumbianischen Version des französischen Vorzeige-Bildungs-Netzwerkes auch eine deutsche Version namens Sonnentaler. Bis zu 3000 Besucher informieren sich täglich auf der Website, wie man Wissenschaft für Kinder erfahrbarer machen kann. Anders als in Frankreich wird die Möglichkeit, mit Wissenschaftlern in den Dialog zu treten, auf Sonnentaler jedoch kaum genutzt. Die Physikerin und Sonnentaler-Initiatorin Jenny Schlüpmann erklärt sich die Zurückhaltung neben einem geringeren Marketingbudget vor allem aus Mentalitätsunterschieden: „In Deutschland begegnen sich Wissenschaftler und Lehrer nicht auf Augenhöhe. Bei den Franzosen ist das anders – was man schon daran merkt, dass Lehrer, Erzieher und Professoren dieselbe Berufsbezeichnung haben: Sie werden alle Professeur genannt."

Finanziert wird das deutsche Portal von der Freien Universität (FU) Berlin, zu den Schirmherren zählen die Académie des sciences und die Berlin-Brandenburgische Akademie der Wissenschaften.

Im Cornelsen Verlag Scriptor erschienen 2006 unter dem Logo La main à la pâte drei deutsche Lizenzausgaben der vom französischen Vorbild herausgegebenen Buchreihe.

Links zu den internationalen Versionen der Plattform:
http://lamap.inrp.fr, www.sonnentaler.net, www.indagala.org,
http://lamap.handsbrain.com, http://lamap.bibalex.org

Offene Fenster

Wer es im Leben zu etwas bringen will,
muss früh trainieren. Die kognitiven Funktionen des
menschlichen Gehirns entwickeln sich in zwei
entscheidenden Phasen. Werden diese Zeitfenster verpasst,
lässt sich das Versäumte nicht mehr nachholen.
Die Wissenschaft weiß das schon lange, Politik und
Pädagogik offenbar nicht.
Wolf Singer, Direktor am Max-Planck-Institut
für Hirnforschung, erklärt,
wie Lernen und Gehirn zusammenhängen.

Interview: Ralf Grauel

Professor Singer, wir würden gern lernen, was Lernen ist. Beginnen wir vielleicht mit einer alltäglichen Szene. Ein Spielplatz, zwei Kinder spielen im Sandkasten, ein anderes schaukelt. Was sieht der Hirnforscher?

Das Kind auf der Schaukel übt sein Gleichgewichtssystem und seine motorischen Reflexe, es optimiert Verschaltungen im Gehirn. Die Kinder im Sandkasten erproben ihre gestalterischen Fähigkeiten und studieren die Eigenschaften von Objekten. Sie erzeugen Formen und geben dem Gestaltungsdruck ihrer Seele nach. Es geht beim Spielen immer um die Erforschung von Gesetzmäßigkeiten und um die Ausformung der eigenen Fähigkeiten – auf der Schaukel wie im Sandkasten.

Ein anderes Kind wird im Kinderwagen vorbeigeschoben, und es beobachtet die Szene. Was passiert nun?

Auch dieses Kind lernt. Es lernt, Objekte vom Hintergrund zu unterscheiden und seine Augen so zu bewegen, dass es trotz seiner Eigenbewegung die Welt konstant hält. Es übt motorische Reflexe und entwickelt Wahrnehmungsstrategien. Motorische Fähigkeiten wie beim Schaukeln oder gestalterische wie im Sandkasten wird es durch Beobachten jedoch nicht erwerben können.

Das bedeutet also: Lernen ist Handeln.

Das Selbermachen ist entscheidend. Sinnessignale können nur dann strukturierend auf die Hirnentwicklung Einfluss nehmen, wenn sie eine Folge von Interaktion mit der Umwelt sind.

Es gibt in diesem Zusammenhang einen berühmten Versuch aus dem Jahr 1963 von Alan Hein und Richard Held, zwei Forschern am MIT, mit zwei Kätzchen, die in einem Karussell sitzen. Eines der beiden Kätzchen hatte die Pfoten am Boden und trieb das Karussell an. Das andere saß in einer Gondel und wurde passiv transportiert. Es zeigte sich, dass nur das aktive Tier lernte, seine Motorik durch visuelle Reize zu steuern. Das passive Tier profitierte nicht, obwohl es die gleichen visuellen Erfahrungen machte wie das aktive. Seine visuomotorische Koordination entwickelte sich nicht weiter.

Wie kann das sein? Beide Katzen haben doch dasselbe gesehen.

Zum Zeitpunkt der Geburt sind bereits alle Nervenzellen des Gehirns angelegt, aber in bestimmten Bereichen noch nicht miteinander verbunden. Es folgt ein Wachstumsprozess, der sich bis zur Pubertät hinzieht, in dessen Verlauf sich die Nervenzellen vernetzen. Dabei kommt es zu einem stetigen Umbau dieser Verbindungen, wobei nur etwa ein Drittel der einmal angelegten erhalten bleibt. Welche bleiben, hängt von der Aktivität ab, die sie vermitteln. Verbindungen, die oft zusammen aktiv sind, bleiben erhalten.

Erfahrung und Übung wirken also strukturierend auf die Entwicklung von Verbindungsarchitekturen ein.

So viel zum Thema Fernsehen und Lernen.

Das ist genau das Problem des Fernsehens. Der Kameramann entscheidet, was die Kinder sehen. Sie können aus dem Reichtum der Welt nicht mehr auswählen, was sie interessiert. Damit beraubt man sie einer ganz wichtigen kognitiven Funktion: der Steuerung der selektiven Aufmerksamkeit. Wo Fernsehen die Wirklichkeit ersetzt, hat das fatale Folgen. Aus Amerika gibt es Studien, die zeigen, dass die Aufmerksamkeitsspanne von Kindern, die viel fernsehen, tatsächlich verkürzt ist. Sie können komplexere Zusammenhänge nicht mehr überblicken.

Wie wichtig ist die Umwelt für unser Lernen?

Umwelt ist immer vorhanden. Ab dem Moment der Zeugung stehen unsere Gene in einem kontinuierlichen Austausch mit ihrer molekularen Umgebung. Dieser Dialog führt zur Bildung zunehmend komplexer Strukturen. Wie eine Zelle sich entwickelt, hängt von ihrer Umgebung ab. Zellen erkennen über Rezeptormoleküle, an welcher Stelle des Embryos sie sich befinden, und entwickeln sich dann je nach Lage zu Muskel-, Leber- oder Nervenzellen, die später das Gehirn ausbilden. Mit der Geburt vollzieht sich ein dramatischer Sprung in der Hirnentwicklung: Die Sinnesorgane nehmen nun Signale aus der „echten" Umwelt auf. Aus der Sicht der sich entwickelnden Hirnstrukturen weitet sich dabei aber lediglich das Milieu aus, das auf ihre Entwicklung einwirken kann.

Wie wird aus dieser Welterfahrung Gehirnentwicklung? Verschalten sich die Neuronen entsprechend den Sinneserfahrungen, entsteht dadurch aus der Tabula rasa die kindliche Persönlichkeit?

Tabula rasa stimmt insofern nicht, als die neugeborenen Gehirne aufgrund ihrer genetischen Vorgaben schon über sehr viel Struktur verfügen. Damit sind wichtige Programmierungen vorgegeben, nämlich die Art, wie wir denken, wahrnehmen und wie wir Informationen verarbeiten. Natürlich sind die Inhalte nicht a priori da. Das gilt besonders für Kulturwissen. Normales Weltwissen aber ist schon sehr wohl vorhanden.

Welches zum Beispiel?

Neugeborene haben ein gewisses physikalisches Vorwissen. Zum Beispiel darüber, dass der Raum drei Achsen hat. Dass sich Objekte kohärent bewegen, wenn sie sich bewegen. Die Neugier ist vorgegeben, die Grundstruktur von Sprache oder das Vorwissen, dass es Agenten gibt, die etwas tun, und Objekte, mit denen etwas getan wird, und dass es Definitionen geben muss für die Relationen, die dabei entstehen. Das Wissen um derartige Regeln ist bereits durch genetisch bestimmte Verschaltungsmuster im Gehirn vorhanden.

Wie geht es weiter? Gibt es eine Art inneren Stundenplan, der vorgibt, was der Mensch wann lernt?

Ja, den gibt es. Hirnstrukturen reifen zu unterschiedlichen Zeitpunkten aus und bedürfen in den Reifephasen der Aktivität, also der Erfahrung, um sich adäquat ausbilden zu können. Diese Fenster gehen zu verschiedenen Zeiten auf und wieder zu. Dabei ist die Plastizität und auch die Vulnerabilität der neuronalen Architekturen zu Beginn dieser kritischen Phasen am höchsten und nimmt dann mit der Zeit kontinuierlich ab.

Der kindliche Wissensdrang muss tatsächlich immer sofort gestillt werden?

Genau. Wenn diese Fenster aufgehen, suchen die Kinder aktiv diejenigen Inhalte, die sie brauchen, um die Entwicklungsprozesse zu strukturieren. Das Gehirn weiß, wann es welche Informationen benötigt. Kinder fangen zu einem bestimmten Zeitpunkt an zu laufen.Das Gleiche gilt für die Sprache. Da geht zum Beispiel ein Entwicklungsfenster auf, und die Kinder bilden Inversionssätze. Vorher fragten sie durch Verlagerung der Betonung:

„Puppe ist gut?" Plötzlich fragen sie: „Ist Puppe gut?" Ähnliches gilt für andere Kompetenzen. Die letzten dieser Fenster schließen sich erst zum Ende der Pubertät. Das sind die Lernfenster für den Erwerb komplexer sozialer Fertigkeiten. Jugendliche suchen, während sie soziale Kompetenzen ausbilden müssen, soziale Umfelder. Wenn diese nicht erschlossen werden können, wird möglicherweise eine soziale Kompetenz nicht genügend ausgebildet.

Kann man, was man als Kind verpasst hat, nicht irgendwann nachlernen?

Nicht in jedem Fall. Das eindruckvollste Beispiel für irreversible Prägungsprozesse stammt aus der Klinik. Früher litten Neugeborene häufig an infektionsbedingten Hornhauttrübungen. Die Kinder konnten keine visuellen Signale aufnehmen. Als es möglich wurde, Hornhaut zu transplantieren, stellte man fest, dass sich die Sehfähigkeit nicht wiederherstellen ließ, wenn die Operation erst im Jugend- oder Erwachsenenalter vorgenommen wurde. Das Ausbleiben visueller Signale in der Entwicklungsphase hatte dazu geführt, dass Verbindungen zwischen dem Auge und der Hirnrinde eingeschmolzen wurden, weil sie nicht genutzt worden waren.

Gilt dieser neuronale Darwinismus auch für komplexere Verhaltensweisen?

Das scheint der Fall zu sein. Nehmen Sie das Fahrradfahren. Es erfordert eine kontraintuitive Bewegung: Wenn Sie nach links wollen, müssen Sie zuerst einen kleinen Bogen nach rechts machen, in der Folge neigen Sie sich leicht nach links, und aus der Gegenbewegung heraus, die den Sturz verhindert, entsteht dann die Linkskurve. Wenn Sie das als Kind nicht lernen, lernen Sie es als Erwachsener nur sehr, sehr schwer. Ich kenne Menschen, die als Erwachsene am Fahrradfahren gescheitert sind.

Ein anderes Beispiel ist die Sprachsegmentierung. Asiaten können R und L akustisch nicht unterscheiden. In deren Sprachraum kommen diese Phoneme nicht vor, also lernen sie auch die Kategoriegrenze nicht. Was Hänschen nicht übt, lernt Hans nimmermehr.

Aber Hans kann etwas auf Zettel schreiben und sie an den Badezimmer-spiegel hängen. Oder er sucht sich einen guten Trainer.

Das kann er eben nicht. Der Erwerb der Muttersprache ist ein gutes Beispiel. Die Worte und Phoneme seiner Muttersprache segmentiert der Mensch automatisch. Diese Fähigkeit erwerben Kleinkinder mühelos. Deshalb bereitet es in einer muttersprachlichen Tischgesellschaft auch überhaupt keine Schwierigkeiten, die Sprecher zu unterscheiden. In einer Fremdsprache, die erst ab dem fünften oder sechsten Lebensjahr erlernt wurde, gelingt das schon nicht mehr, weil Segmentierung aufmerksam-keitsgesteuert erfolgen muss. Dies ist erstens sehr anstrengend und stößt zweitens an Grenzen. Es gelingt nicht mehr, wenn zu viele Menschen an einem Tisch sitzen.

Dann sind wir also weniger unseres Glückes Schmied, als wir landläufig annehmen?

Gewisse Leistungen lassen sich kompensatorisch ausgleichen. Wir können als Erwachsene auch noch Sprachen lernen oder Instrumente – allerdings nur bis zu einem gewissen Grad. Je älter man wird, umso schmerzlicher wird einem das bewusst. Denkstrukturen, die nicht entwickelt wurden, lassen sich dann nur noch schwer ausbilden. Taubstumme beispielsweise, die mit einer nichtsyntaktischen Zeichensprache aufgewachsen sind, haben mitunter Schwierigkeiten, sich komplexe Zusammenhänge vorzustellen. Daher benutzt man heute nur noch hoch strukturierte Zeichensprachen.

Sind das alles neue entwicklungsphysiologische Erkenntnisse?

Nein, das alles weiß man schon seit vielen Jahren, wobei die ersten soliden Daten in Tierversuchen gewonnen wurden. Inzwischen ist gesichert, dass diese Erkenntnisse auf den Menschen übertragbar sind. Die Zeitfenster sind immer genauer definiert worden, und die Mechanismen, die diesen Prozessen zugrunde liegen, sind weitestgehend aufgeklärt.

Bis in die Vorschulpädagogik oder in die Grundschulen scheinen die Erkenntnisse nicht gedrungen zu sein. Ist das nicht verwunderlich?

Das ist skandalös. Viele Einrichtungen sind kaum mehr als Kleinkind-Aufbewahrungsstätten mit einer völlig ungenügenden Betreuungsrelation und meist nicht hinreichend geschultem Personal. Diese Bedingungen zwingen dann leider dazu, die Gruppen so zu organisieren, dass lediglich die Disziplin eingehalten wird, damit die Kinder nicht Schaden nehmen. Diese festen Strukturen und die Gruppengröße passen überhaupt nicht zu der Entwicklung und den Bedürfnissen der Kinder. Es fehlen beispielsweise Rückzugsmöglichkeiten, Ruhephasen, die nötig sind, damit die Kinder das Gelernte verarbeiten. Zudem sind die Gruppen nach Alter strukturiert und nicht nach psychischer Reife. Wir müssten über das Zusammenführen sehr verschiedener Altersgruppen nachdenken. Die Älteren würden Verantwortung übernehmen, die Jüngeren sich bei den Älteren etwas abschauen. Kinder lernen sehr gern von Kindern. Aber all diesen an sich trivialen Botschaften wird kaum Rechnung getragen.

Wie passen denn Vorgaben wie Stundenpläne oder Curricula in die Dramaturgie des Lernens?

Sie sind notwendig, aber nicht hinreichend flexibel. Jedes Kind reift nach seiner eigenen Uhr. Vor allem die Zäsur zwischen Kindergarten und Schule müsste fließender sein. Es gibt Kinder, die sind mit fünf schulreif, andere erst mit sieben. Das ist normal. Die Spätentwickler erlernen in diesen Phasen oft wertvolle Inhalte. Sich langsam zu entwickeln ist kein Makel.

Aber ein fließender Übergang würde das Ende des dreigleisigen Schulsystems bedeuten. Wäre das Ihre Empfehlung?

Zumindest müssten die Übergänge weicher werden. Es sollte möglich sein, innerhalb des gleichen Systems schnell und langsam zu gehen. Es kann ja auch sein, dass jemand am Anfang spurtet und dann die Geschwindigkeit verändert. Bei uns gilt das noch als Makel und heißt sitzen bleiben.

Wie reagieren Lehrer auf Ihre Vorschläge?

Äußerst positiv. Es gibt viele, die gern so arbeiten würden. Ich bekomme sehr viele Anfragen von allen möglichen Einrichtungen mit staatlicher, kirchlicher oder privater Trägerschaft, die sich um die Verbesserung des Bildungssystems bemühen. Sie nehmen diese Argumente dankbar auf. Aber es mangelt an den realen Möglichkeiten. Man brauchte mehr Lehrer, mehr Klassenräume, flexiblere Pläne und Lehrmittel.

Und damit brauchte man mehr Geld.

Natürlich, die Umsetzung dieser Erkenntnisse ist teuer. Sie müssen das Personal wesentlich besser ausbilden. Kindergärtner sollten eine entwicklungspsychologische Ausbildung erfahren und mehr über die Inhalte der Prozesse lernen, die sie strukturieren müssen. Es bedürfte besserer Betreuungsrelationen, also mehr Personal pro Kind. Auch mehr und andere Räumlichkeiten wären nötig. Die musischen Fähigkeiten müssen ausgebildet werden, dazu braucht man Instrumente und jemanden, der sie beherrscht. Das alles kostet. Aber die Politik hat offenbar wenig Interesse an dem Thema, weil sich die Folgen der Vernachlässigung erst eine Generation später zeigen.

Das gilt nicht für jede Regierung. Die britische Labour-Partei unterstützt die Gründung sogenannter Early Excellence Center …

Auch in Frankreich ist es anders. Dort wurden Kinder schon immer länger und besser betreut – allerdings auch mehr verschult.

Gibt es hierzulande jemanden, der daran arbeitet, den Fahrplan des Lernens umzusetzen?

Die Neuropädagogik wird zu einer beachteten Disziplin. Es geht ja nicht nur um Entwicklungsfenster, sondern auch um die Frage, was zum Beispiel gute Bedingungen des Lernens sind. Wie viel Ruhe brauchen Gehirne?

Inwieweit muss der Schlaf-Wachrhythmus berücksichtigt werden? Jugendliche schlafen zum Beispiel zu wenig. Sie gehen zu spät ins Bett, müssen aber morgens sehr früh aus dem Haus. Ein Teil des hyperkinetischen Syndroms scheint auf Schlafmangel zu beruhen.

Welche Bedingungen sind noch gut für das Lernen? Musik von Mozart nachts am Kinderbett?

Das wohl kaum. Das Wichtige ist: Die Inhalte müssen klar strukturiert sein. Und Lernen muss Spaß machen. Angst hilft vielleicht, um mal eine Nacht durchzupauken. Aber die eigene Neugier zu befriedigen, sich selbst zu belohnen ist nach wie vor das Allerbeste. Dafür die Bedingungen zu schaffen ist die Grundaufgabe der Pädagogik. ◂

Literatur
Wolf Singer: Ein neues Menschenbild? – Gespräche über Hirnforschung.
Suhrkamp Verlag, Frankfurt a. M., 2003; 300 Seiten; 9 Euro

Wolf Singer: Der Beobachter im Gehirn – Essays zur Hirnforschung.
Suhrkamp Verlag, Frankfurt a. M., 2002; 237 Seiten; 11 Euro

Nelson Killius, Jürgen Kluge, Linda Reisch (Hrsg.): Die Bildung der Zukunft.
Edition Suhrkamp, Frankfurt a. M., 2003; 362 Seiten; 13 Euro

Nelson Killius, Jürgen Kluge, Linda Reisch (Hrsg.): Die Zukunft der Bildung.
Edition Suhrkamp, Frankfurt a. M., 2002; 180 Seiten; 10 Euro

Professor Wolf Singer studierte Medizin in Paris und an der Ludwig-Maximilians-Universität München, wo er 1968 auch promovierte. 1975 folgte die Habilitation an der medizinischen Fakultät der TU München für das Fach Physiologie. Seit 1981 ist der gebürtige Bayer Direktor am Max-Planck-Institut für Hirnforschung in Frankfurt.

„Offene Fenster" erschien zuerst im März 2004 in „McK Wissen 08 – Menschen".

Und heute?

Wolf Singer, inzwischen 67, arbeitet noch immer emsig daran, die Erklärungslücke zwischen neurobiologischen Erkenntnissen und menschlichem Verhalten zu schließen. Im Sommer 2005 wurde er von der Carl von Ossietzky Universität Oldenburg mit der Ehrendoktorwürde ausgezeichnet. Im selben Jahr gründete Singer, der auch Mitglied der Päpstlichen Akademie der Wissenschaften in Rom ist, gemeinsam mit dem Physiker Walter Greiner das auf internationale und interdisziplinäre naturwissenschaftliche Forschung ausgerichtete Frankfurt Institute for Advanced Studies (FIAS). Zuletzt erschien sein Buch „Hirnforschung und Meditation – Ein Dialog" (Suhrkamp Verlag, 2008; 133 Seiten; 10 Euro).

Auf der Suche
nach der Begeisterung

Als Lehrerin hat Hertha Beuschel-Menze neue Ideen in die
Schule gebracht. Dann erfand sie die Lernbox und
wurde eine der erfolgreichsten Schulbuchverlegerinnen.
Ihr Ziel aber ist geblieben:
Kindern den Spaß am Lernen zurückzugeben.

Von Mathias Irle

S chule ist langweilig. Das hat Hertha Beuschel, wie fast jeder, schon
als Kind gelernt. So sehr hatte sie sich auf den ersten Schultag
gefreut, sie stürzte sich begeistert auf alles Neue. Doch sie lernte zu schnell.
Und neues Futter für ihren Geist sah der Lehrplan nicht vor. Bald jedoch
stellte sie fest, dass ihr von der Lernfreude, die fast alle Kinder mit in die
Grundschule bringen, spätestens in der fünften Klasse kaum noch etwas
übrig geblieben war. Wo war sie hin, die Begeisterung? Hertha Beuschel
beschloss, Lehrerin zu werden: eine Lehrerin, die den Kindern diese Begeisterung erhält.

Heute, gut 40 Jahre später, sitzt sie beim Brezelessen in ihrem Garten
in Lichtenau bei Baden-Baden. Hühner laufen auf dem Grundstück der
58-Jährigen herum. Sie besitzt ein großzügiges Haus. Und nur eine Stra-
ßenecke entfernt befindet sich in einem Fabrikgebäude ihr AOL Verlag.
Mehr als 25 Jahre sind vergangen, seit sie aus der Initiative „Arbeitsgruppe
Oberkircher Lehrmittel" das Unternehmen gemeinsam mit ihrem Mann,

ebenfalls Lehrer, gegründet hat. 50 Mitarbeiter hat der Verlag heute und einen Jahresumsatz von rund sechs Millionen Euro.

Ihr größter Coup und bis heute die Haupteinnahmequelle des Verlages: die Lernbox, eine rechteckige Schachtel mit fünf unterschiedlich großen Fächern, die auf den Ideen des Gehirnforschers Frederic Vester beruht. Vester hatte den Weg des Wissens vom Kurzzeit- ins Langzeitgedächtnis beobachtet und beschrieben – die Lernbox vollzieht diesen Weg über die unterschiedlichen Fächer nach.

S o wandert beispielsweise eine Vokabelkarte schrittweise vom täglich zu wiederholenden ersten (Kurzzeitgedächtnis) über die verschiedenen Stufen ins letzte Fach, das bereits gespeichertes Wissen enthält. Eine schlichte Idee, die hilft und mittlerweile von nahezu jedem sechsten Schüler in Deutschland genutzt wird. Rund 3,5 Millionen Lernboxen hat der Verlag in den vergangenen Jahren verkauft. Und doch ist der AOL-Verkaufshit für Beuschel-Menze nur einer von vielen Bausteinen, die sie zusammengetragen hat für eine Schule, in der Lernen Spaß macht.

Dieses Ziel hat sie getrieben, von Anfang an. Gleich nach dem Staatsexamen, begann sie, es umzusetzen. Wenn grundsätzlich jeder Schüler etwas lernen will, so ihre erste Überlegung, dann muss der Lehrstoff so aufbereitet sein, dass er diese Neigung unterstützt. Sie fing daher an, aufwendige Arbeitsblätter für ihren Unterricht zu entwerfen, beispielsweise die „Materialien zum Sexualkunde-Unterricht". Oder sie lieh sich beim Sportlehrer Seile und erklärte den springenden Schülern die Grundzüge der Mathematik. Die seltsamen Unterrichtsmethoden sprachen sich schnell herum, ebenso wie das gute Abschneiden ihrer Schüler. Bald liehen sich immer mehr Kollegen ihre Arbeitsblätter aus. Und sie gründete die Arbeits- gruppe Oberkircher Lehrmittel, über den sie ihr Unterrichtsmaterial als Kopiervorlagen verkaufte.

Doch schon nach wenigen Jahren stießen ihre pädagogischen Bemühungen an Grenzen. Immer wieder erlebte sie, dass Schüler trotz ihres aufwendigen Lernmaterials den Unterricht verweigerten, störten oder sich langweilten. Die Schlussfolgerung Beuschel-Menzes: Ihre Unterrichtsmethoden passten sich noch nicht genügend an die jeweiligen Interessen, das Lerntempo, die Tageslaune und die Fähigkeiten der einzelnen Schüler an. Erst wenn es ihr gelänge, die Lerninhalte wie einen Maßanzug an die Bedürfnisse der Schüler anzupassen, käme sie ihrem Ziel vom begeisterten Lernen näher. Am besten wäre es, die Schüler könnten selbst bestimmen, was sie lernen wollten.

In ihrer neuen Arbeitsstelle – nach Haupt- und Realschule hatte sie sich für eine Grundschule entschieden – startete sie daher ein Experiment. Sie löste sich vom Konzept des Frontalunterrichts und verwischte die Grenzen zwischen den Fächern. Stattdessen führte sie Wochenpläne ein, in denen sie festlegte, was die Schüler in der kommenden Woche lernen sollten. Welche Mathe-Aufgabe, welche Schreibübungen, welchen Lesestoff. Wann oder in welcher Reihenfolge sie das tun wollten, blieb den Schülern überlassen. Gleichzeitig organisierte sie das Klassenzimmer neu. Sie richtete verschiedene Stationen ein: einen Experimentiertisch, an dem die Kinder beispielsweise lernen konnten, wie man einen Feuerlöscher aus Backpulver baut. Und einen Spieltisch, etwa um eigenständig Diktate zu üben. Dazu Bücherregale.

Sie, die Lehrerin, war von nun an nur noch Ansprechpartnerin oder kümmerte sich gezielt um einzelne Schüler. Die konnten nun selbst entscheiden, in welchem Tempo sie was lernen wollten: Schnell den Pflichtstoff erledigen und den Rest der Woche Zusatzaufgaben lösen? Oder bis Mittwoch ihre Zeit nur mit Mathe verbringen? Mit dieser Methode erreichte die Pädagogin, dass die langsamsten Schüler alles Notwendige schafften – und die schnelleren immer neue Anregungen bekommen konnten.

„Ich finde es richtig, Kinder in erster Linie an sich selbst zu messen", sagt Hertha Beuschel-Menze noch heute. Auf ihrem Gartentisch stapeln sich jede Menge Materialien, die sie für die damals von ihr erprobte Art des Lernens, der Freiarbeit, entwickelt hat. Inzwischen vertreibt sie diese Materialien im Freiarbeit-Verlag, einer Tochter des AOL Verlags.

Noten, egal, ob gute oder schlechte, hat sie immer in einen Text gepackt, der gleichzeitig eine Begründung für die Zensur bot. Und sie hat immer wieder unterschiedliche Arbeiten mit Schülern geschrieben. Ein leistungsstarker Schüler bekam beispielsweise ein Diktat mit 80 Wörtern, ein schwächerer Schüler schrieb in der gleichen Zeit eines mit nur 30 Wörtern. So hatten beide Kinder im Rahmen ihrer Fähigkeiten Erfolgserlebnisse. Für die Zeugnisnoten allerdings musste auch Beuschel-Menze normale, für alle Schüler gleiche Arbeiten schreiben lassen und dabei auch Fünfen und Sechsen vergeben.

Vielen Eltern und Kollegen waren ihre Lehrmethoden allerdings suspekt. Brauchen Schüler nicht eine Autorität, die ihnen Anweisungen gibt und sie kontrolliert? Was soll das bringen, wenn jeder macht, was er will? Und was nützt ein Diktat, wenn die Schüler vorher genau diese Sätze geübt haben?

Die Unterstützung ihres damaligen Direktors und des Seminarschulrats halfen, auf diversen Elternabenden auch die Zweifler von ihrem Konzept zu überzeugen. Außerdem herrschte in der Regel viel mehr Freude, Konzentration und Leidenschaft in ihrem Klassenzimmer – Begleiterscheinungen, die kaum zu verhindern sind, wenn man Menschen lernen lässt, was sie interessiert. Und die Schüler schauten genauso wenig auf die Vorlagen für die Diktate, wie Erwachsene beim Lösen von Kreuzworträtseln auf die vorgedruckten Antworten sehen.

U m für die Zukunft vorbereitet zu sein, müssen Menschen lernen, sich selbstständig Informationen zu beschaffen und sich selbst zu helfen", sagt Beuschel-Menze. „Und sie müssen Selbstwertgefühl entwickeln – das aber gelingt nur, wenn man sie in ihren Fähigkeiten unterstützt." Mittlerweile sind ihre Erkenntnisse in die Lehrpläne vieler Schulen eingeflossen. Außerdem wollen diverse Kultusminister in den Schulen mehr Freiarbeit und ein flexibles Schuleintrittsalter einführen.

Der Erfolg des AOL Verlags beruht allerdings auf einer Abkehr von ihrem angestrebten Ideal: der reinen Lehre des Freiarbeitsunterrichts, dem Unterricht ohne Vorgaben. Ursprünglich hatte Beuschel-Menze ihre Lernbox bewusst ohne Inhalte konzipiert. Doch weil immer mehr Lehrer klagten, ihre Schüler würden eigenständig keine Karteikarte beschreiben, fing

Beuschel-Menze an, vorgefertigtes Wissen zu produzieren. Rund 400 verschiedene Versionen mit Lernkarten gibt es heute in ihrem Verlag – von englischen Vokabeln über Geschichtswissen bis zu Grundkenntnissen in Biologie. Ganz im Sinne vieler Pädagogen, die froh sind, dass sie jemand von der mühseligen Eigenarbeit befreit.

Und noch eine Schlappe hat sie einstecken müssen: Hertha und Frohmut Beuschel-Menze mussten als Lehrer kündigen – der Staat wollte sie nicht länger für den Zweitberuf als Verleger freistellen. Inzwischen haben sie 75,2 Prozent ihres Unternehmens an den Ernst Klett Verlag verkauft und arbeiten dort nur noch als Lektoratsleiter. Warum? „Wir hatten immer mehr mit Verwaltung zu tun, statt neue Ideen zu entwickeln." Und die sind Mangelware an der Schule. ◄

„Auf der Suche nach der Begeisterung" erschien zuerst in brand eins 05/2005.

• • •

Und heute?

Die Freude am Entwickeln neuer Ideen ließ Hertha Beuschel-Menze nicht los. Anfang 2006 startete sie gemeinsam mit ihrem Mann und einem befreundeten Programmierer ihr nächstes Abenteuer: Zu dritt gründeten sie das Unternehmen Studymobile, das Informationen und Wissen in neue Medien transportieren sollte. Seit 2009 heißt die Firma Blacklabs und hat sich auf Wissens-Apps für iPhones spezialisiert. Als Partner konnten seitdem neben anderen Bertelsmann, Duden und Langenscheidt gewonnen werden.

Die Duden-App von Blacklabs wurde 2009 von iPhone Apps Plus mit dem Best Award ausgezeichnet und zählt zu den 100 erfolgreichsten Applikationen im Bildungsbereich.

Die Verbindung zu ihrem einstigen Baby hat die ehemalige Lehrerin inzwischen übrigens gekappt: Im Frühjahr 2007 verkaufte Hertha Beuschel-Menze ihre letzten 24,8 Prozent am AOL-Verlag an Klett, weil sie mit der Ausrichtung des AOL-Verlages nicht mehr einverstanden war.

Zeit der Zeugnisse

Die meisten Lehrer glauben zu wissen, was guter
Unterricht ist. Aber wissen sie es wirklich? Und selbst
wenn: Ist gut wirklich gut genug?
Niedersachsen will es genau wissen und überprüft deshalb
akribisch die Qualität seiner Schulen.
Seit etwa anderthalb Jahren sind die Inspektoren jetzt
unterwegs, sie besuchen jede Einrichtung im Land.
Protokoll einer nicht einfachen Prüfung.

Von Andreas Molitor

LEIBESÜBUNGEN

Es ist eine Sportstunde, wie man sie sich nicht wünscht für sein Kind. Die
Schüler traben im Kreis durch die Turnhalle. Manche laufen drei Minuten,
mehr schaffen sie nicht, manche eine Viertelstunde. Während die Klassenkameraden im Kreis joggen, sitzen die Kurzatmigen untätig in der Mitte
der Halle herum, erst keuchend und schwitzend, dann frierend. Fünf Minuten, zehn Minuten. Es ist kalt in der Halle. Die Kinder langweilen sich.
Einige laufen wieder los, weil das Rumsitzen ihnen zu öde ist, andere gehen
pinkeln oder zu ihren Getränkeflaschen. Jeder macht seins. Die Lehrerin
lässt es geschehen.

Auf der Tribüne sitzt eine Frau und malt mit einem Bleistift Kringel auf
einen Bogen Papier. „Unterrichtsbeobachtungsbogen" steht darauf. Ellen
Raith, Inspektorin in Diensten der Niedersächsischen Schulinspektion,
erstellt ein Qualitätsprofil genau dieser Unterrichtsstunde, der Sportstunde

einer sechsten Hauptschulklasse aus Niedersachsen. Der Name der Schule soll hier nicht genannt werden.

Bei insgesamt 20 Teilkriterien setzt die Inspektorin ihre Qualitäts-Kringel. Sie kann ein Doppelplus vergeben (trifft in besonderem Maße zu), ein Plus (trifft zu) oder ein Minus (trifft nicht zu). Bei „Die Unterrichtszeit wird lernwirksam genutzt" vergibt sie ein Minus. „Die meisten Schüler haben sich in der Stunde gerade mal fünf Minuten bewegt", sagt sie später beim Rausgehen. Ihr Blick fällt auf die immer noch untätig dasitzenden Schüler, dann auf den Beobachtungsbogen. „Der Lernprozess ist deutlich strukturiert", steht da. Auch ein Minus.

Die Lehrerin erklärt den Kindern inzwischen die Regeln von „Völkerball verkehrt". Das ist jene Variante des Ballspiels, bei der bis auf die zwei Spieler im Feld anfangs alle nur dastehen und sich den Ball zuwerfen. Weil die Sportlehrerin die Spielregeln erst erklärt, als alle schon auf ihren Positionen stehen und sich laut unterhalten, muss sie brüllen. Verstanden wird sie trotzdem nicht. Wieder ein Kringel, wieder ein Minus, diesmal bei „Die Lehrkraft trägt durch ihr Auftreten im Unterricht zu einer lernwirksamen Arbeitsatmosphäre bei." Nach 20 Minuten hat Ellen Raith alle Kringel gesetzt. Zwölfmal bei Minus, achtmal bei Plus. Sie hat genug gesehen.

DER SCHUL-TÜV KOMMT

Die Inspektoren kommen zu zweit, manchmal zu dritt. Mit dicken Aktenordnern und Laptops rücken sie an. „Der Schul-TÜV kommt!", raunt es schon Wochen vorher über die Flure, als breche eine biblische Plage über die Schule herein. Sie klopfen an die Klassentüren, setzen sich in eine hintere Ecke, sehen zu, hören zu. Sie sagen nichts. Im Fall der Hauptschule sind es 26 Visitationen in drei Tagen. Der Zeitplan der „Einsichtnahmen", so heißt das korrekt, ist geheim. Kein Lehrer weiß, wann der Inspektor kommt. Die Prüfer wollen keine Show-Stunden bewundern, sondern alltäglichen Unterricht erleben.

Seit 2005 lässt Niedersachsens Kultusminister Bernd Busemann (CDU) seine Inspektoren durch die Klassenräume streifen. Kein anderes Bundesland hat seinen Schulen bislang ein derart strenges und umfassendes Qualitätsprogramm verordnet. Nach einem einheitlichen Katalog von 16 Kriterien und etwa 100 Teilkriterien überprüfen die Inspektoren nach und nach alle Schulen des Landes. Im Fokus stehen die Qualität des Unterrichts und das schuleigene Curriculum, aber auch Schulklima und Schulleben, Eltern und Schülerbeteiligung, Schulmanagement und Förderkonzepte.

Die Visite hält den Schulen einen Spiegel vor: Wo stehen wir? Sind wir so gut, wie wir denken? Wo liegen unsere Stärken? Und wo müssen wir uns verbessern? 450 Einrichtungen wurden bislang inspiziert; bis Ende 2007 soll bereits ein Drittel der 3200 niedersächsischen Schulen Besuch von der Behörde erhalten haben. Künftig wird dann jede Schule in einem Rhythmus von etwa vier Jahren inspiziert. Nordrhein-Westfalen, Berlin, Brandenburg, Hessen und Rheinland-Pfalz sind dem niedersächsischen Vorbild gefolgt und bauen jetzt eigene Inspektionen auf.

In den Niederlanden existiert die „periodiek kwaliteitsonderzoek" schon seit 1998. Werner Wilken, damals Schulrat, hörte von den Vorgängen im Nachbarland. Er fuhr hin, sah sich eine Prüfung an und stellte fest: „Es geht. Man kann tatsächlich definieren und prüfen, wie es um die Qualität einer Schule bestellt ist." Vorher dachte er, als Schulrat wisse er doch, was eine gute Schule ausmacht. „Im Vergleich zu dem Wissen von heute muss ich sagen, dass ich eigentlich nicht viel wusste." Mittlerweile ist Wilken stellvertretender Leiter der Niedersächsischen Schulinspektion, eine von der Schulaufsicht unabhängige Behörde. Das Prüfungsverfahren haben die Niedersachsen von den holländischen Nachbarn weitgehend übernommen, der deutschen Rechtslage angepasst und weiter verfeinert.

Zwischen Cuxhaven und Göttingen, Meppen und Helmstedt ist die rund 60-köpfige Armada der Prüfer aus früheren Schulleitern, Konrektoren und Schulräten ständig unterwegs. Sie alle wurden für den neuen Einsatz sechs Monate intensiv trainiert. Die eingangs beschriebene Hauptschule inspiziert Ellen Raith gemeinsam mit ihrem Kollegen Joachim Voges. Er war zuvor 14 Jahre lang in der Schulleitung einer Grund- und Hauptschule tätig, Ellen Raith leitete eine Grundschule. Ausgewählt werden die Schulen nach dem Zufallsprinzip. „Wir wollen überall im Land präsent sein", postuliert Werner Wilken. „Und es soll sich herumsprechen: Die kommen tatsächlich. Alle Schulen kommen dran."

Nicht der einzelne Lehrer steht auf dem Prüfstand, sondern die Schule als System. Raith und Voges wollen es durchleuchten wie mit einer Röntgenaufnahme. Sie sprechen mit Schulleitung und Lehrerschaft, aber auch mit Elternvertretern, dem Hausmeister und der Sekretärin. Und mit den Kindern und Jugendlichen natürlich, die ihnen erzählen, dass „der Ein-Euro-Arbeiter mit den Schülern raucht" und „wir in Geschichte seit drei Jahren nur Hitler machen". Sie begutachten Gänge und Pausenhof, werfen einen Blick in die Toiletten, inspizieren die Ausstattung von Chemie- und Computerraum und schreiben, dass das Schulgebäude einen sauberen und ordentlichen Eindruck hinterlässt – obwohl sie sich Schöneres vorstellen können als diesen alt gewordenen Neubaubeton.

Raith nimmt zu Protokoll, dass am Klassenraum der 7b fünf Monate nach Schuljahresbeginn immer noch 6b steht; Voges notiert, dass in den Grünanlagen unter den Klassenraumfenstern „Unratansammlungen zu beklagen" sind. Nach und nach fügen die Inspektoren die Mosaiksteinchen aus vorbildlichen und kläglichen Unterrichtsstunden, aus beiläufigen Beobachtungen und gezielten Gesprächen zu einem Bild zusammen. Ein Computerprogramm ermittelt aus den Einzelnoten das Gesamtergebnis der Schule.

DIE AKTENLAGE

Ein Verdacht keimt auf, bös und giftig. „Da lief offenbar kürzlich der Drucker im Büro der Schulleitung ein paar Abende auf Hochtouren", vermutet Joachim Voges. „Viele dieser Konzepte sind wohl am PC des Schulleiters entstanden, nachdem klar war, dass wir kommen. Das müssen wir überprüfen."

Das Inspektions-Duo hat sein Arbeitsquartier im Archivraum aufgeschlagen und sich die von der Schule eingereichten Aktenordner mit Lehrplänen, Protokollen, Projekten und Leistungsvergleichen vorgenommen. Die Inspektoren finden viele Konzeptpapiere: zum Umgang mit Absentismus. Mit Drogen. Mit dem Rauchen. Mit Gewalt. Die meisten Papiere haben zehn Punkte, die wenigsten tragen ein Datum. Auch findet sich kein Hinweis, welches Gremium sie erarbeitet oder verabschiedet hat. „Offenbar wurden die überhaupt nicht verabschiedet", vermutet Voges und schiebt noch etwas hinterher, das wie „viel Papier, wenig Substanz" klingt.

Aus der Aktenlage ergibt sich meist das erste Bild einer Schule. In diesem Fall kein allzu gutes. Früher war diese Hauptschule fünfzügig, jetzt gibt es nur noch eine fünfte Klasse – und ganze sieben Anmeldungen für das nächste Schuljahr. Das Durchschnittsalter im Kollegium liegt bei 53,5 Jahren, 21 Prozent der Jugendlichen verlassen die Schule ohne Abschluss. Joachim Voges kennt Hauptschulen, die in ihrem Leitbild die Maxime verankert haben, dass kein Schüler ohne Abschluss gehen soll. „Und die schaffen das auch weitgehend", sagt er. Diese Hauptschule hier hat kein Leitbild.

Die Arbeit am pädagogischen Konzept der Einrichtung ist äußerst spärlich dokumentiert Aus den vergangenen vier Jahren liegen genau drei Gesamtkonferenz-Protokolle vor, Niederschriften von Fachkonferenzen sind kaum vorhanden. Wurden vielleicht gar keine abgehalten? In einem Fall datiert das letzte Protokoll von 1998. Die „Grundsätze für die Leistungsmessung" sind noch mit der Schreibmaschine geschrieben. Wo sind Ergebnisse von Vergleichsarbeiten, Hinweise auf Projekte, auf regelmäßige Lehrerfortbildung? Wo ist das Methodenkonzept? Die Inspektoren blättern, suchen, lesen, blättern weiter. Sie finden nichts.

DIE SCHULLEITUNG

Der Schulleiter und der Konrektor sind milde, stets etwas müde wirkende Pädagogen, die nicht den Anschein erwecken, als wollten sie in den letzten Jahren vor dem Ruhestand ihre Schule von Grund auf umkrempeln. Sie sind ein eingespieltes Team. Ihre Pädagogenlaufbahn begann vor 34 Jahren – an eben dieser Schule. Den Inspektoren präsentieren sie das Bild einer Wohlfühl-Schule voller Harmonie. Eine Schule, in die man gern geht.

„Dass die Schüler sich wohlfühlen, ist unser erstes Prinzip", sagt der Schulleiter, der Konrektor assistiert: „Zum Beispiel gestalten und malern sie ihre Klassenräume selbst. Und, haben Sie gesehen?, in der Pausenhalle haben wir Basketballkörbe und Markierungen für Eisstockschießen auf dem Boden." Am Tag darauf werden die Inspektoren von Schülern erfahren, dass die Pausenhalle just vor zwei Wochen auf Sporttauglichkeit getrimmt wurde. „Wenn Sie weg sind, wird das bestimmt wieder abgebaut", heißt es. „Bisher hingen da immer Schilder, dass Rennen und Ballspielen in der Pausenhalle verboten sind."

Auf das Gespräch mit der Schulleitung sind Voges und Raith schon eingestimmt, durch das Aktenstudium und die ersten Unterrichtsbesuche, die – vorsichtig formuliert – den Eindruck gut abgehangener Professionalität vermittelten. Die beiden fragen, haken nach, freundlich, aber unerbittlich. Das Leitungsduo gerät schnell in die Defensive.

„Gibt es Projektwochen? – „Ja, zum Beispiel zur Atomkraft." – „Regelmäßig?" – „Jährlich, eigentlich." – „Vergangenes Jahr auch?" – „Nein, da nicht."

„Wir haben in den Unterlagen kein Curriculum gefunden, sondern nur eine Ideenskizze." – „Das Curriculum, das sollte eigentlich im Sommer schon fertig sein, aber nun ja …"

„Wie machen Sie die Arbeit Ihrer Schule an den Grundschulen bekannt? Sie haben ja fürs kommende Schuljahr bislang nur sieben Anmeldungen." – „Das Hineingehen in die Grundschulen bringt wenig …"

„Gibt es ein Förderkonzept für leistungsschwache Schüler?" – „Es gibt eine Lehrerin, die dafür zuständig ist." Die Inspektoren haben allerdings schon erfahren, dass der Förderunterricht häufig ausfällt, weil die Lehrerin Vertretungsstunden abhalten muss.

„Wie fördern Sie die Unterrichtsqualität? Gehen Sie zu den Kollegen in den Unterricht, um sie zu beraten?" – „Na ja, zur Einsicht in den Unterricht kommt man einfach nicht …" Der Schulleiter fühlt sich sichtlich unwohl. Er spürt das Misstrauen und weiß nun, dass sich die Inspektoren nicht mit fix formulierten Nacht- und Nebel-Konzepten abspeisen lassen. Er soll fehlende Unterlagen nachreichen. Bis zum nächsten Nachmittag. Die Verabschiedung fällt kühl aus.

BEIM ABENDESSEN

Die Bilanz des ersten Inspektionstages ist dürftig. Die Schule droht „durch den Boden zu gehen", so nennen das die Inspektoren, wenn eine Prüfung „gravierende Mängel" offenbart und mit dem Resultat „unter Standard" abschließt. Bei etwa fünf Prozent der bisher inspizierten Schulen war das der Fall. Dabei hatte Voges von seiner Behörde den aufmunternden Hinweis bekommen, dies sei mal eine gute Schule. Schon nach seinen letzten beiden Inspektionen hatte er „unter Standard" melden müssen. Und nun das.

An diesem Abend kommen noch zwei Inspektoren-Kolleginnen ins Hotel. Sie prüfen eine andere nahe gelegene Einrichtung. Beim Abendessen fragt die eine: „Sagt mal, eure Schule, ist das eigentlich die von den drei Hauptschulen hier, die geschlossen werden soll?" Voges und Raith sind konsterniert. Eine Schulschließung steht an? Davon wissen sie gar nichts.

Für die Inspektoren schafft das eine neue, unangenehme Situation. Sie werden das Wissen über die drohende Schließung fortan mit sich tragen, in jedes Gespräch, in jede Unterrichtsvisite. Zwischen Blumenkohlsuppe und Entenbrust an Kartoffelschnee spricht Joachim Voges als Erster aus, woran sowieso alle denken: „Geben wir denen jetzt den Todesstoß, wenn wir unter Standard bewerten?" Das wollen sie nicht. Es ist nicht Aufgabe der Schulinspektion, Argumente für eine Standortentscheidung zu liefern. Aber natürlich wissen die Prüfer, dass der Schulträger bei seinen Überlegungen das Inspektionsergebnis heranziehen wird.

Am nächsten Morgen werden Voges und Raith die Inspektion fortsetzen. Die Schließungsdebatte darf ihre Bewertung nicht beeinflussen. Würden sie fortan bewusst wohlwollend urteilen, um die Schule zu retten, immer mit der Tendenz zum Plus, wo kleinste lobenswerte Ansätze erkennbar sind, wird am Ende vielleicht eine andere, bessere Schule geschlossen, die strenger bewertet wurde. „Vielleicht ist es ja auch gut, wenn es diese Schule trifft", heißt es am Tisch der Inspektoren. „Wenn es wirklich keine gute Schule ist."

DIE ELTERN

Joachim Voges schließt das Inspektionszimmer ab. Er ist ratlos. Was war das denn gerade? Anderthalb Stunden haben sie mit den Elternvertretern gesprochen, immer wieder gefragt: „Was finden Sie an dieser Schule wirklich gut? Warum haben Sie Ihr Kind ausgerechnet hierhin geschickt?" Und sie bekamen keine Antwort. „Ich bin selber bis zur neunten Klasse auf dieser Schule gewesen", sagt eine Mutter. „Wir wohnen hier gleich in der

Nähe", meint die zweite. „Wir ziehen jetzt unser fünftes Kind hier durch", erklärt die dritte.

„Aber ist es denn eine gute Schule?", wollen die Inspektoren wissen. „Lernt man genug?" Jetzt ist der Chor der Väter an der Reihe. „Könnte mehr sein." – „Ja, könnte mehr sein", pflichtet der zweite Vater bei. „Auf anderen Schulen sind sie schon weiter, hört man", fällt dem dritten noch ein. „Ist nicht so richtig Zug dahinter."

Wie die Schule im Vergleich zu den anderen Hauptschulen vor Ort dasteht, wissen die Eltern nicht. Sie haben sich darüber auch noch nie Gedanken gemacht. „Wie sieht es denn mit Differenzierung im Unterricht aus?", fragt Ellen Raith, allmählich ungeduldig werdend. „Oder machen immer alle das Gleiche?" – „Alle das Gleiche", echot es.

Anfangs sind die Eltern redlich bemüht, nur Gutes über die Schule zu sagen – oder zumindest nichts Schlechtes. „Sind alle Lehrkräfte mit dem gleichen Elan bei der Sache?", fragt Joachim Voges vorsichtig. Wird einer sich trauen? Eine Mutter meldet sich. „Die älteren Lehrer kommen mit den jüngeren nicht klar", sagt sie. „Die fahren ihre Schiene, bis sie in Rente gehen." Voges hakt nach: „Scheitern Dinge, die hier vorangebracht werden könnten, daran?" Zögern. Schließlich sagt einer „Ja", ein anderer „Mhmm". Plötzlich nicken alle zustimmend.

„Wo sehen Sie die Stärken der Schule?", fragen die Inspektoren zum Abschluss. „Das Praktische", sagt eine Mutter, und ihre Nachbarin meint: „Dass den Kindern hier nicht vermittelt wird, dass sie die Doofen sind." Sechs von acht Elternvertretern fallen keine Stärken ein.

DIE LEHRER

Die Atmosphäre ist angespannt. Der Schulleiter hat sein Kollegium informiert, dass die Inspektoren ihren Auftrag ernst nehmen. Dass sie den Schwächen der Schule auf der Spur sind. Sich nicht einlullen lassen. Die Pädagogen gehen zum Angriff über.

Als Joachim Voges fragt, wie das Konzeptpapier „Hausaufgaben" zustande gekommen ist und erst alle schweigen, vermutlich, weil es niemand kennt, meldet sich einer, der Wortführer. „Als klar war, dass Sie mit so 'ner

Abhakliste kommen, haben wir das eine oder andere Papier auf einen neuen Stand gebracht", sagt er. „Oder überhaupt erst mal eines geschrieben. Damit wir ein Schulprogramm haben, wenn Sie vor der Tür stehen." Er erntet zustimmende Blicke von allen Seiten. Das ist Balsam für die Lehrerseele. Endlich mal einer, der die Fahne hochhält. „Hier gibt es Ziele und Konzepte, die sind einfach vorhanden, die werden gelebt", fährt der Wortführer fort und fixiert Voges. „Man muss nicht alles auf Papier schreiben." Er verschränkt die Arme und lehnt sich provozierend lässig zurück.

Dann kommt das bislang Unausgesprochene auf den Tisch. Die drohende Schließung. „Wenn Sie in einem Jahr wiederkommen, weil das hier nicht so toll war", platzt es aus der Beratungslehrerin heraus, „dann freuen wir uns, weil das nämlich heißt, dass es uns noch gibt." Sie schaut Voges und Raith kampfeslustig an. In ihrem Blick liegt die Frage, die auch ihre Kollegen umtreibt: „Oder habt ihr den Auftrag, uns ans Messer zu liefern?"

Joachim Voges spürt, worum es geht, versucht zu glätten. „Auch wenn Ihre Schule nicht gut abschneiden sollte, sind wir auf keinen Fall diejenigen, die den Dolchstoß ausführen." Überzeugend klingt das nicht; vermutlich spürt Voges das sogar. Aber was soll er ihnen sagen, diesem Kartell von Lehrern, die sich nicht fordern, nicht kritisieren, die alle glauben, sie wissen schon, was ein guter Unterricht ist. Auch ohne Konzepte. Ohne Fortbildung. Ohne Supervision. „Alles situativ, alles personengebunden!", notiert Ellen Raith.

„Die sind Betrachter ihrer Situation, aber nicht Gestalter", resümiert Joachim Voges auf dem Weg zum Hotel. „Die denken: Wir sitzen auf einem sinkenden Schiff, also können wir schon mal aufhören zu rudern." Er überlegt. „Ich wollte, dass sie aus diesem Gespräch die Möglichkeit mitnehmen, dass sie eventuell durch den Boden gehen, damit sie bei der Rückmeldung nicht völlig überrascht sind. Ich glaube, das ist mir gelungen."

DER UNTERRICHT

Auch im Klassenraum der 7a hängt ein Poster mit Regeln an der Wand. „Ich verspreche, dass ich heute …", steht da in großen Lettern. Es folgen Selbstverpflichtungen: nicht zu beleidigen, zu petzen, zu lügen, zu schlagen oder zu treten, dumm herumzulabern. Eigentlich eine lobenswerte Sache, hätten die Inspektoren beim Aktenstudium im Konferenzprotokoll vom vergangenen Dezember nicht einen verräterischen Hinweis gefunden: „… führt aus, dass es bei der Inspektion von Vorteil ist, wenn in jeder Klasse Verhaltensregeln sichtbar aushängen." Der Vorschlag wurde „nach kontroverser Diskussion" einstimmig angenommen.

Joachim Voges kommt frohgemut ins Inspektionszimmer. „Ich habe zwei tolle Stunden gesehen", sagt er. Einige Male konnte er ein Doppelplus einkringeln. Eine Religionslehrerin ließ das Thema Gewalttheorien in Kleingruppen erarbeiten, ein junger Mathelehrer jagte die Fixen mit Karacho durch Division und Multiplikation, gleichzeitig ging er aber durch die Reihen und half den Langsamen.

Auch der freundliche, entspannte Umgangston gefällt dem Inspektionsteam. Hier herrschen keine Zustände wie dereinst an der Berliner Rütli-Schule, die es zu bundesweiter Popularität brachte, weil die Lehrer der Schülergewalt nicht mehr standhalten konnten und in einem Brandbrief die Auflösung der Schule verlangten. Aber warum machen sie hier so wenig daraus?, fragen sich die Inspektoren. Und werden die Ausreißer nach oben reichen, um den Unterricht insgesamt noch positiv zu bewerten? „Wird schwer", meint Ellen Raith nach einem Blick aufs Notebook. „Eher schwach als stark" lautet das Zwischenergebnis nach zwei Dritteln der Einsichtnahmen.

Zu viel Mittelmaß haben die Inspektoren gesehen, zu viel Grenzwertiges, auch solides Handwerk, aber nur pflichtgemäß abgespult beim Warten auf das Ende der sechsten Stunde, auf die Ferien, das Schuljahresende, den Ruhestand.

Der Schulleiter präsentiert in Physik zwei Stunden Stillarbeit hintereinander, die Biologielehrerin ist gänzlich unvorbereitet, die Kunstlehrerin lässt in der neunten Klasse die ganze Zeit Mandalas malen. „Anforderungsniveau viertes Schuljahr!", notiert Ellen Raith. Der Englischlehrer, ein junger Mann, frisch von der Uni, lässt in der neunten Klasse einen Text über Indianer vorlesen. Anschließend sollen die Schüler im Buch die neuen Vokabeln unterstreichen. Einige haben kein Buch dabei, teilnahmslos schauen sie durch die Gegend. Eine Viertelstunde dauert das Raussuchen der Vokabeln. Wer damit fertig ist, soll den Text noch einmal lesen. Und dann noch mal. Zwischendurch schaut der Lehrer auf die Uhr. Voges macht viele Minus-Kringel. „Das ist schon bitter", sagt er, „wenn man für eine Unterrichtsstunde bescheinigen muss, dass die Schüler eigentlich nichts gelernt haben."

IN DER STEHBÄCKEREI

Die Inspektoren haben genug gesehen und gehört; es geht aufs Ende zu. Bei Bienenstich und Kakao aus dem Tetrapak diskutieren sie, mit welcher Bewertung sie dieser Schule gerecht werden. Am Abend zuvor waren sie noch uneins. Sollen sie die Einrichtung noch mal davonkommen lassen, ganz knapp „über Standard" bewerten? Dann käme sie um eine Nachinspektion herum und stünde nicht im Ruf, eine schlechte Schule zu sein. Aber helfen sie ihr damit? Wäre das richtig und gerecht? Spätestens nach dem Gespräch mit der Lehrerschaft und den letzten Einsichtnahmen in Unterricht dürftigster Art ist klar, dass ein deutliches Signal nötig ist, ein Schuss vor den Bug. Eine Bewertung „unter Standard", damit diese Schule aufwacht aus ihrem Dämmerzustand. Joachim Voges ahnt schon, was sonst passieren wird: „Dann sagen die, die Schulinspektion ist weg, jetzt können wir weitermachen wie bisher." Aber wie soll man es ihnen sagen? „Wir müssen wohlwollend sein, und wir müssen klar sein", postuliert Voges. „Man will ja nicht demontieren, nicht demotivieren."

NACHSITZEN

Werner Wilken vermutet, dass es auch Schulen gibt, bei denen die Inspektion nichts bewirkt. Vielleicht sind es vor allem jene, die gerade noch einmal davonkommen. „Da heißt es dann, die Inspektion kommt erst in vier Jahren wieder, bis dahin ist die Hälfte des Kollegiums im Ruhestand, also ab in den Schrank mit dem Bericht." Aber das, glaubt Wilken, seien Einzelfälle. „Allein die Tatsache, dass es uns gibt, hat schon ein Qualitätsbewusstsein befördert. In den Schulen fängt man an, über Qualität nachzudenken, ohne dass wir überhaupt da waren."

An den evaluierten Schulen höre die Diskussion darüber erst recht nicht mehr auf. Dafür sorge allein schon der Druck der Eltern. Die kennen schließlich das Inspektionsergebnis – und werden kaum hinnehmen, dass ihre Kinder auf eine schlechte Schule gehen müssen.

Doch was passiert mit den Lernorten, denen „gravierende Mängel" attestiert werden? Für die Therapie ist die Inspektion nicht zuständig. Sie stellt den Schulen lediglich den Spiegel hin – und lässt sie mit ihrem Spiegelbild allein. In den Niederlanden stehen Tausende von Pädagogen, Psychologen und Trainern bereit, um Schulen „unter Standard" wieder nach vorn zu bringen, die Schulleiter verfügen über ein üppiges Fortbildungsbudget. Im Extremfall, wenn eine Schule nicht an ihren Defiziten arbeitet, werden ihr die Zuschüsse gestrichen, was einem Schließungsurteil gleichkommt.

Ein ähnliches Unterstützungssystem wünscht sich Werner Wilken auch für Deutschland. „Man kann nicht evaluieren und anschließend wegrennen", sagt er. „Schlechte Schulen dürfen wir nicht dulden. In solchen Fällen muss man massiv intervenieren."

Momentan ist jedoch nur „Intervention light" möglich. Das Unterstützungssystem, neben der Inspektion die zweite Säule der Qualitätssicherung im Schulwesen, befindet sich noch im Aufbau. Fortbildungsmittel sind knapp, die Schulleiter haben keine Hoheit über ihr Budget, schwache Pädagogen können nicht entlassen werden. „Wir stoßen immer wieder auf Lehrer, deren unterrichtliche Kompetenz infrage gestellt werden muss", sagt Werner Wilken.

DIE VERKÜNDUNG

Zur „Unterrichtung der Schulöffentlichkeit" am Nachmittag des letzten Inspektionstages erscheint nicht mal die Hälfte des Kollegiums, dazu die Schulöffentlichkeit in Person von drei Elternvertretern. Schüler sind nicht gekommen. Alle sehen auf die weiße Leinwand, wo gleich die Noten der Schule erscheinen, das „Qualitätsprofil". Unter den Lehrern hat es sich schon herumgesprochen: Wir sind durchgefallen!

Der Schulleiter wird immer zuerst informiert. Es gibt Dinge, die kann man nur dem Chef sagen. Joachim Voges und Ellen Raith haben das Kriterium „Führungsverantwortung der Schulleitung" mit „eher schwach als stark" bewertet. Sie wollen den ersten Mann im Haus jetzt nicht vor seinem Kollegium demontieren. Nach einer guten Stunde kommt der Schulleiter mit gesenktem Kopf aus dem Inspektionsbüro und geht die Treppe runter.

Voges ist nicht zufrieden mit dem Gespräch. „Ich glaube, er hat nicht verstanden, wie schlecht die Schule in vielen Bereichen eigentlich ist", sagt er. Bei fast allen Kritikpunkten habe er gesagt: „Das sehe ich nicht so." Manche Schulleiter brechen bei diesem Gespräch zusammen, unter Tränen, sie sehen ihr berufliches Lebenswerk in Trümmern vor sich liegen. Manche poltern, andere sitzen nur da und sagen gar nichts.

Voges und Raith geben sich bei der Präsentation redlich Mühe, die positiven Ansätze zu betonen; das Potenzial, das in der Schule schlummert, das gute pädagogische Klima, die freundlichen, zugewandten Schüler, die sie erlebt, den guten Unterricht, den sie stellenweise gesehen haben. „Hier wird ein Konzept gelebt, wenn es auch nicht verschriftet ist", loben sie selbst das, was kaum zu loben ist.

„Schülerinnen, Schüler und Lehrkräfte fühlen sich an der Schule wohl." Doch das kleine Häuflein Lehrer schaut drein, als habe man ihnen gerade eröffnet, dass sie fortan von früh bis spät dicke Spinnen fangen müssen. Sie wissen, dass im Abschlussbericht steht: „Die Schulinspektion hat gravierende Mängel festgestellt. Wir bitten um Prüfung, ob eine Nachinspektion veranlasst werden soll." Also registrieren sie nur das Stakkato von Satzfetzen, das auf sie einprasselt: „Sehr lückenhaft", „nicht vorgelegt", „zu wenig Differenzierung", „kommen zu kurz", „sind veraltet", „finden nur episodenhaft statt", „herrscht keinerlei Klarheit". Und immer wieder der Satz: „Auch hier – eher schwach als stark." Ellen Raith klingt dabei ein bisschen wie die RTL-Moderatorin Sonja Zietlow bei „Der Schwächste fliegt". Siebenmal vergeben die Inspektoren die Zensur „eher schwach als stark", einmal „schwach", nur siebenmal „eher stark als schwach".

„Ich halte uns nach wie vor für eine gute Schule", sagt der Schulleiter zum Abschluss trotzig. Dann glaubt ein junger Lehrer, er habe noch eine besonders clevere Idee. „Wenn ich das richtig sehe", sagt er spitzbübisch, „müsste doch nur ein einziges Kriterium vom negativen in den positiven Bereich rutschen, damit das Gesamtergebnis positiv wird und Sie nicht wiederkommen müssen." Er sieht die Inspektoren herausfordernd an. Kommt, Kinders, ein Kriterium, das müssen wir doch wuppen.

Joachim Voges schaut an die Decke, Ellen Raith starrt auf ihr Manuskript. Es ist schier zum Verzweifeln, sagen ihre Blicke. Der Mann hat nichts begriffen. ➤

„Zeit der Zeugnisse" erschien zuerst im März 2007 in „McK Wissen 20 – Qualität".

• • •

Und heute?

Die Arbeit der niedersächsischen Schulinspektoren zahlt sich aus. Joachim Voges erzählt, dass die Qualität der geprüften Schulen mit den Jahren zugenommen hat: „Offensichtlich haben sich die Themen Qualitätsentwicklung und Evaluation im Bildungssektor herumgesprochen." Auch die Kritikgespräche seien heute offener: „Die Einstellung von Schulleitern und Lehrern hat sich in den meisten Fällen geändert. Viele sehen unsere Besuche inzwischen als Chance und nicht als Angriff und gehen viel selbstbewusster mit ihren Stärken und Schwächen um."

Ähnliches bestätigt auch eine im Sommer 2008 veröffentlichte Studie, die das Kölner Institut der deutschen Wirtschaft (IW) erstellt hat. Der „Politik-Check Schule" stellt den 16 Bundesländern ein Zeugnis mit Schulnoten aus. Auch die Qualitätssicherung der Länder wurde benotet: Berlin, Hamburg und Nordrhein-Westfalen – übrigens alles drei Länder, sie sich beim Aufbau ihrer Schulinspektion an dem niedersächsischen Modell orientiert haben – schnitten mit am besten ab.

Was aus der damals geprüften Hauptschule geworden ist, weiß Voges, der mittlerweile mehr als 100 weitere Schulen inspiziert hat, nicht: „Auch, weil mir die pädagogische Arbeit dort nicht nachhaltig in Erinnerung geblieben ist." Mehr als zwei Drittel aller niedersächsischen Schulen wurden inzwischen von Joachim Voges und seinen knapp 60 Kollegen besucht; bis Ende 2011 sollen alle Schulen des Landes von der Behörde überprüft worden sein.

Mein Tagebuch

Stell dir vor, du hast einen Traum.
Du willst jungen Menschen die Welt erklären.
Sie spielerisch entdecken lassen, was in ihnen steckt.
Sie ein Stück auf dem Weg in ihre Welt begleiten.
Du willst etwas Sinnvolles tun. Lehrer werden.

Stell dir vor, du wirst Lehrer.
Ach, stell es dir lieber nicht vor.

Von Elisabeth Gründler

I. ALLER ANFANG IST SCHWER

2. August 1976: Seit heute bin ich Referendarin. Ich wurde auf die Landesverfassung vereidigt. Endlich. Jetzt kann es losgehen. Ich fühle mich erfolgreich, obwohl mir die „richtige" Ausbildung ja noch fehlt. Nach sechs Jahren Universität bin ich unterwegs zu neuen Horizonten.

12. August 1976: Ich bin zwei Ausbildungsschulen zugeordnet, nicht wie die übrigen Referendare nur einem Gymnasium. Ich unterrichte an einem Kolleg, wo sich junge Erwachsene auf das Abitur vorbereiten, und an einem von Nonnen geführten katholischen Gymnasium. Ich muss mich an zwei Orten zurechtfinden und mit zwei Kollegien klarkommen. Längere Wege, mehr Fahrerei. Aber ich kann auch mehr lernen. Wunderbar, ich freue mich.

20. August 1976: Die ersten Seminartage liegen hinter mir. Im Fach Politik vielversprechend. Wir werden ermutigt, eigene Ideen zu verfolgen. Anders in Französisch. Dr. K. redet ohne Punkt und Komma, wir schreiben mit. Eine Frage kann ich nur loswerden, wenn ich ihm ins Wort falle. Anstrengend. Nach zwei Stunden gebe ich auf. Vier liegen noch vor uns. Ich male Männchen oder schaue aus dem Fenster. Der Tag dehnt sich wie zäher Brei. Ein vertrautes Gefühl. Die Schülerrolle hat mich wieder.

1. Oktober 1976: Mein erster eigener Unterricht, Französisch, am Kolleg. Dr. K. ist da, um mich zu beobachten. Meine Lerngruppe besteht aus 15 jungen Erwachsenen. Sie sind Anfänger und lernen die zweite Pflichtfremdsprache, ohne die sie kein Abitur machen können. Das Lehrbuch ist mehr als 20 Jahre alt, das didaktische Konzept überholt. Die Studienrätin, die normalerweise den Unterricht hält, klärt mich vorher schon auf: Dass Menschen im Erwachsenenalter noch eine Fremdsprache lernen, ist sowieso fast ausgeschlossen, deshalb sei es völlig egal, welches Lehrbuch man verwende. Kreativität ist also gefragt. Ich produziere eigene Materialien für diese erste Prüfung. Die Klasse und ich haben viel Spaß und kommen ein gutes Stück weiter. Finde ich. Dr. K. ist irritiert. Sein Feedback zu meiner Leistung erschöpft sich in allgemeinen Floskeln.

11. Oktober 1976: Dr. K. hat mir erklärt, er könne die Art von Unterricht, wie ich ihn am Kolleg mache, nicht bewerten. Für die Oberstufenausbildung solle ich fortan in seinen eigenen Kursen, am YZ-Gymnasium hospitieren und die Lehrproben dort absolvieren. Er wird das Kolleg für den Rest meiner Referendarzeit nicht mehr betreten. Ich lerne meine erste wichtige Lektion: Kreativität ist nicht gefragt.

25. Oktober 1976: Erster Unterrichtsbesuch mit Beurteilung im Fach Politik. Ich gebe Sozialkunde in der neunten Klasse des katholischen Gymnasiums. Eine reine Mädchenklasse. Sie gilt als schwierig. Wir machen ein Rollenspiel. Dafür habe ich in der staatlichen Lehrerfortbildung eine Zusatzausbildung gemacht. Die Klasse ist begeistert, die Stunde läuft richtig gut. Mein Ausbilder lobt mich. Doch um meine Leistungen bewerten zu können, müsse ich eine „richtige" Unterrichtsstunde vorführen. Wieso dies kein richtiger Unterricht sei, will ich wissen. Die Schülerinnen hätten doch viel erfahren, über sich selbst und über gesellschaftliche Rollen.

Der Lernprozess sei zu spontan und zu wenig steuerbar, erfahre ich. Ich solle lieber Texte aus der Tageszeitung mit der Klasse diskutieren. Die Ergebnisse an der Tafel festhalten und von den Schülerinnen abschreiben lassen. Im Lehrprobenentwurf muss exakt festlegt werden, was die Schüler lernen sollen, und nach 45 Minuten muss man genau da sein. Wie langweilig, will ich einwenden. Doch ich halte meinen Mund und lerne Lektion zwei: Neue Unterrichtsformen sind störend.

10. November 1976: Mit der Seminarleitung habe ich über die Weigerung von Dr. K. gesprochen, meine Leistungen im Französischunterricht zu bewerten. Die Probleme mit Dr. K. seien bekannt, heißt es, aber man könne nichts machen. Und fachlich sei er ja kompetent. Ich darf das Ausbildungsseminar wechseln, wenn ich nicht klarkomme.

Doch das hieße: neue Schulen an einem neuen Ort, neue Kollegien, neue Klassen – und die Verlängerung des Referendariats um ein halbes Jahr. Ich beschließe, klarzukommen. Wenn ich das Examen erst in der Tasche habe, kann ich meinen Unterricht gestalten, wie ich will.

16. September 1977: Meine letzten beiden Lehrproben vor dem Examen sind mit „gut" bewertet worden. Ich kenne jetzt die Spielregeln und funktioniere.

12. Dezember 1977: Zweites Staatsexamen mit „gut" bestanden.

22. Dezember 1977: Die Bezirksregierung bietet mir eine Stelle als Studienrätin an, ich soll nach R., eine Kleinstadt nahe der Zonengrenze. Nicht gerade der Ort meiner Träume. Aber das kann ja noch werden.

II. LEHREN HEISST LERNEN

1. Februar 1978: Dienstantritt an der additiven Gesamtschule in R. Vier Schulzweige in getrennten Gebäuden. Offiziell ein Kollegium unter einer Leitung, de facto vier Kollegien in vier Lehrerzimmern. Ich wurde dreimal gefragt, ob ich die neue Referendarin sei. Ich bin die neue Studienrätin. Die Kollegen staunen. Einen weiblichen Lehrer hat es am Gymnasium in R. noch nicht gegeben.

15. März 1978: Ich gebe pro Woche 24 Stunden Unterricht in vier Fächern, zwei davon habe ich studiert. Ich unterrichte 178 Schüler zwischen 10 und 21 Jahren in acht Lerngruppen. Meine Arbeitszeit liegt zwischen 50 und 60 Stunden pro Woche. Meist sitze ich bis Mitternacht über Vorbereitungen oder Korrekturen. Ich hoffe, es wird weniger, wenn ich erst mehr Routine habe.

Von den Gymnasialkollegen bin ich die Einzige, die auch an der Realschule und in der Orientierungsstufe unterrichtet. Dazu hatte ich spontan Ja gesagt, als ich gefragt wurde. Praktisch heißt das: in den Pausen lange Wege zwischen den einzelnen Gebäuden. Sechsmal 25 verschiedene Schülergesichter. Ich büffle ihre Namen. Mein Konferenz- und Besprechungspensum verdreifacht sich, die Arbeitszeiten auch. Ich muss schnell besser werden. Anfängerprobleme, tröste ich mich.

22. September 1978: Im neuen Schuljahr unterrichte ich Geschichte in der Oberstufe, zwölfter Jahrgang, Thema: NS-Zeit. Mein Unterricht soll konkret und ortsbezogen sein. Den Nationalsozialismus hat es auch in R. gegeben. Der Leiter des Stadtarchivs erlaubt mir und der Schülergruppe, die offiziellen Stadtchroniken aus den Jahren 1933 bis 1945 einzusehen.

Oberstudienrat M., der Gesamtschulleiter, teilt meine Begeisterung nicht. In den Chroniken würden Namen auftauchen, vielleicht Familiennamen von Schülern, und das könne Ärger geben. Dies sei ein kleiner Ort. Ich will ihm etwas von forschendem Lernen und neuen Unterrichtsmethoden erzählen, aber ich komme nicht zu Wort. M. wird bei der Rechtsabteilung der Bezirksregierung nachfragen, ob ich einen solchen Unterricht überhaupt machen dürfe. Ich darf. Die Bezirksregierung teilt die Bedenken des Schulleiters nicht. Herr M. ist sauer.

III. ALLTAG – ÜBERLEBEN IM SYSTEM

23. April 1980: Dienstantritt an der Integrierten Gesamtschule in F., einer Großstadt in Westdeutschland. Die Ganztagsschule ist achtzügig mit 1500 Schülern und 200 Lehrern. Sie ist in mehreren Betonkästen und Gründerzeitbauten untergebracht, in einem Brennpunkt-Stadtteil. Ich habe Lehrernummer 139.

Aus familiären Gründen habe ich mich nach F. versetzen lassen, heute ist mein erster Arbeitstag nach sechs Monaten Mutterschaftsurlaub. Zwei Schülerinnen der achten Klasse kommen nach der großen Pause zu spät zum Unterricht und entschuldigen sich damit, dass sie bei den Kleinen ausgeholfen hätten. So erfahre ich, dass es an dieser Schule eine Kinderkrippe gibt, die noch Kinder sucht. Ich bin fassungslos. Hatte ich doch wochenlang nach einer Tagesmutter gesucht und mehrfach mit der Schulleitung wegen der Stundenverteilung telefoniert, damit ich Familie und Beruf organisieren konnte. Die Kinderkrippe wurde nie erwähnt.

16. Juni 1980: Der Schulrat meldet sich zum Unterrichtsbesuch an. Es geht um meine Verbeamtung auf Lebenszeit. Das passt mir gar nicht. Nach sieben Wochen in der achten Klasse, mit nur drei Stunden Unterricht Sozialkunde läuft es noch nicht so toll.

27. Juni 1980: Mein Prüfungstag. Zu Beginn der Stunde ist etwa die Hälfte der Schüler anwesend. Die übrigen kleckern in den nächsten 15 Minuten einzeln oder in Grüppchen herein. Die lange Schlange vor dem Schulkiosk wird als Entschuldigung vorgebracht.

Das ist die Wahrheit. Die Wege in und zwischen den Gebäuden sind lang, und wenn einige Hundert Schüler in der Zehn-Minuten-Pause zum Kiosk stürmen, dauert es, bis jeder versorgt ist. Große Pausen gibt es nicht, sie sind an der Ganztagsschule absichtlich verkürzt, weil die Mittagspause 45 Minuten dauert. Also beginnen wir den Unterricht grundsätzlich zu spät. Die Lernprozesse, die ich danach noch in Gang setzen kann, sind bescheiden.

Ich soll mich über ein bisschen Unpünktlichkeit nicht aufregen, hatte mir der Jahrgangsleiter vor Wochen gesagt. Tue ich auch nicht, 199 Kollegen finden es ja auch völlig in Ordnung. Aber der Schulrat macht aus seinem Missfallen keinen Hehl. Zum Unterrichtsbeginn sollten alle Schüler auf ihren Plätzen sitzen. Ich kann ihm leider keine Hoffnung machen, das Schülerverhalten durch pädagogisches Einwirken zu verändern. Die Organisation der Schule produziert die Unpünktlichkeit der Schüler täglich neu.

Ich bin durchgefallen, doch der Schulrat ist milde. Er nimmt das nicht zu den Akten, wertet den Besuch als „Beratung". Im Herbst will er wiederkommen.

18. August 1980: Erster Schultag nach den Sommerferien. Mein neuer Stundenplan sieht zwölf Unterrichtsstunden vor, eingebettet in zehn Freistunden. Ein Witz. Ich hatte eine halbe Stelle beantragt, um mehr Zeit für meine Familie zu haben und bei weniger Belastung einen besseren Unterricht machen zu können. Jetzt bin ich mit halber Stelle und halber Bezahlung die volle Zeit in der Schule und muss mein Kind dennoch ganztags zur Tagesmutter geben. Im Stundenplanbüro ernte ich Achselzucken von den Kollegen. Alle meine Stunden liegen auf sogenannten Bändern, meine Fächerkombination sei eben ungünstig. Änderungen am Stundenplan sind frühestens in einem Jahr möglich.

24. Oktober 1980: Ich habe meine Lebenszeit-Verbeamtungs-Lehrprobe bestanden. Große Show mit massivem Medieneinsatz: Bildfolien, Overhead-Projektor, Tonträger, bunte Kreide. Die Schüler waren bestochen: eine Runde Eis nach überstandenen Mühen. Sie wussten auch, was drankommt, und die guten Schüler gaben sich alle Mühe, französische Sätze fließend zu parlieren. Neben dem Schulrat saßen, von mir eingeladen und zu meiner Unterstützung: die Fachleiterin, der Jahrgangsleiter und eine Personalratskollegin. Alles lief wie geschmiert. In der Nachbesprechung loben die Kollegen mein Engagement und die Leistungen der Schüler in den höchsten Tönen. Da kann der Schulrat wenig kritisieren.

17. November 1980: Ich will immer noch guten Unterricht machen. Als ich den Schulassistenten nach dem Belegungsplan für das Sprachlabor frage, lächelt er müde. Die Technik ist seit anderthalb Jahren kaputt. Geld für die Reparatur gibt es nicht und wird auch in absehbarer Zukunft nicht bewilligt. Die Systeme seien zu störanfällig oder unsere Schüler zu rabiat. Er versucht zu trösten: Für das aktuelle Französischlehrbuch hat es sowieso niemals Tonbänder gegeben, dafür reichte der Etat nie.

22. Juni 1981: Seit fünf Tagen Dauerregen. Frau K., die Bibliothekarin, verteilt Eimer zwischen den Regalen. Das Flachdach ist schadhaft. Geld für die Reparatur ist keins da, es wurde aber Geld für Eimer bewilligt, für zehn Stück. Es ist der fünfte Eimereinsatz in diesem Jahr.

3. Juli 1981: Es werden noch Kollegen für den Oberstufenunterricht im kommenden Schuljahr gesucht. Ich bin nicht abgeneigt, doch bevor ich zusage, erkundige ich mich – und entdecke sofort den Haken: Die Oberstufe liegt fünf Gehminuten entfernt in einem anderen Gebäude. Das bedeutet wieder einmal sechsstündige Unterrichtstage ohne Pause und schlechte Stundenpläne, weil die Oberstufenkurse immer auf Stundenplanbändern liegen. Kurzum: jede Menge Mehrarbeit fürs gleiche Geld.

Bin ich denn bescheuert? Da unterrichte ich doch lieber noch einen Anfängerkurs Französisch oder Religionsersatz in der Mittelstufe. So ein Test ist an einem Abend korrigiert, für die Oberstufenkorrektur brauche ich mehrere Abende plus ein Wochenende.

Ich lehne mit Bedauern ab: „Es tut mir wirklich leid, aber ich kann gar nicht in die Oberstufe gehen. Ich bin Klassenlehrerin im zehnten Jahrgang. Und es gibt einen Konferenzbeschluss, nach dem es dort keinen Lehrerwechsel mehr geben darf." Eine Überlebensstrategie. Nach vier Jahren im Beruf bin ich im System angekommen.

16. März 1984: Auf der Stufenkonferenz wurde eine landesweite Studie vorgestellt, die das Abiturniveau von Gesamtschulen und Gymnasien vergleicht. Beide Schultypen liegen danach gleichauf. Die Stufenleitung und die Mehrheit der Kollegen sehen darin einen Beweis für die Leistungskraft unserer Schule. Ich weise darauf hin, dass die besten Abiture bei uns in der Regel von Kollegiaten abgelegt werden oder von Schülern, die von Real-schulen zu uns gekommen sind. Dass sie unsere Abiturschnitte auf den Landesschnitt heben, sollten wir uns eingestehen, finde ich. Die Kollegen fallen über mich her. Ich bin ein Nestbeschmutzer. Fortan werde ich von vielen nicht mehr gegrüßt.

30. Januar 1986: Ich funktioniere, es gibt keine Beschwerden über mich, aber der Sinn meines Tuns ist mir abhanden gekommen. Ich unter-richte auf meiner halben Stelle 14 Wochenstunden Oberstufe, führe einen Leistungskurs zum Abitur und komme mit Vorbereitungs- und Korrektur-zeiten auf Arbeitszeiten von 45 bis 50 Stunden pro Woche. Zu Beginn der Weihnachts-, Oster- und Herbstferien liegen auf meinem Schreibtisch jeweils zwischen 80 und 100 Klausuren, die korrigiert werden müssen, was ein bis zwei Wochen dauert, wenn man seine Arbeit ernst nimmt. Im Land wird für die 35-Stunden-Woche gestreikt.

Im Kollegium gelten wir Lehrer mit Oberstufen-Qualifikation, die jedes Jahr mit Schülergruppen ins Abitur gehen müssen, als Miesmacher, die die Leistungen der Gesamtschule nicht anerkennen. Aber die Abiturprüfung ist die einzige offizielle Überprüfung der Leistungen. Noten sind Verwaltungs-akte, Klausuren grundsätzlich klagefähige Akten, die jederzeit gerichtlich überprüft werden können. Von meinen zehn Leistungskurs-Schülern sind zwei glänzend, sie haben ihr Französisch durch ständigen Kontakt mit der Kultur gelernt. Die übrigen acht sind so schwach, dass sie gute Chancen haben durchzufallen.

25. September 1987: Ich bin mit einer elften Klasse im Schullandheim. Wir sind Selbstversorger. In der Küche laufen die Vorbereitungen fürs Früh-stück. Ich sehe vier kleine Kannen mit vier kleinen Kaffeefiltern, das heiße Wasser wird mit Suppenkellen eingefüllt. Ein merkwürdiges Arrangement. Ob die Schüler die große Kaffeemaschine mit Filter für 20 Personen nicht gesehen haben? Doch, lautet die treuherzige Antwort, „aber wir wussten nicht, wie wir die Kaffee- und Wassermengen ausrechnen sollten". Die beiden Jungs kommen von einer Schule, die ein Reformprojekt ist, wissenschaftlich begründet, begleitet und in Publikationen hoch gelobt. Die beiden Mädchen sind aus unserer eigenen Mittelstufe. Alle haben Dreisatz, Verhältnisrechnung und Algebra gelernt. Aber sie können ihr Wissen nicht zur Lösung eines praktischen Problems nutzen. Mein persönlicher Pisa-Schock, 13 Jahre bevor dieser Begriff geprägt wird.

24. Mai 1990: Mein Versetzungsantrag wurde genehmigt. Ein letztes Mal nehme ich an der schulinternen Lehrerfortbildung teil. Es gibt zwei Tage unterrichtsfreie Zeit für die Schüler, das Kollegium lernt. Allerdings gibt es von Regierungsseite keinerlei Etat für Referenten – die Qualität der Fortbildung ist entsprechend. Zum Abschied ein Begrüßungsdialog: „Bist du neu hier, ich habe dich noch nie gesehen?!" – „Ich bin schon zehn Jahre hier, Lehrernummer 139!" – „Ich hab' auch vor zehn Jahren angefangen, mit der Lehrernummer 112!"

IV. DIE LETZTE RUNDE

20. August 1990: Habe meinen Dienst an der Kooperativen Gesamtschule am Stadtrand von F. angetreten. Nur 100 Kollegen und etwa 800 Schüler. Ich will weiter mit 18 Wochenstunden arbeiten, das ist eine dreiviertel Stelle. Und ich mache mit der Direktorin einen Deal: Wenn ich einen guten Stundenplan bekomme, bin ich bereit, auch im Realschulzweig zu arbeiten und in den integrierten Kursen in der Mittelstufe Religionsersatz-Unterricht zu geben. Einen so guten Stundenplan hatte ich noch nie: Ich arbeite an vier Tagen, habe Mittwoch und Samstag frei.

20. November 1990: Busaufsicht um 13.35 Uhr. Ich kann mich nicht daran gewöhnen. In der Bus-Schleife drängen sich einige Hundert Schüler, in schneller Folge fahren zehn bis zwölf Busse vor. Die Masse drängt, stößt und schiebt sich. Die Größten und Stärksten erobern die Sitzplätze. Hier gilt das Faustrecht.

Der Kollege, der mit mir zusammen eingeteilt ist, sitzt in sicherer Entfernung auf einem Absperrgitter. Er versteht nicht, worüber ich mich aufrege. Wir reden auf Konferenzen von sozialem Lernen, aber den archaischen Dschungelkampf, der hier stattfindet, nehmen wir nicht zur Kenntnis. Die Aufsicht ist rechtlich vorgeschrieben. Solange wir da sind, kann die Schule nicht belangt werden, falls ein Unfall passiert. Der Kollege, der nicht rechtzeitig seinen Beobachtungsposten bezogen hat, wäre im Falle eines Unglücks dran. Aber dafür hat man seine Berufshaftpflicht.

4. Dezember 1990: Ich unterrichte Religionsersatz im integrierten Kurs im siebten Jahrgang. 25 Schüler aus acht verschiedenen Klassen, von drei verschiedenen Zweigen – Hauptschul-, Realschul- und Gymnasialzweig – kommen zweimal pro Woche für 45 Minuten zusammen, um etwas über Moral und Ethik zu lernen. Es sind überwiegend Haupt- und Realschüler, die Kinder aus den gebildeten Elternhäusern gehen eher zum Religionsunterricht. Es ist schwierig. Texte, die Hauptschüler mit Mühe entziffern können, lösen bei den meisten Gymnasiasten Gähnen aus. Im Gespräch dominieren die eloquenteren Schüler. Die Hauptschüler können sich nur nonverbal zur Wehr setzen. Wie bringe ich eine solche Gruppe dazu, zusammen zu arbeiten? Und wie soll ich was benoten?

12. September 1991: Sechste Stunde Französisch in der neunten Klasse: Fritz, 14, lässt zwei winzige Rennautos auf seinem Französischbuch fahren; Bernd, 15, versucht seine 1,86 Meter auf einem Stühlchen unterzubringen, das ihm drei Nummern zu klein ist; Farid flirtet mit Monika, Iris und Anna haben sich unter heftigem Gekicher Wichtiges mitzuteilen. Mirka sieht aus, als würde sie noch mit Puppen spielen. Die 31 Jungen und Mädchen sind eine ganz normale Schulklasse. Wir haben 45 Minuten.

Ich habe es spaßeshalber einmal ausgerechnet: Jeder Schüler kommt auf eine Sprechzeit von einer Minute und 28 Sekunden pro Unterrichtsstunde, vorausgesetzt, der Lehrer sagt gar nichts. 43 Minuten und 32 Sekunden lang muss jeder Schüler zuhören. Aber im Fremdsprachen-Unterricht ist der Lehrer nun mal das einzige korrekte Modell der Zielsprache. Klar, dass er am meisten redet. Mindestens die Hälfte der Unterrichtszeit, also 22,5 Minuten. Pro Schüler bleibt demnach eine aktive Sprechzeit von 43,55 Sekunden. Lust oder Spaß kann ich glücklicherweise nicht einmal rechnen.

10. Oktober 1991: Die Ergebnisse dieser Sprachdidaktik sind in der elften Klasse zu besichtigen. 25 Schüler im fünften Jahr Französisch. 80 Prozent von ihnen quälen sich irgendwie durch Konjunktiv und wenig anspruchsvolle Texte. Sie sind froh, die Sprache bald abwählen zu können. Von Zeitungslektüre fühlen sich die meisten überfordert, Literatur zu lesen ist undenkbar. Zwei Schüler sind richtig gut und am Leistungskurs interessiert, der Rest wird Fächer belegen, in denen leichter Punkte zu holen sind. In Englisch sieht es nicht viel besser aus.

14. September 1992: Das neue Schuljahr ist vier Wochen alt. Ich habe wieder eine volle Stelle und unterrichte in 23 Wochenstunden insgesamt 156 Schülerinnen und Schüler zwischen zwölf und 20 Jahren in neun Lerngruppen. In den ersten Unterrichtsstunden nach Schuljahrsbeginn habe ich sie zum Gruppenfoto gebeten und mir die Bilder in die Kurslisten geheftet, um 156 Namen zu lernen. Manche Schüler sehe ich nur einmal die Woche in einer Doppelstunde.

In drei Wochen sind Herbstferien. Bis dahin muss ich in allen Gruppen die ersten Klausuren und Klassenarbeiten geschrieben haben. Ich habe mich erkältet, hoffentlich werde ich nicht krank. Oberstufenklausuren wegen Krankheit des Lehrers zu verschieben ist praktisch unmöglich, dann kommt der ganze Plan ins Rutschen. Vor den Herbstferien muss ich allen Schülern eine vorläufige mündliche Note geben und sie im Kursheft dokumentieren. Absurd. Ich kenne kaum die Namen und habe die Schüler noch so wenig im Unterricht erlebt, dass ich mir kein Bild machen kann. Aber frühzeitig Noten geben ist eine per Erlass geregelte Pflicht.

26. Oktober 1992: Heute rief Frau Z. an, die Leiterin des Gymnasialzweigs, was denn in der 9b los sei? Drei Fachkolleginnen hätten sich bei ihr beschwert, weil ich eine Klassenarbeit in Französisch überwiegend mit Einsen und Zweien bewertet habe.

Das stimmt. Ich habe vorher einen Bewertungsmaßstab definiert, ihn den Schülern offengelegt – und ihn nachträglich nicht geändert, als ich sah, dass die Mehrheit der Arbeiten mit gut und sehr gut bewertet wurde. Es ging um eine komplexe Aufgabe von kreativer Textproduktion, bei der ich Rechtschreibfehlern weniger Gewicht gegeben und die Kommunikationsleistung insgesamt höher bewertet habe. Sich in einer unbekannten Situation orientieren und in der fremden Sprache ausdrücken zu können sind laut Richtlinien übergeordnete Lernziele, versuche ich meiner Vorgesetzten, einer Mathematikerin, zu erläutern. Die meisten französischen Rechtschreibfehler sind in der mündlichen Sprache unhörbar und für die Kommunikation ohne Belang.

24. Februar 1993: Heute hat die Fachkonferenz Französisch zum dritten Mal wegen der von mir zu gut bewerteten Klassenarbeit getagt. Die Schulleitung konnte keine Verordnung oder Richtlinie finden, gegen die ich verstoßen habe. Meine Argumentation ist schlüssig, sie ist pädagogisch und fachdidaktisch nicht zu widerlegen. Aber dass der Bewertungsspiegel jeder Klassenarbeit der Gauß'schen Normalverteilungskurve entspricht, ist ein ungeschriebenes Gesetz.

Die Fachkonferenz Französisch muss auf Anweisung der Schulleitung so lange tagen, bis neue Regeln produziert sind, die verhindern sollen, dass „so etwas wieder vorkommt". Drei Sitzungen lang konzentriert sich die Diskussion schon auf die Frage, welche Orthografie- und Grammatikverstöße als ganze, halbe oder Viertelfehler zu werten seien. Ich schaue aus dem Fenster oder male Muster auf meinen Block. Ich bin hier verkehrt. Ich werde gehen.

31. Januar 1994: Ich habe meinen Antrag auf Beurlaubung ohne Bezüge bei der Schulleitung abgegeben. „Betreuung eines minderjährigen Kindes" gebe ich als Grund an. Dagegen gibt es nach den Paragrafen des Landesschulgesetzes keine Einrede. Die Schulleitung bedauert.

V. EPILOG

6. Februar 2005: Ich treffe im Theater einen Kollegen meiner letzten Schule. Er erzählt mir von der Grundrenovierung. Der ekelhafte braune Teppichboden ist endgültig Vergangenheit. Auch die Schülertoiletten wurden erneuert. Damit sie möglichst lange in gutem Zustand bleiben, müssen die Lehrer sie nach jeder Pause abschließen. Er findet das auch nicht schön, aber was solle man sonst tun?

16. Juli 2005: Heute wird der englische Harry Potter VI ausgeliefert. Der Postbote wird ihn auch meinem 14-jährigen Neffen Jörg bringen, er ist ein Geschenk von mir. Obwohl Jörgs Englisch noch bescheiden ist, wird er sich durchbeißen, er will unbedingt wissen, wie die Geschichte weitergeht, und kann die deutsche Übersetzung nicht abwarten. Wenn er erfolgreich ist, wird kein noch so mittelmäßiger Schulunterricht ihn aus dem Paradies, ein englisches Buch lesen zu können, wieder vertreiben. Die Kinder aus den Bildungsschichten brauchen zum Lernen nicht unbedingt die Schule.

Aber was ist mit denen, für die Schule der einzige Zugang zu Wissen und Bildung ist? ◄

„Mein Tagebuch" erschien zuerst im September 2005 in „McK Wissen 14 – Bildung".

• • •

Und heute?

Die Ich-Erzählerin Elisabeth Gründler ist bisher nicht in den Schuldienst zurückgekehrt – sie arbeitet als Autorin und Journalistin in Berlin. Im Frühjahr 2008 erschien ihr Buch „Rohstoff Intelligenz":
Elisabeth Gründler: Rohstoff Intelligenz – Frühkindliche Bildung. Cornelsen Verlag Scriptor, 2008; 144 Seiten; 20,50 Euro

Frau Königs Kinder

Sie sind gescheitert. Schon am Anfang. In der Schule.
Jetzt machen sie schlechte Jobs. Oder ganz schlechte Jobs.
Und wollen endlich ihren Abschluss machen.
Einen Hauptschulabschluss.

Von Andreas Molitor

E s war eine gute Woche für Simone. Sie hat eine Eins in Englisch geschrieben und in Mathe die Klammerrechnung verstanden. Ihr Mann
hat mal wieder Arbeit, als Lastwagenfahrer, wenigstens für ein paar Tage.
Und die älteste Tochter hat den Schwangerschaftsabbruch gut überstanden.

Es war eine schlechte Woche für Tuncay. Zuerst die Vier im Deutsch-
Aufsatz. Dann der Ärger mit dem Mathelehrer, der ihn beinahe rausge-
worfen hätte. Und der Stress mit der Englischlehrerin, weil er mitten im
Unterricht aufgestanden ist und ging. Aber was sollte er machen? Ein
Rausschmeißer, der zu spät zur Arbeit erscheint, ist seinen Job sofort los.
Und nun hat er auch noch gehört, dass das Waschmaschinenwerk dicht-
macht. Wieder 600 Arbeitsplätze weniger in Spandau.

Kurz vor acht Uhr abends. Noch eine Stunde Deutsch bei Frau König.
In der Pause waren die Mädels kurz in der Fußgängerzone, um sich bei
Douglas mit Parfümpröbchen zu versorgen. Die vermengen sich nun im
Klassenzimmer zu einem Nebel süßlicher Schwere – wer kann sich da auf
einen Sachtext über Alkoholismus konzentrieren? Tuncay, dessen Kreuz
nach zwölf Jahren Bodybuilding die Ausmaße eines Opferaltars angenommen hat, gelingt das jedenfalls nicht. Der 26-Jährige mit dem fast kahl
geschorenen Schädel hat den Text beiseite gelegt und verschickt unter der

Bank SMS. Frau König geht durch die Reihen. Vor Tuncay bleibt sie stehen. „Sie stöhnen, als müssten Sie Mehlsäcke schleppen", sagt die Klassenlehrerin. „Zeigen Sie mal, welche Fremdwörter Sie rausgesucht haben." Tuncays Blatt ist leer. Das liegt am Parfümdunst, klar, aber wohl auch daran, dass er gewisse Probleme hat, sich im Duden am Alphabet zu orientieren.

Simone, die drei Reihen vor ihm sitzt, ganz vorn, ist schon lange fertig: Sie hat alle unbekannten Fremdwörter rausgeschrieben und die wichtigsten Textstellen mit Leuchtstift markiert. Jessica, vierte Reihe rechts, fallen die Augen zu. Seit vier Uhr morgens ist sie auf den Beinen. Sie muss früh auf der Baustelle sein: Wege pflastern, Kies schütten, Bäume schneiden. Lisa singt leise vor sich hin, Markus ist mal wieder zum Telefonieren raus, Sascha mit seinen Gedanken bereits daheim am Computer, wo er bis sechs Uhr früh sitzen wird. Vielleicht geht er zwischendurch aber auch wieder am See spazieren. „Du glaubst gar nicht, wie ruhig und friedlich so ein See ist", sagt er, „mitten in der Nacht." Es ist eine Deutschstunde für das Strandgut unseres Bildungssystems. Im Haus der Musikschule in der Jüdenstraße, dritter Stock, beste Altstadtlage von Berlin-Spandau, lernen jene, die es nicht geschafft haben. Sie sind die Gescheiterten, die Perspektivlosen, die Überflüssigen, die auch bei den miesesten Jobs noch hintenan stehen, „Unsere Zurückgebliebenen", sagen die Lehrer manchmal sarkastisch über diese 34 von jährlich etwa 90 000 Menschen, die nicht mal den niedrigsten Schulabschluss erreicht haben, der in Deutschland vergeben wird: Hauptschule, neunte Klasse.

Diesen Abschluss wollen sie jetzt nachholen. Unter fahlem Neonlicht plagen sich Deutsche und Türken, Polen und Syrer, Kurden und Russen. Die Jüngsten sind gerade 18, die Ältesten schon 36. Einige wurden von ihren Eltern geschickt, andere von der Arbeitsagentur, doch die meisten kommen aus eigenem Antrieb. Sie haben beschlossen, Frieden zu schließen mit jener verachteten Institution Schule, der sie sich einst verweigert haben – und die sie dann ausgespien hat wie Auswurf. Jetzt, drei, zehn oder auch zwanzig Jahre nach dem Scheitern, versuchen sie es noch einmal mit dem Lernen.

Simone erinnert sich gut, wie sie sich reingekniet hat in der achten Klasse. Keine einzige Vier im Zeugnis. „Wenn du 'ne Lehrstelle kriegst, machen wir 'ne Weltreise", hatte der Vater versprochen. Doch dann verschwand er über Nacht, die Mutter versank im Alkoholrausch, und Simone ging nicht mehr zur Schule.

20 Jahre ist das nun her. Simone ist jetzt 36, steht um vier Uhr früh auf, schmiert Stullen für ihren Mann und die drei Kinder, brüht Kaffee auf und fährt dann zur Arbeit. Putzfrau im Behindertenwohnheim – mehr war für sie nicht drin. Nachmittags um drei kommt sie nach Hause. Dann kocht sie Mittagessen, macht den Haushalt und könnte vor Müdigkeit einschlafen. „Und um sechs sitz' ich hier im Unterricht", sagt sie, „selbst heute, wo ich mit meiner Tochter zur Abtreibung war. Ich saß auch schon mit Grippe hier und mit Fieber." Man sitzt auf seinen Schulden fest, erzählt sie, es geht nicht vorwärts. Seit ihr Mann seinen festen Job verloren hat und nur noch hin und wieder mit dem Lastwagen unterwegs ist, fehlen 500 Euro im Monat. „Ich mach' den Abschluss, weil ich nicht mein Leben lang Putzfrau sein will", sagt Simone. „Ich würd' schon gern ein bisschen weiterkommen. Es sind doch noch 30 Jahre, die ich arbeiten muss."

Mehr als die Hälfte der Hauptschul-Nachholer auf der Spandauer Volkshochschule (VHS) ist arbeitslos, die anderen fristen ihr Dasein wie Simone – mit 400-Euro-Jobs, Ein-Euro-Jobs, schlechten und ganz schlechten Jobs. Sie stapeln Getränkekästen, patrouillieren mit Rottweilern durch Einkaufspassagen, putzen Büros, stecken Reklamezettel in Briefkäs - ten, schleppen Steine. Ihre Träume sind bescheiden: Wenn sie es sich aussuchen könnten, würden sie als Erzieherin im Kinderheim arbeiten, als Hotelfachfrau, IT-Systeminformatiker, Maskenbildnerin, Koch, Sekretärin.

Das Abschlusszeugnis erscheint den Spät-Schülern als Eintrittskarte in eine Welt, in der solche guten Jobs zu haben sind. Und dieses Ticket benötigen selbst jene, die schon einen Fuß in der Tür haben. Jessica, 23 Jahre alt, ein Kind, hat eine Gärtnerlehre angefangen. Kürzlich hat sie 500 Pflanzennamen auswendig gelernt, alle auf Latein. Aber ohne Schulabschluss kann sie die Lehre nicht beenden. Auch Computerfreak Sascha braucht das Papier mit dem amtlichen Stempel. Nachdem er in einer IT-Firma in Frankfurt am Main eine Woche lang gezeigt hatte, was er am Rechner so drauf hat, gab man ihm gleich einen Ausbildungsvertrag als Systemelektroniker. „Mach deinen Schulabschluss", hieß es, „dann kannst du am nächsten Tag herkommen."

D och die Mehrheit von Saschas Mitschülern wird – mit Abschluss oder ohne – vermutlich auf Dauer im Kreislauf von staatlicher Fürsorge, Förderprogrammen und Einfachst-Jobs hängen bleiben. „Manche unserer Hauptschul-Absolventen werden regelrecht ausgelacht, wenn sie sich bewerben", sorgt sich die Schulleiterin. „Dann heißt es: Was wollen Sie denn mit dem Abschluss?" Andererseits gibt es aber auch Arbeitgeber, die das Stehvermögen der VHS-Hauptschüler honorieren. Dass hier niemand bis zum Abschluss durchgeschleppt wird, hat sich herumgesprochen. „Jemand, der früher nichts zustande gebracht hat und jetzt diesen Abendkurs durchsteht, kann kein Taugenichts sein", sagt eine Teamleiterin der Spandauer Arbeitsagentur. Sie hofft, dass die eine oder andere Firma das ähnlich sieht.

Die Arbeitsmarktdaten geben wenig Anlass zu derartiger Hoffnung: In Berlin sind 40 000 junge Leute unter 25 Jahren arbeitslos. Das ist jeder Fünfte in dieser Altersgruppe. Klassenleiterin Monika König erinnert sich noch, wie es war, als sie 1971 als Hauptschullehrerin in Spandau anfing. „Da hat Siemens die Schüler in der siebten oder achten Klasse gleich reihenweise rausgeholt. Die bekamen alle eine Lehrstelle, auch ohne Abschluss." Früher inhalierten die Fabriken des Konzerns die Schüler gleich jahrgangsweise, heute krebst die Spandauer Niederlassung von einer Entlassungsrunde zur nächsten. Weggefallen sind vor allem die Stellen für Angelernte und Ungelernte. „In meinen Abschlussklassen", berichtet Monika König, die im Hauptberuf an einer Spandauer Hauptschule unterrichtet, „bekommen im Schnitt nur noch ein oder zwei Schüler auf Anhieb eine Lehrstelle."

Natürlich könnte die Klassenlehrerin stolz auf jene Schüler verweisen, die nach dem Hauptschulabschluss gleich den Realschulkurs besuchen.

Oder gar auf jene Vorzeigeschüler, die noch weiter durchmarschiert sind, bis zum Fachabitur und Studium. Aber sie weiß auch, dass das maximal einer von 500 schafft. Weit häufiger ist es umgekehrt: „Die Leute kommen voller Erwartungen hierher, aber sie verstehen selbst das wenige nicht. Die rechnen mit den Fingern, und von mal oder geteilt haben sie noch nie was gehört." Sie können zwar schwere Kartons wuchten, aber eine Lehre als Umzugsspediteur würden sie nie schaffen.

Seit Februar quälen sich die VHS-Hauptschüler an vier Abenden pro Woche im sechsmonatigen Vorkurs, der Qualifikationsrunde für den einjährigen Hauptkurs. Vorkurs, das bedeutet weitgehend freudlose Abende, prall gefüllt mit Basiswissen in Deutsch, Englisch und Mathe. Es dominiert Frontalunterricht. Viel debattiert wird nicht, das Wissen muss rein in die Menschen, und zwar schnell. Die Zahl 5642 soll auf Tausender gerundet werden. „6000", sagt Sascha, der ziemlich fit ist in Mathe. „Aber was ist mit der 4 und der 2?", fragt Liza ihre Banknachbarin. „Auf die kannste kacken", kommt es zurück. Jana will wissen, ob das Auf- und Abrunden für die nächste Klassenarbeit relevant ist. „Ja, natürlich", sagt Herr Wagner, der Mathelehrer. „Aber die Hälfte der Klasse war nicht da, als Sie das erklärt haben." – „Pech", ruft Mehmet, „das ist hier keine Hobbyveranstaltung." Mehmet, von Beruf Briefträger und mit 36 Jahren der Älteste im Kurs, schreibt immer mit. Aber einen Winkel von 140 Grad an die Tafel zeichnen, das kann er noch nicht.

„Was ist eine Summe?", fragt der Mathelehrer zwischendurch. „Was heißt dividieren?" Er weiß, dass er solche Begriffe nicht voraussetzen kann. Werden Textaufgaben etwas abstrakter, können nur noch zwei oder drei Schüler folgen. „Das Produkt aus 6 und 4 wird um 6 vermehrt, das Ergebnis wird um den um 7 verminderten Quotienten aus 44 und 4 verringert." So etwas kommt in der Klassenarbeit vor. Aber was soll das bedeuten, „um den um 7 verminderten Quotienten"? Wie soll Tuncay das verstehen, wenn er gar nicht weiß, was das ist, ein Quotient? „Einige verbringen viel Zeit im Fitness-Studio", meint die Klassenlehrerin, „und dann sitzen sie hier muskelbepackt und wissen nichts."

Englisch ist eine unbekannte Sprache, vor allem für die Ausländer. „Aus welchen zwei Wörtern ist ‚isn't' zusammengesetzt, Mehmet?" Die Englischlehrerin versucht es mit einer einfachen Frage. Aber Mehmet weiß es nicht. „What's the opposite of left, Jefgeni?" Der blasse Junge, vor drei Jahren aus Kasachstan gekommen ist, versteht gar nicht, was die Lehrerin von ihm will. In Deutsch ließ Frau König bislang nur Diktate schreiben, die zuvor mehrmals komplett geübt worden sind. „Wenn ich im Vorkurs keine geübten Diktate schreibe", sagt sie, „dann hagelt es hier Fünfen und Sechsen."

Etwa die Hälfte der Kursteilnehmer ist schon im ersten Vierteljahr auf der Strecke geblieben. Sie kamen einfach nicht mehr. Die Abende sind jetzt wärmer und länger. Man kann draußen sitzen, Bier trinken, einen Joint rauchen mit den Kumpels. Bianca, Jessica und Markus passen aufeinander auf. Vor allem Bianca steht vor Unterrichtsbeginn am Fenster und guckt, ob die beiden anderen kommen. Wenn nicht, ruft sie spätestens in der ersten Pause auf dem Handy an. „Unsere Missis Linientreu", frotzelt Markus, der die Englischlehrerin gerade kumpelhaft begrüßt hat: „Ey, Sie haben heut' aber 'nen geilen Lippenstift!"

„Es sind nicht unbedingt die Schwächsten, die aussteigen", sagt Renate Lambeck, die Schulleiterin. „Es sind die, die nicht einsehen, dass sie eine Schülerrolle übernehmen, sich unterordnen müssen." Genauso wenig seien sie zu Selbstkritik bereit – vor allem wenn es darum geht, ihr eigenes Scheitern zu hinterfragen. Sie verbringen viel Zeit damit, „ein Schaumprogramm abzuziehen, warum nichts geklappt hat", meint die Schulleiterin. Die Eltern waren schuld, die Lehrer sowieso, und später, als es um den Job ging, lag es am Vorarbeiter, an den Kollegen, am Vermittler bei der Arbeitsagentur.

W er bis jetzt durchgehalten hat, sieht sich meist realistischer. „Ich hab' einfach alles verkackt", sagt Liza, 18 Jahre alt. „Nie zum Unterricht gegangen. Sitzen geblieben. Von der Schule geflogen." Das war in der siebten Klasse. Wenn die anderen sich mit Punktrechnung vor Strichrechnung abmühten, zog sie mit ihrer Mädchen-Gang durch die Stadt und prügelte sich mit anderen Mädchen-Gangs, manchmal auch mit Jungs. Es gab viele Anzeigen.

Für Liza und die meisten ihrer Mitschüler müssen es bleierne Jahre gewesen sein, durchsetzt mit gelegentlichen Spaßphasen wie ein Nacken-steak mit Fettadern. Als kürzlich alle aufschreiben sollten, warum es nicht geklappt hat mit dem Schulabschluss, kamen die Antworten kurz und scharf wie Rasiermesserschnitte: „Kein Bock." – „Weil ich bekifft war." – „Scheiße gebaut." – „Drogensucht." Das gehört alles zur klassischen Schulabbrecher-karriere. Wo die Schule war, wusste man noch. Wie die Lehrer hießen, manchmal schon nicht mehr. In einem Tag, der konturlos war wie eine Amöbe, ohne Anfang und Ende, ohne Höhepunkt und ohne Ablauf, spielte das Lernen keine Rolle. Er zerläuft einfach, so ein Tag, eine nutzlose An-häufung von Zeit. Es bleiben Erinnerungen an Gerichtstermine, Heim, Son-derschule, Psychiatrie, Schwangerschaft, prügelnde Eltern, trinkende Eltern.

Markus war auch so einer, der Probleme mit dem Aufstehen hatte, morgens oder auch mittags, nachdem er in der achten Klasse von der Schule geflogen war. Nachts war er immer gern unterwegs, bis er sich voriges Jahr in ein Mädchen verliebte, eine Abiturientin aus gu-tem Hause. „Die hat mir unglaublich weitergeholfen", sagt Markus, „mir den Anschub gegeben, was aus meinem Leben zu machen. Jetzt erst mal den Hauptschulabschluss, danach Realschule und dann wahrscheinlich noch Abitur." Markus lernte die Familie seiner Freundin kennen, „das ist nicht nur Mittelstand, schon so'n bisschen höher", und erhielt Zugang zu jener fremden Welt, in der alles nach Regeln abläuft – eine Welt, in der Fleiß belohnt wird und nicht Müßiggang. Der Vater des Mädchens, das nicht mehr seine Liebste ist, aber eine gute Freundin blieb, arbeitet als selbstständiger Systeminformatiker für Großrechner. In ihm fand Markus zum ersten Mal in seinem Leben ein Vorbild. „Der fährt nach Köln, arbeitet zwei Nächte durch und sorgt dafür, dass die Leute pünktlich ihr Arbeits-losengeld kriegen. Und da ist mir in den Kopf gefahren: Das kann ich doch eigentlich auch."

Die Selbstkränkung hat sich tief ins Bewusstsein gefräst. Sie haben sich selbst ins Aus geschossen, dorthin, wo die Dummen sind, die nicht viel mehr können als tief buddeln und weit schmeißen. Jetzt wollen sie zeigen, dass sie sich nicht mehr gehen lassen, sondern sich auch mal quälen können. „Es ist mir so peinlich, bei der Frage nach dem Schulabschluss jedes Mal einen Strich zu ziehen", sagt Bianca. „Ich möchte beweisen, dass ich was drauf hab'. Ich kann jetzt Englisch, ein bisschen. Früher hatte ich immer nur Sechsen. Mein Abgangszeugnis bestand nur aus Sechsen."

Die Frauen haben nicht zuletzt ihren Männern etwas zu beweisen. Für sie ist der Schulabschluss ein Stück nachträgliche Emanzipation. „Die Männer sind oft alles andere als begeistert", berichtet Schulleiterin Renate Lambeck. „Da heißt es dann: Das schaffste eh nicht, dazu biste viel zu doof." Sie erinnert sich an Teilnehmerinnen, die daheim eingeschlossen wurden, damit sie nicht zum Unterricht gehen konnten. Eine Schülerin sprang durch das geschlossene Fenster, um zur Prüfung zu kommen. Sie bestand. Ihr Mann hat keinen Abschluss.

Für jene, die schon eigene Kinder haben, im Schulalter womöglich, hat das Lernen einen ganz besonderen Wert. Wie steht man vor seinen Kindern da, wenn man nichts weiß, auf keine Frage eine Antwort hat? Es ist noch nicht lange her, da musste Simone jedes Mal passen, wenn ihre zwölfjährige Tochter mit einem Mathe-Problem zu ihr kam. „Erkläre mir mal die Klammerrechnung, hat sie gesagt. Aber da war nichts in meinem Kopf. Ich hatte sie noch nie gesehen, diese Klammerrechnung. Jetzt weiß ich, wie das geht."

Sie wollen auch Vorbilder sein. Die Kinder sollen die eigenen Fehler nicht wiederholen. Das wäre das Schlimmste. „Ich will nicht, dass mein Sohn nichts kapiert von der Welt", sagt Markus. „Er soll nicht so abkacken wie ich." Nicht immer gelingt das. Simones Älteste, 19 ist sie, hat sich auf der Hauptschule hängen lassen und das zehnte Schuljahr nicht geschafft. Jetzt hat sie nur den Hauptschulabschluss. Mehr als ein Ein-Euro-Job war damit bisher nicht drin. „Aber demnächst will sie hier an der VHS die Realschule nachholen", sagt ihre Mutter. „Das will ich auch noch, wenn ich mit der Hauptschule fertig bin."

Die großen Entwürfe fürs Leben findet man in Frau Königs Hauptschulkurs nicht. „Vielleicht", sagen sie ganz oft, wenn sie über die Zukunft sprechen. Was sie sich wünschen? „Darüber hab' ich noch nie nachgedacht", sagt Liza. „Eine Familie, na klar, mit 'nem guten Mann. Die Wohnung soll auch schön sein und der Kühlschrank immer voll." Kinder? „Ja auch, zwei, drei Stück. Die werd' ich morgens zur Schule fahren und aufpassen, dass sie auch wirklich reingehen. Die sollen lieb sein, nicht so wie ich. Ich war ein schlimmes Kind." ◄

„Frau Königs Kinder" erschien zuerst in brand eins 05/2005.

• • •

Und heute?

Von den 34 Schülern der Spandauer Volkshochschulklasse haben 17 ihren Hauptschulabschluss geschafft. Sieben von ihnen haben direkt im Anschluss daran den nächsten Kurs belegt, der mit dem mittleren Schulabschluss endet – fünf Teilnehmer haben ihn inzwischen mit Erfolg abgeschlossen. Vor allem die erfolgreichen Absolventen pflegen dauerhaft den Kontakt zur Volkshochschule (VHS): Schulleiterin Renate Lambeck berichtet von regelmäßigen Anrufen.

Mehmet aus der Hauptschulklasse 2005 hat den Kurs abgebrochen, Jessica hat ihre Gärtnerlehre erfolgreich beendet, Sascha schlug nach der bestandenen Prüfung die angebotene Lehrstelle aus: Er büffelt gerade für das Abitur.

Seit Juni 2009 wurde der früher auf zwei Jahre ausgelegte Hauptschul-Abendkurs auf ein Jahr verkürzt: ein Schulversuch, um die hohe Abbrecherquote aufzufangen. Derzeit bereiten sich sechs Abendschüler auf ihre Hauptschulprüfung im Sommer vor.

Die Lehrerin Monika König arbeitet inzwischen in Altersteilzeit und hat ihre Nebentätigkeit an der VHS in Berlin-Spandau aufgegeben.

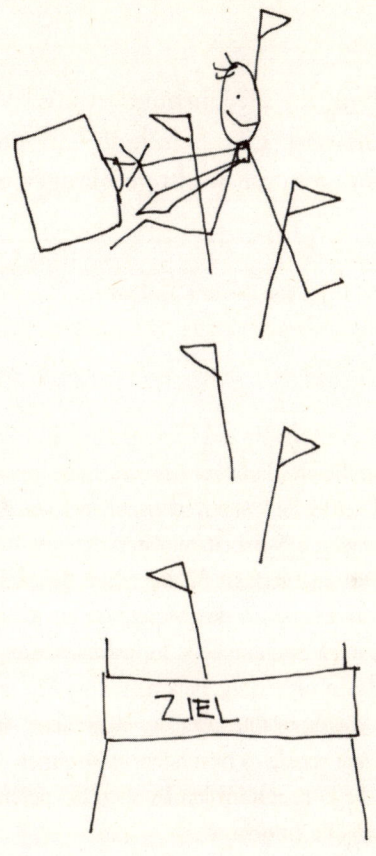

Entdecken,
was Schule macht

Wie sieht Bildung im 21. Jahrhundert aus? Viele suchen
darauf eine Antwort. Eine Schule in Colorado hat erst
einmal angefangen, die wichtigen Fragen zu stellen.

Von Gerhard Waldherr

Neulich war Daniel Pink zu Besuch, nicht persönlich, aber via
Internet-Telefon. Pink war Redenschreiber von Al Gore, arbeitete
zuvor für den damaligen US-Arbeitsministers Robert Reich. Inzwischen
schreibt er für »Wired« und verfasst Bücher. Zum Beispiel „A Whole New
Mind", wo es um die Evolution des Menschen im Arbeitsprozess geht:
von traditioneller Landwirtschaft über Industrialisierung, Wissensgesellschaft hin zu IT und Globalisierung. Pink nennt die Ära, in die wir geraten,
„Conceptual Age", was man mit „Ära des Begreifens" übersetzen kann.
Er glaubt, in dieser Ära werde es besonders ankommen auf die Kreativen
und Einfühlsamen, die konzeptionellen Denker, bei deren Ausbildung die
Schule eine zentrale Rolle einnehme.

Darüber haben sie mit ihm diskutiert, die Schüler der Arapahoe High
School (AHS) in Centennial, Colorado. Pink trug einen Kopfhörer und
saß an einem Laptop mit Kamera. Am anderen Ende der Leitung benutzten
die Schüler eine ähnliche Technik. Vier Klassen versammelten sich im
Auditorium. Jeder Schüler konnte ans Mikrofon kommen, um eine Frage
zu stellen. Acht Schüler betreuten derweil den Blog Fishbowl, an dem die

Klasse auf 35 Laptops teilnahm. Der Blog wurde später gemeinsam ausgewertet. „Wir müssen die Schule revolutionieren", sagt Karl Fisch, Technischer Direktor der AHS, der die Veranstaltung organisiert hatte. „Unsere Intelligenz produziert technischen und sozialen Wandel in einem Tempo, dem traditioneller Unterricht nicht mehr gerecht wird."

Die AHS liegt an der Kreuzung South University Boulevard und East Dry Creek Road. Sie ist ein weitläufiger Backsteinkomplex mit Flachdach und großem Parkplatz. Gleich am Eingang stehen Schaukästen mit Pokalen und Kunstwerken von Schülern, Fotos zeigen die Blaskapelle der Schule bei ihrem Auftritt am 1. Januar vergangenen Jahres in Gießhübl, Österreich. Am Schwarzen Brett in der Cafeteria hängen Bilder und Tabellen der Sport-Teams. Auf kahlen Fluren zwischen den Klassenzimmern reihen sich Metallschränke, einige mit Bannern der „Warriors" beklebt. Krieger, so nennen sich die Teams der AHS. Die Arapahoe, die dem County und der Schule den Namen gaben, sind ein in Colorado ansässiger Indianerstamm.

2100 Schüler werden in der AHS in den Klassen 9 bis 12 unterrichtet. Die Schule folgt damit einer K-12-Variante, die nach Elementary und Middle vier Jahre Highschool vorsieht. Wer an der AHS die Stationen Freshman, Sophomore, Junior, Senior durchlaufen und erfolgreich abgeschlossen hat, für den beginnt wahlweise das Berufsleben oder die höhere Bildung mit College und Universität. 91 Prozent der Schüler schließen die AHS erfolgreich ab, neun von zehn Absolventen studieren. Fisch sagt: „In unserem Umfeld stimmt das sozioökonomische Klima, die Eltern sind gebildet, sie legen Wert auf gute Ausbildung. Die Eltern haben hohe Erwartungen, die Lehrer haben hohe Erwartungen, und das setzt sich bei den Kindern fort."

Centennial, südlich von Downtown Denver gelegen, zählt zur Suburbia und sieht genauso aus, wie man amerikanische Vorstädte aus Film und Fernsehen kennt: uniformiertes Eigenheimglücksland mit angeschlossenen Shopping Malls. Gehobene Mittelkasse mit gepflegten Vorgärten und Geländewagen in der Garage. Was auch an den Grundkoordinaten der Gegend liegt: Technik- und Energiebranche sowie

Bergbau bieten gute Jobs, die Arbeitslosigkeit beträgt kaum vier Prozent. Die Einheimischen loben die saubere Luft und das Panorama der Rocky Mountains.

Auch in Centennial gilt wie überall im K-12-System: Die Einwohner der Stadt wählen ein School Board, ein Gremium, das etwa über die Höhe des Schulbudgets entscheidet, zu dessen Aufbesserung bei Bedarf schon mal die Haus- und Grundsteuer erhöht wird. 6600 US-Dollar pro Schüler und Jahr hat die AHS zur Verfügung, überwiegend lokal finanziert, dazu private Spenden; vom Bundesstaat Colorado und aus Washington kommen eher geringe Zuschüsse. Das ist nicht viel; mehr als 80 Prozent des Etats entfallen auf Gehälter, doch Karl Fisch sagt: „Wir sind eine positive Ausnahme. Was uns an Geld fehlt, machen die Lehrer mit Engagement wett." Laut Regionalmagazin »5280« gehört die AHS zu den besten Schulen Colorados.

K arl Fisch, 44, ist ein kleiner, sportlicher Mann. Vollbart, Glatzkopf, nachdenklicher Typ. Früher hat er Mathematik unterrichtet: Algebra, Statistik, Exponentialfunktionen, das Übliche. Als er 1991 anfing, gab es an der AHS nur in der Verwaltung Computer. Etliche Jahre später hatte bereits jeder Lehrer einen, schließlich wurde die Bibliothek damit ausgestattet, manche Schüler brachten ihre privaten Laptops in den Unterricht mit. Fisch war bereit, sich um die Technik in der Schule zu kümmern. Anfangs drehte sich seine Arbeit zu 20 Prozent um Computer, dann zu 50 Prozent. Das war der Punkt, an dem er nicht länger unterrichtete und Technischer Direktor wurde.

„Jeder junge Lehrer will die Welt verändern", sagt Fisch. „Ich war da nicht anders." Es gelang ihm nicht. Schon dass er die Schüler aufforderte, Mathematik zu hinterfragen und selbstständig zu arbeiten, machte sie ratlos. So etwas kannten sie nicht. Was sie mit Lust entdeckten, waren technische Geräte. Game Boy. Xbox. Sie schufen ihre eigenen MySpace-Profile, kommunizierten überwiegend online oder per SMS. Die digitale Jugend und ihre Spielwiese Cyberspace. „Als sich das Web 2.0 explosionsartig ausbreitete", sagt Fisch, „ging mir ein Licht auf."

Die AHS, erkannte Fisch, brauchte unbedingt mehr Computer. Sie brauchte WLAN. Sie brauchte eine neue Philosophie. Fisch nahm an Ausschreibungen für Fördermittel teil, bekam 96 000 Dollar von einer gemeinnützigen Organisation in Florida. Damit gründete er ein sogenanntes Staff Development Program; 16 Lehrer sollten mit ihm „die Schule transformieren, um den Bedürfnissen von Bildung im 21. Jahrhundert gerecht zu werden". Als Fisch vom School Board, das Zuschüsse für innovative Projekte offerierte, noch einmal 216 000 Dollar erhielt, kamen weitere 32 Lehrer dazu. Die stellvertretende Schulleiterin Natalie Pramenko erinnert sich: „Technologie war plötzlich das Schlagwort an der Schule. Die Lehrer fühlten sich angespornt, die Schüler waren begeistert. Zuvor hatten wir nur ein großes Gebäude voller Kids – jetzt hatten wir eine richtige neue Aufgabe."

Gegen elf in der Schulbücherei. Am Eingang die Nachbildung eines Arapahoe-Häuptlings mit Federschmuck in einer Vitrine, einige Meter dahinter vier Lehrer an einem Tisch: Anne Smith unterrichtet englische Literatur; Brian Hatak Chemie, Barbara Stahlhut Mathematik, Brad Meyer Sozialkunde. Sie alle gehören zum Staff Development Program. Und sie erzählen, wie sie sich anfangs trafen und darüber stritten, ob sie LCD-Projektoren im Unterricht einsetzen, iPods und private Laptops erlauben sollten. Sie wussten nicht, ob es Sinn hatte. Doch sie wollten, dass sich etwas änderte. Und stimmten schließlich zu. „Es ist doch grotesk", sagt Meyer, „dass wir Tests mit Papier und Bleistift abhalten wie im 19. Jahrhundert, während wir vorgeben, Bürger fürs digitale Zeitalter zu erziehen."

Die Lehrer richteten Blogs ein und produzierten Podcasts. Sie tauschten sich aus über neueste Erkenntnisse der Hirnforschung und ob sich daraus Konsequenzen für den Unterricht ergeben müssten. Sie spielten mit provokanten Ideen wie der Abschaffung von Schulbüchern und ob sie stattdessen für naturwissenschaftliche Kurse nicht besser Material aus dem Internet herunterladen sollten. Einmal organisierten sie einen Blog zu den Erzählungen aus Tausendundeiner Nacht. Inzwischen gibt es 800 private Computer und drei Klassenräume, an denen jeder Schülerarbeitsplatz mit einem PC ausgestattet ist. Anne Smith sagt: „Es gibt keine pauschale Antwort darauf, wie Bildung im 21. Jahrhundert aussehen soll, außer jener, dass wir Lehrer selbst wieder Schüler, Lernende werden müssen."

Vier Lehrer, drei Generationen. Stahlhut ist die Älteste; Hatak und Meyer könnten ihre Söhne sein und Smith ihre Enkelin. Überwältigt von der Dynamik des Wandels sind alle vier. Smith sagt: „Seit die Schüler online recherchieren, haben wir kein Herrschaftswissen mehr. Wir werden Vermittler, Moderatoren, die die Fähigkeit der Schüler fördern müssen, selbst wissenschaftlich zu arbeiten." Wenn sie Google Earth in der Geometrieklasse benutze, sagt Stahlhut, „unterrichten die Schüler mich, nicht ich sie".

Hatak erzählt, dass er neulich aus dem Unterricht zu einer Besprechung gerufen worden sei. Weil seine Vertretung ausblieb, beschäftigten sich die Schüler selbst am Computer. Als Hatak zurückkam, sprachen sie gerade über Edelgase. Karl Fisch sagt: „Was wir versuchen müssen, ist, ihnen Kreativität und Verantwortung zu vermitteln, damit sie sich später im Leben selbst helfen können. Was wir können, ist nicht mehr genug."

Sommer 2006. Fisch soll auf einer Tagung vor etwa 150 Lehrern und Mitgliedern der Verwaltung sprechen. Er hat das schon häufiger getan und jedes Mal erlebt, wie sich die Zuhörer langweilten. Eine Pflichtveranstaltung, die wertvolle Arbeitszeit auffraß. Fisch wollte, dass sie ihm diesmal zuhörten. Er hatte einige Kongresse für technische Entwicklungen besucht und wollte vorführen, was er dort erfahren hatte. Ein ganzes Wochenende lang bereitete er sich darauf vor und komponierte einen Powerpoint-Vortrag mit dem Titel „Did You Know?".

V on Musik untermalt, erschienen simple Botschaften über die Welt, in der Schüler heute lernen. Did you know …, dass nur ein Viertel der Chinesen und 28 Prozent der Inder mit dem höchsten IQ eine größere Menge Menschen sind als die Gesamtbevölkerung Nordamerikas? …, dass nach einer Schätzung des US-Arbeitsministeriums die Schüler von heute 10 bis 14 Jobs haben werden, und zwar bis zum Alter von 38 Jahren; …, dass es die zehn meistgefragten Berufe 2010 sechs Jahre zuvor noch nicht gab;

… dass mehr als 3000 neue Bücher erscheinen – täglich; …, dass sich die Menge neuer technischer Information alle zwei Jahre verdoppelt und sich bis 2010 schon alle 72 Stunden verdoppeln soll; …

Was das laut Fisch hieß? „Shift happens." Die Umwälzung ist in vollem Gang.

Scott McLeod sagt: „Did You Know?' erwischte die Lehrer wie ein Kübel kaltes Wasser." McLeod ist Koordinator des Educational Administration Program an der Iowa State University, wo er Schulleiter und -inspektoren ausbildet. Er hatte Fischs Präsentation auf dessen Blog entdeckt, kopiert, gekürzt, eine Version für Windows erstellt und auf seinem eigenen Blog installiert. Diese Version sahen bis Weihnachten 2006 bereits 100 000 Menschen. McLeod: „So haben die Leute endlich begriffen, was sie schon lange hätten wissen müssen."

Es war der Beginn des Phänomens „Did You Know?". Eine kanadische Version tauchte auf, eine britische, eine Werbeagentur möbelte das Original optisch auf. Inzwischen wurden sämtliche Varianten von „Did You Know?" laut Fischs Schätzung „zehn bis zwanzig Millionen Mal im Internet gesehen". Darüber hinaus setzten es Lehrer weltweit bei Vorträgen ein. Eine Anleitung regt zur Diskussion an: „Was bedeutet es, Schüler auf das 21. Jahrhundert vorzubereiten? Welche Fertigkeiten brauchen Schüler im neuen Zeitalter? Womit fangen wir an?"

Gute Fragen. Zumal Schulen wie die Arapahoe High School in den USA nicht die Norm sind. Nach einer Studie der America's Promise Alliance, die vom ehemaligen US-Außenminister Colin Powell geführt und unter anderem von der Bill & Melinda Gates Foundation unterstützt wurde, ist die Lage prekär. In 17 von 50 Großstädten verlassen mehr als die Hälfte der Schüler die Highschool ohne Abschluss; in Detroit liegt die Rate dieser „Drop outs" bei 75,1 Prozent. In Los Angeles sind 1000 Schulen wegen mangelhafter Testergebnisse von der Schließung bedroht; in New York City sind 4300 Schulklassen überfüllt. Die AHS-Lehrerin Smith sagt, das Einstiegsgehalt eines Lehrers liege unter 30 000 Dollar im Jahr. Die Hälfte der Junglehrer gibt den Job während der ersten fünf Jahre auf. Leonie

Haimson, die in New York die Organisation „Class Size Matters" gegründet hat, behauptet: „Diejenigen, die in unserem Bildungssystem Entscheidungen treffen, haben von der Materie keine Ahnung."

Seit Jahren wird in den US-Medien heftig über die Malaise an US-amerikanischen Schulen debattiert (und über die an den Universitäten nicht minder, die ihren Zulauf aus dem Ausland offenbar einbüßen). Beim Pisa-Test 2006 landeten die USA bei den Naturwissenschaften auf Rang 29, weit hinter Deutschland (13). Die »New York Times« sah danach die Wettbewerbsfähigkeit der US-Wirtschaft „auf Jahrzehnte hinaus unterminiert". Nicht nur Wissenschaftler und Ingenieure fehlen. Die Defizite der Schulen wirken sich auch auf qualifizierte Handwerksberufe aus. „Bildung wäre immer noch die beste Investition in die Wirtschaft", klagte der ehemalige Arbeitsminister Robert Reich in einer Talkshow – die USA investierten stattdessen in Kriege und Gefängnisse.

All das sei zwar richtig, sagt Sir Ken Robinson, aber nur die halbe Wahrheit. Robinson sitzt in seinem Büro, 3803 Colorado Avenue, Santa Monica. Er ist Experte in Sachen Kreativität und Kunst. Er war für die Regierungen von Großbritannien, Singapur und Hongkong im Bildungsbereich tätig, für die EU-Kommission und große Unternehmen. Natürlich brauchten die USA mehr qualifizierte Naturwissenschaftler und Techniker, sagt er. Doch das gelte auch für andere westliche Länder. Wieso überlege man nicht zuerst, ob das, was verbessert werden soll, grundsätzlich richtig sei?

Robinson sagt, das Bildungssystem unterrichte Kinder immer noch, als wolle es aus ihnen Universitätsprofessoren machen, „dabei ist Universitätsprofessor nur eine Lebensform unter vielen". Stattdessen solle die Förderung von Kreativität gleichrangig neben den gängigen klassischen Fächern stehen. Warum nicht Tanz und Malerei so bewerten wie Mathematik und Sprachen? Robinson: „Hätte es kulturelle Errungenschaften wie Musik, Kunst, Architektur, hätte es Liebe und Freundschaft gegeben, wenn Intelligenz stets auf akademische Fähigkeiten reduziert worden wäre?" Das deckt sich übrigens mit Daniel Pinks These, wonach die rechte Seite des

Gehirns, die für Emotionen, Fantasie und Synthese zuständig sei, in Zukunft immer wichtiger werde: „Wer wettbewerbsfähig bleiben will, für den ist Kreativität kein Luxus."

Ein Bildungssystem, das hundert Jahre alt ist, passt nicht mehr in eine Welt, die sich dramatisch verändert. Doch wie könnte man sich vorbereiten auf eine Zukunft, die keiner kennt? In den USA werden derweil im K-12-System stur Mathematik, Lesen, Schreiben und Naturwissenschaften gebimst, Resultat des „No Child Left Behind Act" der Regierung Bush, bei dessen Umsetzung laut der Class-Size-Matters-Aktivistin Leonie Haimson „Hunderte Millionen Dollar sinnlos verpuffen". Der Unterricht orientiert sich am Test, schlechte Ergebnisse werden nicht selten manipuliert, um im Gesetz angedrohte Sanktionen zu vermeiden. Dummerweise gibt es kein Patentrezept dagegen. „Die Lösung", so Robinson, „kann nur jede einzelne Schule auf ihre Weise finden."

AHS, Centennial. 13.15 Uhr, Klasse 9 H, Literatur mit Anne Smith. An der Wand Plakate der Beatles und von Pink Floyds Album „Dark Side of the Moon". An einem Brett eine Interpretation von Edvard Munchs Gemälde „Der Schrei", darüber ein Transparent: „FREI: montags bis freitags. WISSEN: steht alles in den Ordnern". Heute geht es um George Orwells Roman „1984". Die Schüler referieren die 50 zuletzt gelesenen Seiten, wobei sie iPods benutzen, mit denen sie ihren Vortrag aufzeichnen. Später müssen sie ihn abschreiben, kritisieren, zur Debatte auf smith9h0708.blogspot.com stellen. Anne Smith fordert zu selbstständiger Recherche auf und stellt die Wahl der Mittel frei.

A ls die Schüler erzählen sollen, was sie am Unterricht mögen, sagen sie: „Unsere Ideen sind nicht beschränkt auf das Klassenzimmer"; „Ich lerne mehr, wenn ich auf eigene Faust zu Hause arbeite"; „Was ich lerne, kann ich auch außerhalb der Schule anwenden"; „Es macht Spaß, mit Technik zu arbeiten, die ich privat nutze"; „Ich will keine Stunde bei Miss Smith verpassen."

Wieder in der Schulbücherei, am Tisch hinter dem Indianerhäuptling. Ben Horblit, 15, sagt: „Ich erwarte von der Schule, dass sie mich auf ein

Leben mit IT vorbereitet. Elektronik und Software sind allgegenwärtig." Maria Krump, 16, sagt: „Alles wird schneller. Wir müssen damit leben, wir haben keine Wahl." Hannah Leffingwell, 15, findet: „Die Schule soll mir zu Eigenständigkeit im Leben verhelfen. Zurzeit lese ich drei Bücher, die mit der Schule nichts zu tun haben." Und Brooks Kanski, 17, stellt fest: „Ich darf lernen, was ich will und was für mich wichtig ist."

Sie unterhalten sich über digitale Technik. Bis zu vier, fünf Stunden täglich verbringen sie damit, überwiegend für Hausaufgaben, die sie häufig auf Blogs oder mithilfe des Internets erledigen. Sie produzieren Wikis, wie Kanski über das Gesundheitssystem in den USA. Krump hat wie die meisten ihrer Freundinnen eine MySpace-Seite. „Das Spannende daran ist", sagt Horblit, „wenn du einen guten Gedanken hast, kann die ganze Welt ihn lesen." Ausgleich bieten Kurse in Schmuckdesign, Fotografie, Ernährungs-und Beziehungslehre. Alle treiben Sport: Fechten, Tanzen, Golf. Keiner wünscht sich einen Modeberuf. Krump will zum FBI. Horblit will Jurist, Kanski Chirurg werden, „auch weil mich da Technik nicht ersetzen kann". Und Leffingwell, die Ballettunterricht nimmt und Tänzerin werden will, sagt: „Trotz Computer gibt es einen Unterschied zwischen Wissen und Weisheit."

Man hat Karl Fisch vorgeworfen, seine „Did You Know?"-Präsentation verkenne diesen Unterschied. Sie dämonisiere den Bevölkerungsreichtum Indiens und Chinas und glorifiziere technischen Fortschritt. Was bedeuten die Zahlen, Daten und Fakten, wenn sie nicht in einen Kontext gebracht werden? Bewirken Drill und Obrigkeitsdenken an Chinas Schulen nicht alles andere als Kreativität und Innovation? Ist nicht die Mehrheit der Bevölkerung in Indien immer noch von Bildung ausgeschlossen? Und verliert nicht, wer immer und überall das Tempo des technischen Fortschritts mitgehen möchte, die Orientierung in einem Ozean an Informationen?

„Ich kenne die Probleme in Indien und China", sagt Fisch. „Ich weiß, dass die Umwälzungen ernste Folgen haben können. Doch nicht darum geht es, sondern um Diskussion. Ohne Diskussion gibt es keine Veränderung. Und wir brauchen Veränderung, um allen Kindern dieser Welt eine

Chance zu geben." Fisch sagt, vielleicht müssten sich die Menschen erst daran gewöhnen, aber in der Schule der Zukunft werde man ständig experimentieren, werde Technik zum zentralen Hilfsmittel, würden Lehrer zunehmend an Autorität und Kontrolle verlieren, würden Jugendliche den Unterricht überwiegend selbstständig gestalten. In der Schule der Zukunft seien alle zugleich Lehrende und Lernende.

Er sagt, er wolle immer noch die Welt verändern, nur – anders als früher – nicht zuerst bei den Schülern. In seinem Blog Fischbowl steht der Satz: „Be the Change You Want to See." ◆

„Entdecken, was Schule macht" erschien zuerst in brand eins 05/2008.

• • •

Und heute?

Knapp 20 Jahre nach seinem Einstieg an der Arapahoe High School (AHS) kehrt der Technische Direktor Karl Fisch zu seinen Wurzeln zurück – nicht ganz freiwillig. Die massiven Budgetkürzungen für Schulen zwingen den ehemaligen Mathematik-Lehrer dazu, im kommenden Schulsemester parallel zu seiner Verwaltungsarbeit auch wieder zu unterrichten, erzählt er in seinem Blog. Die technische Revolution an der AHS schreitet davon unberührt voran: Momentan werden alle Sprachkurse der zehnten Klassen mit Netbooks ausgestattet.

Im landesweiten ACT-Vergleich, einem amerikanischen Instrument des Schul-Rankings, schneiden die derzeit 2106 Schüler der AHS ziemlich gut ab: Sie sind mit 23,4 von 36 möglichen Punkten mehr als zwei Punkte besser als der amerikanische Durchschnitt.

Von Fischs Präsentation „Did You Know?" existieren inzwischen deutsche, japanische, spanische, griechische, französische und chinesische Über-setzungen. Allein die vierte Neuauflage der Zahlenpräsentation, die 2009 mit dem Kürzel 4.0 erschien, wurde bis zum Frühjahr 2010 knapp 1,4 Millionen Mal angeklickt. Weitere Informationen:
http://thefischbowl.blogspot.com, http://shifthappens.wikispaces.com

Optimal entfaltet

Privatschulen bieten beneidenswerte Lernbedingungen:
kleine Klassen, motivierte Lehrer, intensive Betreuung.
Ob aus ihren Schülern einmal Überflieger werden
oder kritische Geister, ist eine andere Frage. Ein Besuch
auf Schloss Torgelow.

Von Matthias Hannemann

D er Wind, der dem Mann entgegenbläst, bringt kalten Regen mit
sich: dichten kalten Winterregen, der über den See treibt und
durch das Schilf und gegen die Mauern des Herrenhauses, zwei Stunden
nördlich von Berlin. „Präsentationswetter ist das nicht", sagt Mario Lehmann. Muss es auch nicht. Die Klassenzimmer auf Schloss Torgelow haben
ein Dach, das dem Regen standhält, zwölf Stühle und einen Computer
nebst Beamer am Lehrerpult.

Das ist mehr, als der durchschnittliche deutsche Gymnasiallehrer gewohnt ist, und reicht aus, ihm den Neid ins Gesicht zu treiben.

Voraussetzung sind Eltern, die rund 28 000 Euro Schulgeld zu zahlen
bereit sind. Mit diesem Elternbeitrag pro Kind und Jahr, sagt Mario Lehmann, der Gründer und Geschäftsführer des Privatgymnasiums Schloss
Torgelow, lässt sich verwirklichen, was öffentliche Gymnasien häufig nicht
zustande bringen können: ein Lernklima, in dem Schüler wie Lehrer nicht
schon nach zweieinhalb Wochen dem Burn-out nahe sind. „Und da", sagt
Mario Lehmann und klopft sich den Regen von der Jacke, „sind bei uns
als Internat ja auch die Unterkunft, die Verpflegung und die Nachmittags-
angebote mit drin."

Der See. Das Schloss. Der Reisebus, der die Jugendlichen an den Wochenenden bis nach Berlin bringt, wo ihre Eltern sie abholen können, und der den Schriftzug „Schule der Ideen" trägt.

Nicht alle halten 28 000 Euro für ein Schnäppchen. Als Lehmann vor einem knappen halben Jahr nach Berlin fuhr, um in einer Fernsehdebatte von den Vorzügen einer Privatschule zu reden, buhte ihn das Publikum aus, noch bevor die Kameras liefen. Der Trend aber scheint für ihn zu sprechen: Seit Jahren steigt die Nachfrage nach Privatschulplätzen ebenso wie ihre Zahl. „Dabei schlägt sich natürlich", sagt Lehmann, „eine gewisse Unzufriedenheit über die Zustände an öffentlichen Schulen nieder."

Kaum eine Debatte wird so ideologisch geführt wie diese. Dabei scheint es nur zwei Möglichkeiten zu geben: Entweder helfen Privatschulen, das deutsche Bildungswesen zu reformieren; sie üben, ob nun als Internat, Montessori-Schule oder konfessionelles Gymnasium von nebenan, auf staatliche Schulen bereits durch ihre Existenz einen gesunden Wettbewerbsdruck aus. Oder es ist genau umgekehrt: Dann wären es die Privaten, die eine Reform des staatlichen Schulwesens unmöglich machen, indem sie die Kinder der schlauen, engagierten und wohlsituierten Eltern samt ihren Scheckbüchern abziehen, den Reformdruck vermindern und die Gesellschaft spalten.

Und noch eine Frage ist offen: wem die Privatschulen eigentlich nutzen – den Eltern oder den Kindern?

Noch mehr Regen vor dem Fenster. Iris und Jakob lassen sich in die tiefen Sessel fallen. Irgendwie ist es immer etwas Besonderes, im Jagdzimmer zu sitzen. Das war schon beim Aufnahmegespräch so, als sie auf der einen und die Internatsleitung auf der anderen Seite unter den Geweihen hockten. Und das wird, wenn alles klappt, nach den Abiturprüfungen wieder so sein, wenn sich die Lehrer vor der Tür aufreihen und den Absolventen ein Zeugnis in die Hand drücken, das früher einmal „Reifezeugnis" hieß.

Iris hätte nicht gedacht, eines Tages in einem Internat wie diesem zu leben. Ihre Mutter ist Ärztin, der Vater macht in Versicherungen, sie selbst ging zunächst auf ein Gymnasium. Alles normal. Das änderte sich, als die Familie am Rande eines Urlaubs an der mecklenburgischen Seenplatte von Schloss Torgelow erfuhr. Man schaute sich um, ließ sich ins Jagdzimmer führen und entschied, die älteren Brüder anzumelden. Kurz darauf folgte Iris, „weil man nach einer solchen Schule im Berufsleben mehr Chancen hat". Es seien die kleinen Klassen, sagt Iris, die Torgelow von ihrer alten Schule unterschieden. Und das Nachmittagsprogramm, „Reiten zum Beispiel". Ihre Eltern waren genervt von Schulen, in denen die Lehrer „den ständigen Unruhezustand" nicht in den Griff bekamen und teure Nachhilfe unvermeidich erschien.

Nicht anders erging es Jakob. Jakob ist etwas älter als Iris.

Auch er ein Ärztesohn, der das Torgelow-Shirt übergeworfen, die Haare modisch zerzaust und den Schalk im Nacken hat. „Klar, das ist ziemlich teuer", sagt er, „aber Schule kann man schwer nachholen. Meine Eltern verzichten auf einiges, damit ich hier sein kann." Jakob will später „irgendetwas mit Management machen". Oder mit Golf.

Beide Schüler im Jagdzimmer sind noch Jahre vom Abitur entfernt und hoffen doch, bis zum Abitur in Torgelow bleiben zu können. Im Schnitt vier Jahre, heißt es, bleibt jeder Schüler im Schloss am See. Macht summa summarum 112 000 Euro. Pro Kind.

Im Gegenzug gibt es, was öffentlichen Schulen zu fehlen scheint: „Schülerinnen und Schüler mit Zukunft". So jedenfalls steht es im Prospekt von Torgelow. Er ist polyglott aufgemacht und sucht mit dem ersten Foto an die Internatsidylle aus dem „Fliegenden Klassenzimmer" zu erinnern.

Der Rest ist Kontrast: glückliche Abiturienten in Bonbonfarben, kleine Klassen, Ausstattung mit moderner Elektronik („eine Standleitung verbindet Torgelow mit dem Internet"), Doppelstunden mit flexiblen Pausen, Sprachkurse bei „native speakers", Rhetorikkurse, Musikräume, eine fest im Tagesplan vorgeschriebene Hausaufgabeneinheit mit Betreuung, jede Menge Sport- und Kreativprojekte an den Nachmittagen sowie regelmäßige, kommentierte Information der Eltern über den Leistungsstand, und zwar im Quartalstakt, dem Rhythmus der Börse. Eine Eliteschule ohne Bodenkontakt solle Torgelow freilich nicht sein, auch keine Hochbegabtenschule. „Begabte und leistungsbereite Schülerinnen und Schüler", heißt es aber, „finden heute an den wenigsten Schulen die Aufmerksamkeit, die sie verdienen. Große Klassen, die Missgunst der Mitschüler und falsch verstandene Chancengleichheit führen dazu, dass begabte und leistungsbereite Schülerinnen und Schüler im deutschen Schulsystem oft unterfordert bleiben."

Also macht man es anders und erreicht Spitzenplätze im landesweiten Abiturvergleich. Angenommen werden nur Schüler, deren Leistung sich im oberen Drittel der Notenskala bewegt. Optimale Entfaltungsmöglichkeiten, wie man sagt. Und wenige Probleme. Nicht einmal die Umgebung soll die Entwicklung beeinträchtigen. „Städte und Ballungsräume mit ihren Belastungen und Gefahren sind immer weniger ein geeigneter Lebensraum für Kinder und Jugendliche."

Das findet zweifelsohne Anklang. Derzeit gibt es 241 Schülerinnen und Schüler, die schulisch betreut werden von 31 Lehrern und in der Freizeit von einer Handvoll Sozialpädagogen.

Und noch immer stehen an manchen Sonntagen die Eltern vor dem Jagdzimmer Schlange.

Wenn die Eltern alle zufrieden wären, würden sie dem Staat nicht weglaufen", sagt Lehmann. Er hat sich als Eigentümer eine Wohnung mit Seeblick gesichert. Er ist von Haus aus Jurist, nicht Lehrer, und sagt von sich selbst, im Studium sein „Unternehmer-Gen" entdeckt zu haben. Vor dem Examen versuchte er sich als Immobilienmakler und Importeur von Neon-Kunstobjekten. Danach schlüpfte er in die Fußstapfen seines Vaters, der seinerseits in die Fußstapfen seiner Mutter getreten war und ein Internat für intelligente, aber leistungsschwache Schüler in Heidelberg führt, das Kurpfalz-Internat. „Schon früher", sagt Lehmann, „spielten Privatschulen und Internate eine wichtige Rolle für Schüler entlegener Regionen und Eltern, die zeitaufwendige Berufe hatten. Sie setzten dort an, wo das staatliche System aufhören musste. Das hat mir imponiert."

Mario Lehmann ging nicht zurück nach Heidelberg. Anders als im Westen gab es in Ostdeutschland nach der Wende bereits die Möglichkeit des Abiturs nach zwölf Jahren. Und reihenweise Schlösser, die einen Besitzer suchten – wie das Herrenhaus in Torgelow, das bis zur Wende in Staatsbesitz gewesen war. Also trieb Lehmann mit kleinen Zuschüssen und großen Krediten 16 Millionen Mark auf, baute Haus und Gelände um, planierte die Zufahrt durch die Allee und setzte ein schmuckes Tor an den Eingang. Es öffnete sich 1994 für den Schulbetrieb an Ostdeutschlands erster privater Internatsschule, staatlich anerkannt. Kein Gang der Schule ist wichtiger als der, in dem die Listen hängen. Hier die einhundert besten Abiturienten seit Schulgründung. Dort die aktuellen Quartalsnoten, die preisverdächtigen hervorgehoben. „Wir arbeiten mit einem selbst entwickelten Computersystem und erwarten von jedem Lehrer in jedem Fach, dass er jeden Schüler individuell beurteilt", sagt Lehmann.

Überhaupt: Computer. Die Schulglocke läutet, ein Dutzend Mittelstufler rauscht aus einem kleinen Klassenraum heraus und Lehmann sogleich hinein: „Traditionelle Tafeln gibt es bei uns in der Oberstufe seit einigen Jahren auch nicht mehr", sagt er. In den Unternehmen, in denen die Schüler von Torgelow einmal arbeiten werden, gebe es auch keine Kreidetafeln. „Dafür kennen sie sich mit Powerpoint aus und können über das, was der Lehrer in der Stunde durch den Beamer schickt, dank eines Netzwerks bald verfügen."

E s gibt auch staatliche Schulen mit solchen Smartboards, aber nur, wenn man Glück hat oder viel Geduld. Mario Lehmann fragt sich, warum eine gute Ausstattung nicht längst flächendeckend an staatlichen Gymnasien der Fall ist. Dass Torgelow sich maximal zwölf Schüler pro Klasse leisten könne, hänge natürlich mit den hohen Schulgebühren zusammen. Wären sie niedriger, sagt er, hätte man ähnliche Zustände wie an den staatlichen Tagesschulen oder zumindest jenen privaten Gymnasien, die etwa in kirchlicher Trägerschaft geführt werden.

„Sachen wie dieses tafellose Klassenzimmer aber", sagt Lehmann, „haben vor allem etwas mit langfristiger Planung und autonomer Mittelverteilung zu tun." Er macht eine Pause, um einen Sachaufsatz seiner Tochter zu lesen, der zwischen vielen anderen an der Wand hängt. „Kleine Klassen natürlich auch. Wie man als Staat über Nacht Hunderte von Milliarden Euro für die Rettung von Banken ausgeben kann …"

Er stockt. Die Tochter, Schülerin der siebten Klasse, hat ihren Aufsatz mit dem Satz „Ich möchte später einmal in die Fußstapfen meines Vaters treten" abgeschlossen. Was er sagen wollte, läuft auf ein Kopfschütteln hinaus. „Na bitte", sagt Lehmann jetzt, „unter diesen Bedingungen sind die Schüler doch motiviert."

Schloss Torgelow, sagt er, werde stark nach seinem eigenen Geschmack und im Team mit den Pädagogen geformt, nicht nach einem festgezurrten, von pädagogischen Vordenkern entwickelten Konzept. Er bittet, die Ohren zu spitzen: Auf den Schulkorridoren ist es nach Beginn des Unterrichts so still, dass man den Schneeregen vor dem Fenster hören kann.

Bei solchen Arbeitsbedingungen bereitet die Rekrutierung von Lehrern selten Probleme. Warum auch? Im Lehrerzimmer schwärmen sie von der Ruhe und den Möglichkeiten auf Torgelow. Von der „inneren Zufriedenheit", wie die Schulleiterin Heidrun Franke sagt. Für diese Idylle verzichten viele Pädagogen gern auf Altgewohntes, zumal in den neuen Bundesländern, wo die Schülerjahrgänge schrumpfen. Auf die Idee, das als Gelegenheit zu kleineren Klassen zu begreifen, kam man in den Ministerien nicht. Stattdessen sparte man bei den Lehrern.

„Es mag banal klingen", sagt Anja Hake, Lehrerin für Deutsch und Englisch, „aber hier muss ich nicht um jede einzelne Kopie betteln. Oder ständig damit rechnen, dass die Geräte nicht funktionieren." Sie kommt aus Bayern. Sie hätte die Möglichkeit gehabt, nach dem Referendariat eine Beamtenlaufbahn anzutreten. Sie entschied sich für Torgelow. „Bei zwei sogenannten Korrekturfächern", sagt sie, „macht es für die Motivation der Lehrer einen erheblichen Unterschied, wie groß die Klassen sind." Die Schule, an der sie ausgebildet wurde, war um ein Vielfaches größer.

Nur der Kollege neben ihr macht ein nachdenkliches Gesicht, naturgemäß sozusagen: Heino Bosselmann unterrichtet Deutsch, Geschichte und Philosophie. Er habe staatlichen Schulen nichts Schlechtes nachzusagen. Auch an staatlichen Schulen sei vieles möglich. Auch dort gebe es

Lehrer, die trotz widriger Umstände guten Unterricht machen, wenn man sie nur lasse.

„Was ich an Torgelow bevorzuge", sagt er, „ist die relative Ferne zur Kultusbürokratie. Wir müssen uns an die Abiturvorgaben halten, aber nicht ständig auf Rückmeldung von oben warten. Hier wird die Eigeninitiative von Lehrern nicht dauernd per Dekret ausgebremst."

Schloss Torgelow ist die zweite Privatschule, an der Bosselmann unterrichtet, meistens in einem abgelegenen Zimmer, das er „Schul-Sibirien" nennt und als solches schätzt. Die andere Schule erschien ihm schlechter geplant als Torgelow, dilettantisch verwaltet „und nur wegen des Privatschul-Hypes gegründet".

Torgelow sei anders, sagt er. Und könnte doch, wenn es nach ihm ginge, noch besser sein. In einer Schule, in der vieles auf Methoden und Präsentationstechniken ausgerichtet ist, die man aus der Wirtschaft übernahm, gelten Philosophie- und Geschichtslehrer eben leicht als konservativ bis antiquiert. Zuweilen sei er „verblüfft, dass es einigen Schülern trotz der Umstände schwerfällt, die Freiheit Torgelows für sich zu nutzen". Zuweilen fragt er sich, ob das pädagogische Konzept nicht stärker auf Erfahrungen bauen könnte, mit denen etwa die privaten Landerziehungsheime arbeiten. „Wir könnten das Menschliche und Soziale noch stärker fördern. Wenn wir kritische Menschen mit sozialen Kompetenzen wollen, kommen wir mit Coaching- und Dienstleistungsgedanken nicht weit."

A uch da freilich ist das Angebot ein Ergebnis der Nachfrage. Der Teil der Elternschaft, der mit der Betriebswirtschaftslehre mehr anzufangen weiß als mit Humboldts Bildungsideal, ist gefangen im eigenen Menschenbild. Sperrige Individualisten, sagt Bosselmann, seien unter den Schülern eher selten.

Dafür ist er da. Zu den Dutzenden Freizeitangeboten, die Torgelows ganzer Stolz sind – darunter „Teamprojekte" wie „Kunst", „Video", „Mode- Design" oder das Schülerunternehmen „Castle Design" –, gehört seit Neuestem auch eine schlichte Holzwerkstatt. Die Kinder von Torgelow können unablässig aus dem Vollen schöpfen, als seien ihre Schuljahre ein

All-inclusive-Urlaub. Bosselmann, der selbst in einem der staatlichen Elite-Internate der DDR aufwuchs und die Jahre genoss, in denen er auf Torgelow auch als Mentor wohnte, findet es gut, dass dort nun auch ehrliches Handwerk vermittelt wird. „Aber gerade eine Privatschule, die eine gewisse Sozialkompetenz befördern möchte, hätte hier noch mehr Möglichkeiten", sagt er. Es ist wohl kein Zufall, dass er an diesem Nachmittag ausgerechnet in den Werken des liberalen, um einen sozialen Kapitalismus und mehr Idealismus ringenden Denkers Walther Rathenau blättert.

Draußen, in der grauen Welt vor der Allee, streitet man, ob Privatschulen dem Fortschritt der Gesellschaft dienlich seien oder nicht. Das ist, wie immer, vor allem eine Frage des Geldes. Staatlich anerkannte Privatschulen können den Großteil ihrer Personalkosten für Lehrer aus Steuermitteln decken. „Das reicht annähernd für den privaten Betrieb einer Tagesschule mit 27 oder 28 Kindern in der Klasse", sagt Mario Lehmann, „aber nicht für den Unterrichtsbetrieb mit kleinen Klassen. Also bekommen wir rund 85 Prozent des Lehrerbudgets für eine normale Klassengröße vom Staat. Den Rest, die Aufstockung auf 300 Prozent gewissermaßen, finanzieren die Eltern."

Die Bildungsgewerkschaft GEW sieht das kritischer, obwohl die Rechte der Privatschulen in Artikel 7 des Grundgesetzes verankert sind. Zwar habe es jahrzehntelang in Deutschland eine „friedliche Koexistenz" von Schulen in staatlicher und privater Trägerschaft gegeben, vor allem auch mit den Gymnasien der Kirchen. Spätestens aber seit es profitorientierte Privatschulen wie die der Phorms Management AG gibt, treibe das Privatschulwesen die „Zersplitterung der Gesellschaft" voran. „Natürlich gibt es Privatschulen mit einem sozialen Ansatz", sagt Marianne Demmer, die Leiterin des GEW-Vorstandsbereichs Schule, „und natürlich gibt es auch Stipendien. Die aber sind meistens leistungsorientiert ausgerichtet. So oder so schöpfen also die Privatschulen diejenigen ab, die auch in staatlichen Schulen als Leistungsträger unheimlich wichtig wären."

Kann das staatliche Schulwesen den Wettbewerb mit den Privaten nicht mehr bestehen?

Natürlich kann es das, beteuern gleichermaßen der Verband Deutscher Privatschulen wie der Philologenverband, dessen Nachwuchs sich Torgelow bereits angeschaut hat. „Es ist beängstigend, wenn die Gewerkschaft davon redet, wir würden die Gesellschaft spalten", sagt Michael Büchler von den Privatschulen. Er wolle keine „englischen Verhältnisse". Es ärgert ihn, dass in der Debatte immer die teuren Shareholder-Value-Schulen vorgestellt werden, von denen er nichts hält. Oder Schulen vom Schlage des Internats Schloss Salem, die ganz wunderbar seien, aber unter Privatschulen nicht die Regel. Beide erweckten den Anschein, als seien staatliche Subventionen nicht notwendig.

Die normale Privatschule, sagt Büchler, sei mit monatlichen Elternbeiträgen zwischen 50 und 150 Euro keineswegs elitär. Sie müsse sich an das „Sonderungsverbot" des Grundgesetzes halten, das eine sozial verträgliche Schulgeldhöhe vorschreibt, und trage darüber zur demokratischen Vielfalt bei, obwohl der Staat „bloß etwas mehr als die Hälfte der tatsächlichen Kosten" zuschießt (Gebäude- und Heizkosten etwa muss der Träger selbst übernehmen, bei den staatlichen Schulen macht das die Kommune). Das habe sich in Deutschland bisher noch immer als besser erwiesen als jeder Versuch, die Unterrichtskonzepte staatlich vorzuschreiben. „Es gibt tolle staatliche Schulen und tolle private. Ebenso wie es schlechte gibt."

E ine Wettbewerbssituation, in der nicht zuletzt die „weichen Faktoren" über Erfolg und Misserfolg entscheiden. Staatliche Schulen, sagt Büchler, hätten von diesem Wettbewerb noch immer profitiert. Viele Modernisierungsansätze, gerade auch im sozialen Bereich, wurden zuerst bei den Privaten erprobt. „Und in der Verwaltung machen wir vor, wie man eine Schule effizient und kostengünstig organisieren könnte, wenn sie selbstständig über ihre Formen und Mittel entscheiden dürfte."

Es gibt längst auch staatliche Gymnasien mit Unterricht in Doppelstunden – so wie auf Schloss Torgelow. Es gibt Schulen mit Smartboards und Hausaufgabenbetreuung, mit funktionierenden Arbeitsgemeinschaften, Kontakten zu umliegenden Hochschulen, klassenübergreifenden Projekten, internationalen Fremdsprachenzertifikaten, Partnerschulen, bilingualem

Unterricht, UN-Planspielen, engagierten Eltern. Und Schulministerien, die ihre Schulen selbstständig arbeiten lassen, mit eigenem Budget-Recht. Alles eine Frage der Rahmenbedingungen.

„Man kann uns nicht die Versäumnisse vorwerfen, die der Staat zu verantworten hat", sagt Mario Lehmann, als er auf den See und die Schulkantine zuläuft und ihm der Schneeregen ins Gesicht bläst. „Das hier ist kein abgeschlossenes Biotop." Auch er sei letztlich von dem Budget abhängig, das der Staat für Bildung auszugeben bereit sei, von den Vorgaben für das Zentralabitur ebenso wie von den Lehrern, die der Staat ausbilde, „ohne in letzter Zeit besonders viele charismatische Persönlichkeiten hervorgebracht zu haben".

A ls kleines Privatgymnasium kann Schloss Torgelow flexibler sein als die behördlich organisierten Normgymnasien. Kleine Klassen bewahren den Unterricht davor, sich im Hin und Her der Lehrpläne und Lehrbücher, von denen jedes Bundesland seine eigenen hat, zu verheddern. Das Schulgeld der Eltern schützt sie in Torgelow vor den Ideen, die unentwegt in Deutschlands 16 Bildungsministerien, den „letzten Bastionen der Planwirtschaft", wie Lehmann sagt, ausgebrütet werden.

Die Eltern, die ihre Kinder nach Torgelow schicken, sagt er, zählten selten zur großbürgerlichen Finanzelite. Sie kämen aus dem „beruflich engagierten" Mittelstand und erwarteten von ihren Kindern, die eigenen Privilegien als Resultat harter Arbeit der Eltern zu begreifen. Sie investierten in ihren Nachwuchs, statt sich ein größeres Auto oder Haus zu leisten. „Und natürlich haben auch wir Stipendien, im aktuellen Schuljahr 48."

Stipendiaten bekommen einen Zuschuss zwischen 6000 und 20 000 Euro im Jahr und können sich über die neuen Unterstufenhäuser freuen, die neben dem Sportplatz entstehen, Kleintierzoo inklusive. Verstehen, warum der Staat nicht zu höheren Ausgaben in der Bildungspolitik bereit ist, kann hier niemand. Man weiß, dass schulischer Erfolg mit Geld und Charakterbildung mit Schule allein nicht zu garantieren sind. Etwas mehr davon aber wäre ganz gewiss nicht verkehrt. ◗

„Optimal entfaltet" erschien zuerst in brand eins 01/2009.

Und heute?

Über mangelndes Interesse kann sich das Privatgymnasium Schloss Torgelow nicht beklagen: Obwohl sämtliche Werbemaßnahmen im Sommer 2009 eingestellt wurden, ist das Interesse von Schülern und Eltern an einer Ausbildung in Mecklenburg ungebrochen. Bis auf zwei Plätze für Mädchen ist das Internat voll ausgebucht. Expandieren will die Schule nicht, sagt Mario Lehmann, man bevorzuge den kleinen Kreis.

Etwas mehr als 250 Schüler besuchen vor Ort derzeit den Unterricht – und lassen sich ihre Ausbildung rund 30 000 Euro im Jahr kosten. Stipendien und Zahlungsnachlässe erhalten rund 15 Prozent der Schülerinnen und Schüler. Am Ende des Schuljahres 2009/2010 werden 28 Abiturienten Schloss Torgelow verlassen.

Iris und Jakob sind noch dabei: Iris, inzwischen in der neunten Klasse, verbringt mit ihren Klassenkameraden derzeit einen Term in Kingham Hill, einem englischem Internat südlich von Birmingham. Jakob bereitet sich mit Klassenkameraden intensiv auf den Wettbewerb Business@School vor, den die Unternehmensberatung Boston Consulting Group jedes Jahr bundesweit ausschreibt. Für die Teilnahme müssen die Schüler eine überzeugende Geschäftsidee entwickeln und einen Businessplan ausarbeiten: Das Torgelow-Team will mit Fitnessgeräten Strom erzeugen und ins Netz einspeisen.

Die Stunde der Idioten

Fünf Minuten vor der Wissensgesellschaft drehen wir die
Uhren zurück: Das Bildungssystem versucht,
Wissen und Kreativität zu industrialisieren. Das schafft
jede Menge Auftrieb für Hohlköpfe.

Von Wolf Lotter

1. DER ZWECK DER BILDUNG

Es gibt wahrlich viele langweilige Dinge auf dieser Welt, zum Beispiel
Polit-Talkshows und die Europäische Gemeinschaft, aber selbst diese
Sachen sind ein Thriller gegen das, was jetzt kommt: Bildung.

Menschen, die nicht versehentlich Eltern, Lehrer oder Bildungspolitiker
geworden sind, schalten bei diesem Thema auf Durchzug. Leute, die Bil-
dungsdebatten führen, reden gern über sich selbst und das, was sie für
Probleme halten – ein weiterer Zweck erschließt sich selten. So sind Bil-
dungsdebatten ein klein wenig wie Schule und Studium selbst. Oder hat
Sie der Besuch dieser Fazilitäten echt weitergebracht? Eben.

Ja, hätten wir was Anständiges gelernt, wir könnten den Deckel drauf-
machen und uns über etwas Lustiges unterhalten. Aber das geht leider
nicht, nicht nur wegen Pisa-Studie und OECD-Daueralarm in Sachen Bildung, sondern auch, weil die Frage nicht geklärt ist, was Bildung eigentlich
bringen soll. Womit verplempern wir mindestens ein Fünftel unserer
Lebenszeit? Ist all das umsonst?

Um diese Frage zu klären, wenden wir uns einem Fach zu, um das es
laut Pisa-Studie nicht zum Besten steht: der Physik, dem Ding mit den
Naturgesetzen, den ganzen Zahlen und lustigen Experimenten. Wir lernen
heute das Gesetz des Auftriebs.

Es gibt zum einen das Gesetz des dynamischen Auftriebs, das praktisch ist, weil man damit unter anderem Flugzeuge fliegen lassen kann. Das ist spektakulär. Aber wir wollen nicht abheben. Es reicht uns schon, wenn wir nicht absaufen. Deshalb sehen wir uns das Gesetz des statischen Auftriebs an, das passt auch besser zur Kultur und zum Land. Statik, das heißt so viel wie ruhend, konstant, unbewegt. Wozu ist dieses Gesetz nützlich? Es erklärt, wie man sich über Wasser halten kann. Wer dieses Gesetz beherrscht, der kann auf seiner Grundlage sogar schwimmen. Das muss aber nicht sein. Etwas schwimmt – oder treibt – in einer Flüssigkeit oben, wenn es leichter ist als die Flüssigkeit, die es verdrängt. Damit haben wir bereits eine wichtige Sache gelernt, und dazu gibt es auch die erste Eselsbrücke, damit wir uns das merken. Wer nicht absaufen will, soll sich nicht zu schwer machen. Das ist leicht gesagt, sicher. Denn ist nicht überall Informations- und Bildungsballast? Wie soll man da nicht untergehen? Ganz einfach: Das Gesetz des statischen Auftriebs lehrt uns nämlich auch, dass ein Körper, dessen spezifisches Gewicht größer ist als das von Wasser, nicht schwimmen kann, wohingegen ein Körper, der einen ausreichend großen Hohlraum bildet, oben bleibt.

Hohlraum merken wir uns jetzt. Der Hohlraum hält über Wasser. Der oder das Hohle schwimmt oben. So etwas passiert nicht von allein. Man muss jahrelang Dinge in seinen Hohlraum füllen, die leicht genug sind, beispielsweise gasförmige Stoffe wie etwa heiße Luft. Die ist leicht herzustellen und kostet nicht viel. Die Herstellung dieser heißen Luft ist die Aufgabe des Bildungssystems. Es trägt Hohlköpfe nach oben. Es sorgt dafür, dass Hohlköpfe Auftrieb bekommen.

2. WARUM WIR IMMER BLÖDER WERDEN (UND WOZU)

Mit heißer Luft geht's ganz nach oben. Auftrieb und Bildung – das beschäftigt Denker seit Langem. Der gute alte Theodor W. Adorno etwa hat vor mehr als 50 Jahren ein Buch mit dem schönen Titel „Theorie der Halbbildung" geschrieben. Man kann das Werk grob so zusammenfassen: In der Industriegesellschaft steigen viele auf, und zwar durch Ausbildung, die einen ganz bestimmten Zweck erfüllt. Bildung und Ausbildung, das wird bis heute hartnäckig verwechselt. Was aber ist, wenn der gut Ausgebildete, der Aufsteiger, sich nun auch sozial bewähren muss? Man ist Experte. Aber ist man auch gesellschaftsfähig? Halbbildung ist nun das, was Adorno bei den meisten dieser neuen Klasse feststellt: eine Zusatzausstattung, die zum Fachwissen dazukommt. Ein Fachidiot mit etwas Bildung also, genauer gesagt jemand, der den sogenannten Bildungskanon beherrscht.

Bildungskanon, das klingt toll, ist aber nicht viel. Tatsächlich ist darunter nicht mehr und nicht weniger zu verstehen als das Notwendigste, das man zum sozialen Überleben in einer Kultur braucht, ohne dass man als Vollidiot gilt. Diese Halbbildung wird nie kritisch hinterfragt. Man tut, was alle tun. Wie weit es damit steht, kann man überall sehen: Was Fernsehmoderatoren, Models und Schauspieler tragen, will man auch haben; schick ist, was die haben, die man kennt. Man liest, was in der »Spiegel«-Bestseller-Liste steht. Das ist alles nicht viel, es ist Nachahmung, reproduzierter Geschmack, kopierte Bildung, die man sich aneignet. Aber immerhin: Man tut wenigstens noch so, als ob. Ein Blick auf die populäre Medienkultur zeigt, dass das von gestern ist. Heute lernt das Privatfernseh-Prekariat beim „Perfekten Promi Dinner" noch nicht einmal, wozu ein Besteck nützlich sein könnte. Und Applaus ist allen sicher, die ihre Beschränktheit öffentlich zelebrieren.

Sehr beliebt sind dabei Sendungen, bei denen Erwachsene vor Publikum dahingehend vernommen werden, ob sie das Grundschulwissen von Kindern beherrschen. Ein Knaller in diesem Genre ist die von Cordula Stratmann moderierte Show „Das weiß doch jedes Kind!". Der allererste Satz, den die Moderatorin in dieser Show sagte, lautete: „Wir werden alle miteinander immer blöder." Hurra! – rief das Publikum wie verrückt. Da graut es dem Bildungsbürger. Zugegeben: Blöd, aber authentisch ist eine Perspektive, die einen wirklich nicht begeistern muss. Sie zeigt aber auch, was all jene von Bildung halten, die man für besonders bildungsbedürftig hält. Das Soziologendeutsch hat dafür den schönen Begriff „bildungsferne Schichten" entwickelt, Leute also, die fern von Wissen auch leben. Diese Klasse scheint sich pudelwohl zu fühlen. Die eigentlichen Probleme mit der neuen Unbildung haben Leute, die fest angestellt und ab Mitte 40 einer düsteren Zukunft entgegensehen. Sollen diese Trottel meine Rente zahlen? Oder vielleicht die kleinen Idioten mit Basecaps und Nintendo-Blick, die danach kommen? Triumphiert das Blöde?

Wer weiß – fest steht nur, dass sich in Sachen Bildung immer die einen um die anderen Sorgen machen. Es ist richtig, dass es eine soziale Schieflage gibt. Die Kinder gebildeter Leute werden eher gebildete Leute als Kinder von bildungsfernen Stratmann-Fans. Aber kein Sozialingenieur hat es bisher geschafft, das zu ändern, nicht mal Karl Lauterbach, der rührige Rheinländer, der zuvor als Gesundheitsexperte durch die Talkshows zog. Sein Lieblingswort „Zwei-Klassen-Medizin" hat er durch „Zwei-Klassen-Bildung" ersetzt. Wer Lauterbach liest, hat den Eindruck, dass eine irgendwie kapitalistische und sinistre, zutiefst ungute Kraft das Blöde fördert.

Im Kampf gegen den Dämon hilft nur eines: Man muss die Schulen vereinheitlichen, den Stoff anpassen, damit auch die mitkommen, die gar nicht mitkommen wollen. Gerecht ist, wenn das Leistungsniveau nach unten geht – dann stimmen auch wieder die Abiturzahlen. In Lauterbachs Kopf tanzt ein Arbeiterbildungsvereinsballett aus dem späten 19. Jahrhundert Cancan. Der Kampf für den gerechten Bildungszugang, der war mal – und er war zu Recht. Doch die Ururenkel interessiert das nicht mehr. Sie wissen besser als die Lauterbachs, dass die alte Formel – mehr Bildung ist mehr Wohlstand – heute so nicht mehr aufgeht. Es war immer nur ein Versprechen auf eine Chance, ohne Garantie.

Sind die sogenannten Doofen vielleicht gar nicht so blöd? Haben sie etwa längst durchschaut, dass mehr Schule nicht zwingend mehr Karriere, Geld, Wohlstand, Ansehen und Glück bedeutet? Wer geht da der heißen Luft auf den Leim? Wer ist der Hohlkopf?

3. TOTE HÜHNER

Die Grundlage dessen, was wir an der Bildung schätzen, ist bereits ein windschiefes Konstrukt. Vor fast genau 500 Jahren soll, genaue Quellen gibt es nicht, der Londoner Politiker und Funktionär Francis Bacon, Lordkanzler von König James I., den schönen Satz „Wissen ist Macht" gesagt haben. Francis Bacon, 1561 geboren, wuchs in einem Milieu auf, in dem man so etwas eigentlich nicht sagte. Nach dem Vorbild der hellenistischen

Denker und Philosophen war Bildung ein Vehikel zur gesellschaftlichen Bewährung, das den höheren Ständen und dem Klerus vorbehalten war. Bildung, das war nichts Zweckmäßiges, das führte nicht zu etwas hin, sondern war sozusagen nur für den Anwender höchstpersönlich nützlich. Seit der Antike hielt man es mit dieser Betrachtungsweise von Bildung. Mit Bacon war damit Schluss. „Wissen ist Macht" – das war für die Mächtigen ein ziemlich interessanter Satz. Im 17. Jahrhundert entstanden neue, zentrale Planungsregimes: Das, was wir heute moderner Staat nennen, samt Verwaltung und Gesetzen, zeigte sich immer deutlicher. Die Gesellschaft wurde planbar. In der Ökonomie wurde der Nährboden für den Industriekapitalismus gelegt. Wissen ist Macht – das heißt vor allen Dingen auch eines: Wer Einfluss und die Befehlsgewalt über andere haben wollte, musste sich zweckorientiertes Wissen aneignen. Bildung war keine persönliche Sache mehr, ein Werkzeug, mit dem man den Unwägbarkeiten des Lebens leichter begegnen konnte, sondern ein konkreter, zielorientierter Zweck. Auf diesen einen Bildungszweck musste man sich festlegen. Man musste ein Experte werden, jemand, der sich auf eine Sache konzentriert.

Das kann ins Auge gehen. Sir Francis Bacon beispielsweise starb gut drei Jahrzehnte nach seinem legendären Satz beim Versuch, tote Hühner durch Ausstopfen mit Schnee haltbar zu machen, an einer Lungenentzündung. Rein zweckorientiertes Handeln ohne Wenn und Aber fordert seinen Preis. Einerseits ist es schon richtig, tote Hühner mit Schnee auszustopfen, um sie länger frisch zu halten. Andererseits sollte man sich dazu warm anziehen und ab und zu mal etwas Heißes trinken. Wer sich nur auf eines konzentriert, weil sein Plan so toll ist, kann sich leicht verkühlen.

4. DIE WIEDERKEHR DES ALTEN FRITZ

Was hat das mit dem Bologna-Prozess, dem großen europäischen Hochschulreformwerk, zu tun? Eine ganze Menge. Auch der Bologna-Prozess konzentriert sich auf einen Zweck, vorgeblich mehr Praxisorientierung in Lehre und Forschung an Universitäten. Und es geht auch ums Konservieren, ums Haltbarmachen. Das alte Suppenhuhn, das dabei ausgestopft werden soll, ist der Industrialismus. Seit Ende der neunziger Jahre sind

Wissenschaftsmanager, Verbandsfunktionäre, Politiker und Bildungsexperten – Legionen von Theoretikern in der EU dabei, klare und einheitliche Regeln für Studien in der Gemeinschaft zu schaffen. Ausgerechnet die Leute, die die wirtschaftliche und wissenschaftliche Praxis nur vom Verwalten kennen, behaupten nun, sie würden endlich Bodenhaftung in die Bildung bringen. Das ist nicht ganz humorfrei.

Auch aus der Sicht der Verhaltensforscher dürfte da was dran sein. Es wird beispielsweise behauptet, der Bologna-Prozess – kürzere Studien, Normierung und Standardisierung der Bildungsinhalte und vermeintlich „einheitliche Leistungsnachweise" – würde der Wirtschaft qualifiziertere Fachkräfte bringen. Echt? Das ist interessant. Im Jahr 1790, also während der frühen Phase der Industrialisierung, hätte man in diesem Projekt einen gewissen Sinn erkennen können, ob man wollte oder nicht. Doch in einer Zeit, in der Innovationskraft und Wohlstand von der Fähigkeit einer Wirtschaft abhängen, die eben nicht alles auf Reproduktion und Masse setzt, auf Einheit und Gleichheit, sondern auf Vielfalt und Köpfchen? Das nennt man Wissensgesellschaft, und diese Gesellschaft unterliegt den Gesetzen des dynamischen Auftriebs. Drei Jahre Studium statt vier – das heißt in diesem Fall: Es geht schneller rückwärts. Der Hohlraum wird nicht mit heißer Luft, sondern mit Lachgas gefüllt. Bologna macht aus Universitäten Bildungsfabriken, in denen mit hoher Fertigungspräzision Hohlköpfe hergestellt werden. Nun werden Hochschulen das, was Schulen längst sind. Die Welt verdankt die Schule als Abrichtanstalt dem famosen Preußenkönig Friedrich II., angeblich ein Großer, der im 18. Jahrhundert die Grundlagen für eine Schule schuf, in der ein strikter Plan und ein einheitliches Bildungsziel festgelegt wurden. Die Förderung der Gleichförmigkeit des Wissens steht über der Förderung von Talenten. Das System wurde ein großer Exportschlager.

Der amerikanische Pädagoge John Taylor Gatto hat die Gründe für den Siegeszug dieses Modells im Industrialismus so beschrieben: Das System ziele darauf ab, „mittelmäßige Geistesschärfe zu produzieren, um das innere Leben zu verkrüppeln, um den Schülern nennenswerte Führungsqualitäten zu verweigern und um fügsame und unvollendete Bürger zu garantieren", kurz und gut, „um das gemeine Volk ‚kontrollierbar' zu machen". Man kann sich bis heute im Land überall davon überzeugen, wie erfolgreich das System war und ist.

Aber haben wir wirklich zu wenig Durchschnitt, zu wenig berechenbare Erwachsene? Mangelt es etwa an Standards, an reproduzierbarem Wissen? Oder vielleicht eher an innovativen, kreativen Lösungen, die neues Geschäft und Wohlstand bringen? Haben wir zu wenig statischen Auftrieb? Oder fehlt schlicht und einfach geistige Dynamik? Und, ganz wichtig: Hat man denn mit einem Bologna-Studium nicht bessere Chancen auf dem Arbeitsmarkt?

Schauen wir mal. Die Lehrpläne für die Studien sind nicht neuer, frischer, praxisorientierter als ihre Vorgänger. Sie tun nur so. Das Versprechen, mit einem Bologna-Studium als knackiger Praktiker in Unternehmen leichter anerkannt zu werden, wird damit vielfach nicht erfüllt. Und dann? Nun ja, es spielt eigentlich keine Rolle. Im Sinne guter industrialistischer Denkart ist das Schlimmste, was passieren kann, dass eine Menge halbwegs gedrillter Arbeitskräfte – unter denen man wählen kann und die sich leicht ihren Preis diktieren lassen – zur Verfügung stehen. Das Spiel kennen wir bereits. In diesem Spiel gibt es klare Regeln, selbstständig denkende und handelnde Menschen dürfen nicht mitspielen. Wissen ist Macht. Von Freiheit, Fortschritt, Qualität war nicht die Rede.

5. BILDUNG UND BEWEGLICHKEIT

Das also soll in die Wissensgesellschaft führen? Preußischer Gleichheitswahn, Maschinendenken? Dabei wäre Preußen gar keine schlechte Wahl, vorausgesetzt, man nimmt den richtigen Preußen. Da hätten wir einen Vorschlag. Fast 200 Jahre lang hat das deutsche Bildungssystem einerseits brutal abgerichtet und fehlgebildet, Fachidioten und feige Untertanen produziert, aber auch, und eben an den Universitäten, ein Ideal gepflegt, das mit Bologna nichts zu tun hat. Dieses Ideal soll dem Menschen ein Leben lang nützen. Es folgt nicht dem Aberglauben, dass sich ein Menschenleben so planen lässt wie das Fertigen von Halbschuhen oder Tütensuppen. Bildung ohne ein Ziel, sondern Allgemeinbildung, eine Art Allradantrieb für die Pisten des Lebens. Das klingt schon eher nach Wissensgesellschaft, in der schnelle und kluge Entscheidungen gebraucht werden, Entscheidungen, die originell sind und passgenau statt vorkonfektioniert und von jedem Deppen reproduzierbar.

All das bietet das Bildungsideal Wilhelm von Humboldts. Man muss diese nützliche Sache heute verteidigen, man muss tatsächlich und ausgerechnet beim Eintritt in die Wissensgesellschaft die Formel rechtfertigen, die sie ermöglicht. So bizarr ist die Gegenwart. Das Humboldt'sche Bildungsideal besteht im Selbstzweck des Lernens, also in dem, was wir heute Lernen fürs Lernen und Lernen fürs Leben nennen würden. Das ist alles andere als l'art pour l'art. Es macht beweglich, statt Einbahnstraßen lernt der Schüler, mit Kreuzungen und Kurven umzugehen. Allgemeinbildung, das steckt dahinter, ist etwas anderes als ein normierter Bildungskanon. Es ist das, was moderne Betriebswirte als „Management der Unsicherheit" bezeichnen. Menschen, die sich nicht von Veränderungen umhauen lassen oder – im Fall eines unvorhergesehenen Straßenverlaufs – blöd an der Kreuzung stehen, ohne zu wissen, wo es langgeht.

Der 1767 in Potsdam geborene Wilhelm von Humboldt, Bruder des berühmten Naturforschers Alexander, schrieb im Jahr 1792 eine bemerkenswerte Vorlage für das, was uns auch heute beschäftigt: Wollen wir gleiche Bildung für alle, Gleichförmigkeit – oder aber wollen wir Wissen, das dem Einzelnen nützt? Humboldts Schrift trägt den sinnigen Namen „Ideen zu einem Versuch, die Gränzen der Wirksamkeit des Staats zu bestimmen". Er schreibt: „Der wahre Zweck des Menschen, nicht der, welchen die wechselnde Neigung, sondern welchen die ewig unveränderliche Vernunft ihm vorschreibt – ist die höchste und proportionirlichste Bildung seiner Kräfte zu einem Ganzen. Zu dieser Bildung ist Freiheit die erste und unerlässliche Bedingung." Nur das, schreibt Humboldt weiter, sichere die „Mannigfaltigkeit", die wir heute Vielfalt nennen würden und die dem Bildungsvater das „höchste Gut" ist, „welches die Gesellschaft giebt (…)". „Gleichförmige Ursachen haben gleichförmige Wirkungen. Je mehr also der Staat mitwirkt, desto ähnlicher ist nicht bloß alles Wirkende, sondern auch alles Gewirkte." Und wer das unterstütze, schreibt Humboldt, „den hat man, und nicht mit Unrecht, in Verdacht, dass er die Menschheit miskennt und aus Menschen Maschinen machen will".

Bildung dient also der Entwicklung und der Freiheit des Menschen, nicht seiner Anpassung an rasch veränderliche Bedürfnisse der Leute, die über ihn verfügen wollen. Das war vor 200 Jahren so klar wie heute. Humboldt lebte an der Schwelle jener industriellen Gesellschaft, die aus „Menschen Maschinen machen will". Die Unvernünftigen, die das wollen, sind immer noch nicht ausgestorben. Leider.

6. BILDUNGSINZEST

Der Wiener Philosophieprofessor Konrad Paul Liessmann hat vor zwei Jahren ein Buch veröffentlicht, das gegen diesen Zeitgeist geschrieben ist. Es heißt „Theorie der Unbildung". Theodor W. Adorno war, 50 Jahre früher, noch bei der Halbbildung. Wir sind schon weiter, sagt Liessmann.

Wissensgesellschaft? Wo denn, bitte schön, fragt er. Zweckorientierte Bildung führt zu einem besseren Leben? Schauen wir mal, schlägt er vor: „Bildung war die Utopie der Kleinbürger (…), die Hoffnung der Arbeiterklasse (…), das Vehikel, mit dem Unterschichten, Frauen, Außenseiter, Behinderte und unterdrückte Minderheiten emanzipiert und integriert werden sollten. Bildung gilt als begehrte Ressource im Kampf um die Standorte der Informationsgesellschaft, Bildung ist das Mittel, mit dem Vorurteile, Diskriminierungen, Arbeitslosigkeit, Hunger, Aids, Inhumanität und Völkermord verhindert, die Herausforderungen der Zukunft bewältigt und nebenbei auch noch Kinder glücklich gemacht werden sollen. Gerade weil das alles nicht geht, wurde und wird in kaum einem anderen Bereich so viel gelogen wie in der Bildungspolitik." Wie immer, wenn heute öffentlich gelogen wird, üben sich die Lügner dabei mit Statistiken, Zahlen, Vergleichen und Studien in Selbstbetrug. Davon lassen sich die meisten Leute einschüchtern. Immer noch funktioniert der Trick mit dem Wundermittel Bildung, das sozialen Aufstieg und Wohlstand quasi als Nebeneffekt produziert – und zwar in der verunsicherten Mittelschicht, in der sich jede Debatte im Land abspielt. Die sogenannten Bildungsfernen hingegen lässt diese Geschichte ohnehin kalt. Denn sie haben sich längst von der Illusion der Mehrheit der Gesellschaft verabschiedet, dass braves Mitmachen und Parieren tatsächlich zur Belohnung führt. Sie wissen es besser.

Die eigentlichen Dummen sind die, die das noch nicht gelernt haben. Es ist das Heer des Durchschnitts, für die derlei mechanistische Weltbilder wie geschaffen sind. Sie brauchen solche Illusionen. Bachelor, Master, Punktesystem – das steht für den Bologna-Prozess, man kann es mit Liessmann aber noch kürzer sagen. „Es steht für Maschinendenken, für die Vorstellung, dass das, was mit einer Maschine geht, auch im Kopf klappen muss. Das ist die große letzte Schlacht des Industrialismus: Bildung wird als Ganzes industrialisiert, genormt, standardisiert. Da haben wir die ‚Modularisierung von Studien‘, die dem Muster funktional differenzierter Fertigungshallen gehorchen. Die Einführung der sogenannten ECTS-Punkte (European Credit Transfer and Accumulation System), die die Leistung eines Studierenden messen sollen. Eine Norm, die bis ins Detail von Industrienormen abgeleitet wird. Nichts stört so sehr wie die individuelle Abweichung. Das ist klassisches Maschinendenken. Wer einen eigenen Kopf hat, hat dabei nichts verloren."

Doch die Sache hat für den Durchschnitt scheinbar echte Vorteile. Man kann bestehendes Wissen in einem solchen System schneller und einfacher reproduzieren. Man verteilt einfach das, was man weiß, effizienter, industrieller. Blöd nur, meint Liessmann, dass man mit bestehenden Standards und Normen neue Erkenntnisse nicht beurteilen kann. „Überall dort also, wo heute echte Defizite herrschen, in der Innovation, bei neuen Problemlösungen, muss ein solches System versagen. Ein solches System kennt keine Veränderung, keinen Fortschritt. Es erkennt nur, was es gibt. Was es nicht gibt, im Sinne von: neu – das geht nicht. Ganz einfach. Das ist die Stunde des Fachidioten", stellt Liessmann fest. Diesen speziellen Hohlkörpern soll also die Zukunft gehören. Sie bilden, mal positiv formuliert, eine große, geschlossene Familie, in der es die Brüder und Schwestern im Geiste untereinander treiben – und nur untereinander. Bildungsinzest. Derlei führt zu Debilität. Ist es das, was wir wollen? Es ist das, was wir kriegen, wenn wir bleiben, was wir sind.

Vielleicht hat Cordula Stratmann also doch recht. Wir werden alle immer dümmer. Applaus? Die Konsequenzen dieser Entwicklungen reichen weit über die Universität hinaus. Es ist kaum zu bezweifeln, dass sich aus diesen Reihen das gesellschaftliche Führungspersonal rekrutieren wird. Der

Bildungsinzest wird Folgen für alle haben, fürchtet Liessmann: „Das führt zum Gegenteil einer offenen Gesellschaft. Die brauchen wir aber, nicht etwa, weil sie nett ist, sondern weil sie die Fähigkeiten zum Unterscheiden schärft. Das ist die Fähigkeit, mit der man Innovationen und bessere Lösungen kriegt."

Gleichschaltung hingegen hat damit nichts im Sinn. Wissen wollen bedeutet verstehen wollen. Für Liessmann ist Unbildung nicht gleich Dummheit oder Mangel an Informationen. Es ist der Verzicht darauf, „überhaupt verstehen zu wollen". Kommt uns irgendwie bekannt vor. Damit wären wir bei den wichtigsten Hauptfächern der Wissensgesellschaft, dem Kern der Reform, wenn es eine geben sollte: Vertrauen und Zutrauen. Andere und anderes verstehen wollen. Das ist schwer, tut sich nicht leicht, verhindert aber, dass man zum bloßen Treibgut wird.

7. SCHEIN-BILDUNG

Wer aufhört zu verstehen, ist eigentlich schon am Ende. Nun gilt das aber, nach 200 Jahren Bildungsdrama auf deutschem Boden, nicht allein für jene, die im Durchschnitt und in der Wissensnorm ihr Heil suchen. Sondern auch für die, die meinen, man müsse nur die Traditionen recht gut bewahren. Welche denn? Die Tradition der Persilscheine? Zeugnisse, die etwas über die Fähigkeiten eines Menschen aussagen – und zwar ein Leben lang? So etwas führt zu dem, was wir in Deutschland lieben: Schein-Bildung.

Reden wir über das Abitur. Diese schöne Einrichtung wird seit Anfang des 19. Jahrhunderts als Generalzugang zu höheren Bildungsweihen verstanden. Nun ist es bekanntlich so: Wer „nur" Abitur hat, hat eigentlich gar nichts. Wozu das Ganze also? Der Dresdner Bildungsforscher Andrae Wolter nennt die Gründe: „Das Abitur hat sich am alten ständischen Bildungsideal orientiert – und in dem geht es nicht um Ausbildung. Es war eine Enklave, und die ist immer kleiner geworden. Wer heute Bildung sagt, meint eigentlich Ausbildung. Wissenserwerb ist für den Beruf da." Da liegt es natürlich nahe, dass man da auch mal fragt: fürs lebenslange Lernen? Das Schlagwort benutzt heute jeder, ein sicheres Zeichen dafür, dass es kaum jemand ernst nimmt. Was könnte es bedeuten? Im Idealfall, dass das

Verstehenwollen nie aufhört. Im Normalfall, dass der Wissenserwerb weder mit dem Abitur noch mit der Diplomprüfung an der Universität zu Ende ist. Logisch, sagen wir. Wirklich? Weshalb konzentriert sich dann aber jede Form von Bildungspolitik auf die Jungen? Warum stehen nur Menschen im Alter bis 25 Jahren im Fokus der Bildungspolitik? Ein interessanter Widerspruch.

Der Umgang mit Bildung in allen Altersklassen, sozialen Schichten und unabhängig von der „Vorbildung" sagt vieles über die Statik eines Gesellschaftssystems aus. Vor acht Jahren, erzählt Wolter, wurde eine weltweite Studie zum Thema der Beweglichkeit von Bildungsprogrammen gemacht. Wie offen ist ein Bildungssystem? Kann jeder lernen, was er will? Tauschen sich die Systeme aus? Lernen sie lebenslang sozusagen? „Deutschland, Österreich und Japan lagen am Ende der Tabelle", sagt Wolter. Keine Überraschung also. „Gerade aber an der Frage der Durchlässigkeit der Bildungssysteme kann man schön erkennen, ob es den Bildungspolitikern wirklich ernst ist mit dem Thema", sagt der Bildungsforscher.

Warum sollte ein Erwachsener, der seit Jahren seine eigenen Brötchen verdient, aber kein Abitur hat, denn nicht ordentlich studieren dürfen? Diesen Leuten würde nichts geschenkt – sie müssten ihre Prüfungen genauso ablegen wie ihre 20-jährigen Kommilitonen. Aber sie dürfen nicht, weil sie nicht dürfen – im Land der Bildungspaniker muss schließlich Ordnung herrschen. Sonst wäre ja nichts.

Das Abitur ist eigentlich aber auch nichts. Oder glaubt wirklich jemand, dass Länder oder Städte mit hohen Abiturientenzahlen gleichsam die gebildetste Bevölkerung haben? Warum korrelieren Wohlstand und Innovationsfähigkeit dann nicht mit diesen Zahlen? Wolter weiß um die Dünkel Bescheid. Seit Jahren unterstützt er bildungsfähige und -willige Erwachsene ohne Abitur beim absurd-aufwendig bürokratischen Prozess, die persönliche Hochschulreife zu erlangen.

Das ist in Deutschland Ländersache – und damit doppelt schwierig. Berlin gilt als fortschrittlich, weil Erwachsene auf Probe studieren dürfen, auch ohne Abitur. Dabei stehen sie, die alle Prüfungen wie andere Studenten regulär ablegen, unter Beobachtung. Bayern mauert massiv gegen das lebenslange Lernen für alle. Zur Posse geriet 2005 der Versuch des ehemaligen baden-württembergischen Ministerpräsidenten Erwin Teufel, in München auch ohne Abitur ein Philosophiestudium aufzunehmen. Monate vergingen, in denen die Ludwig-Maximilians-Universität, sonst ganz eliteverliebt, die Befähigung des langjährigen Landeschefs prüfte, bis sich die Universitätsleitung zum Gnadenakt der Aufnahme bereit erklärte – und das auch ganz so formulierte. Teufel war da bereits an der Hochschule der Jesuiten untergekommen. Da stehen sie nun, die Legionen der Bildungsschlacht, hier die stockkonservativen Persilscheinbewahrer, dort die Bologna-Bürokraten. Gemeinsam bilden sie einen scheinbar undurchdringlichen Filz. Unter diesen Voraussetzungen kommt der Bundesforschungsministerin Annette Schavan (CDU) das theoretische Verdienst zu, wenigstens über die Öffnung der Universitäten laut nachzudenken. Immerhin hat die ehemalige Teufel-Mitarbeiterin Ende März dieses Jahres durchgesetzt, dass ganze 25 Millionen Euro für bis zu 3000 „junge Menschen, die sich im Beruf bewährt haben", ausgeschüttet werden. Stipendien für Menschen, die ohne Abitur studieren wollen. Dreitausend – das sind nicht mal ein Prozent der Studienanfänger pro Jahr. Mit Kleingeld gegen Kleingeist – es ist offensichtlich, dass daraus nichts werden soll.

Die meisten Unis wollen auch nicht. Humboldt hin, demografische Entwicklung her, sie reden lieber über sich selbst. „Fakt ist, dass die Aufnahmekapazitäten der deutschen Universitäten und Hochschulen praktisch erreicht sind. Wir agieren hart an der Grenze des Machbaren. Und der Höhepunkt ist noch gar nicht erreicht", rechnet Andrae Wolter vor. Im Land der Dichter und Denker ist nicht mehr als ein im OECD-Vergleich mickriger Anteil für Bildung von 5,2 Prozent vom Bruttoinlandsprodukt (2004) drin. Heiße Luft eben.

8. FREISCHWIMMER

Nicht jedem genügt das. Christoph Markschies ist Theologe und Kirchenhistoriker, aber die Gesetze des Auftriebs kennt er gut. Der Präsident der Humboldt-Universität zu Berlin hat sich, als er sein Amt vor einiger Zeit übernahm, bei einigen Vertretern der klassischen Abitur-Bildung unbeliebt gemacht, weil er findet, „dass man am Abitur allein nicht festmachen kann, ob sich jemand für ein Studium eignet. Mir geht es um Erfahrung und Interesse." Lebenslanges Lernen sei noch eine Phrase, sagt er. Aber das kann man ändern: „Nicht nur studieren bis 25 oder Seniorenstudium, sondern auch dazwischen. Weiterbildung ist das zentrale Thema. Fangen wir endlich an, auf die Erfahrenen zu schauen." 2010 feiert die Humboldt-Universität ihr 200-jähriges Jubiläum. Sie galt einst als große Reform-Universität, an der die soziale Herkunft keine Rolle spielte. Markschies: „Für uns heißt das heute: Jeder ist willkommen. Wir wollen keine Altersbeschränkungen. Wir wollen weder junge Studenten noch Seniorstudenten, sondern nur Leute, die was wissen wollen. Leute mit Qualität."

Seine Chancen, den Muff aus den Talaren zu treiben, stehen gut. „Sagen wir es nüchtern: Die Zahlen um die Bildungsmisere gibt es schon länger. Aber es gibt jetzt zum ersten Mal wirklich auch ein Bewusstsein für die dramatische Rückständigkeit des deutschen Bildungssystems, weil man sieht, wie es andere Länder machen", sagt Markschies. Die Schlüsselwörter lauten Selbstständigkeit und Eigenverantwortung: „Heute teilt uns die Politik Studierende zu. In anderen Ländern gilt längst das Prinzip, dass Lernende und Lehrende einander aussuchen. Auch Professoren müssen das Recht haben, sich ihre Studenten auszuwählen. Und da wird keiner fragen: Wie war denn Ihr Abitur so? Sondern: Welche Talente sind da, welche Interessen, welcher Antrieb?"

Vom Antrieb zum Auftrieb ist es in der Physik nicht weit. Fliegen und schwimmen oder treiben und abstürzen. Das sind die Fragen, um die es geht. Dazu muss man etwas verändern wollen, nachdem man etwas verstanden hat. Wie steht es so schön an jener Treppe, die Christoph Markschies jeden Tag zu seinem Büro hochgeht? „Die Philosophen haben die Welt immer nur verschieden interpretiert. Es kommt aber darauf an, sie zu verändern."

Bravo, Marx, setzen. Eins. Lasst die Hohlköpfe ruhig treiben. Wir machen einstweilen den Freischwimmer. ◄

„Die Stunde der Idioten" erschien zuerst in brand eins 05/2008.

Die gläserne Firma

Der Chef ist nicht automatisch der Schlaueste.
Aus dieser Erkenntnis hat Frank Roebers,
Vorstandssprecher der Synaxon AG, eine radikale
Konsequenz gezogen: In seinem Unternehmen
darf jeder jederzeit jede Regel ändern.

Von Jens Bergmann

D er Vorstandssprecher Frank Roebers sieht nicht nur aus wie ein großer Junge, er kann sich auch wie einer begeistern. Stolz erlaubt der 39-Jährige in den Bielefelder Firmenräumen Einblicke in das neue zentrale Nervensystem der Synaxon AG. Die bietet Franchise-Systeme und andere Kooperationsmodelle für rund 2700 Computerhändler und bündelt deren Einkaufsmacht. Das Gehirn des Unternehmens funktioniert wie die freie Online-Enzyklopädie Wikipedia, an der jedermann mitschreiben kann. Das Wissen der Firma ist in einer Artikel-Sammlung auf derzeit rund 5200 Seiten versammelt – von den Verträgen mit Kooperationspartnern und Lieferanten bis zu Stellenbeschreibungen der Angestellten. Von Prozessbeispielen bis zur Dokumentation aller laufenden Projekte. Von einer Liste mit Fachbegriffen bis zu den Spielregeln bei Synaxon.

Mithilfe von Suchbegriffen kann jeder in der Firma das Wiki durchforsten und das gesammelte Wissen anzapfen – bis auf einen kleinen Bereich, der Führungskräften vorbehalten ist und wo unter anderem strategische Fragen diskutiert werden. Jeder kann fast alles erfahren. Und jeder kann, wie bei Wikipedia, jeden Beitrag kommentieren oder verändern: Ein Klick auf den „Bearbeiten"-Button genügt. So war beispielsweise eine Mitarbeiterin mit der für den Paketversand zuständigen Firma unzufrieden und formulierte die entsprechende Regel im Wiki gemeinsam mit einer Auszubildenden um: Ab sofort wird ein neuer Versender beauftragt. Eine Änderung mit Konsequenzen, weil mit dem bisherigen Paketdienst ein konzernweiter Vertrag bestand. Roebers sprach mit seiner Kollegin über die Gründe für die Regeländerung, erkannte sie als sinnvoll, und so hat sie Bestand: Der neue Versender wird beauftragt, bis der alte die Probleme im Griff hat.

In den 16 Jahren, in denen er bei Synaxon arbeitet, habe er keine solche Veränderung wie die durch das Wiki erlebt, sagt Roebers. Er schwärmt von einer „Kulturrevolution". Und ist sich einig mit dem in Kalifornien lebenden Schweizer Computeringenieur Peter Thoeny, der als Vordenker von Firmen-Wikis gilt: „Wikis machen Organisationen flacher und anarchischer, auch weil es hier keinerlei exklusive Informationen gibt. Alles wird geteilt."

Selbstverständlich wäre das Problem mit dem Postversand auch ohne das Mitmach-Netz zu lösen gewesen. Beispielsweise hätte die Angestellte ihren Vorgesetzten darauf ansprechen oder ihm eine Mail schicken können. Möglicherweise hätte der sich um die Sache gekümmert. Möglicherweise aber auch nicht, aus Zeitmangel oder weil er Besseres zu tun gehabt hätte. Dann wäre sie enttäuscht gewesen und hätte sich weiter über den Paketdienst geärgert. So etwas passiert in den meisten Firmen tagtäglich, führt zu Frust und dazu, dass wertvolles Wissen brachliegt.

Dieses Phänomen hatte Roebers, der eine Firma leitet, die wesentlich von der Produktion und vom Verkauf von Know-how lebt, schon lange gestört. Er blättert weiter durch das Synaxon-Wiki, in dem sich alle Mitarbeiter auch auf eigenen Homepages mit Foto, Lebenslauf und Hobbys darstellen können. Von Roebers erfährt man unter anderem, dass er Triathlet ist und Reserveoffizier bei der Bundeswehr, was auf ein gewisses Durchhaltevermögen und Durchsetzungsfähigkeit schließen lässt.

Die Bundeswehr hat ihren eigenen Anteil an Roebers' Kulturrevolution. Bei einer Wehrübung vor anderthalb Jahren erfuhr er, dass die Armee – die auch nicht mehr ist, was sie mal war – auf den sogenannten Kontinuierlichen Verbesserungsprozess setzt, auf Ideen von unten also. Der Oberleutnant der Reserve machte die Probe aufs Exempel und reichte einen Verbesserungsvorschlag ein. Reaktion: keine. Für Roebers Anlass, über das Problem nachzudenken, das fast alle Organisationen haben: Sie passen sich nicht schnell genug an die sich verändernde Umwelt an. Die Menschen in diesen Organisationen merken das bei ihrer alltäglichen Arbeit und wissen häufig auch, wie das zu ändern wäre, dringen aber – trotz Kontinuierlichem Verbesserungsprozess, Betrieblichem Vorschlagswesen etc. – meist nicht zu den Entscheidern durch. Die Folge ist eine Kultur des sich Durchwurschtelns.

R oebers hat dieses Phänomen auch in der eigenen Firma beobachtet. „Ich formuliere Regeln und stelle irgendwann fest, dass sie, aus welchen Gründen auch immer, nicht eingehalten werden. Was soll ich tun? Eine Revisionsabteilung gründen, die regelmäßig alles kontrolliert? Oder die Dinge laufen lassen und irgendwann den Überblick verlieren über das, was wirklich in der Firma passiert?"

Die Ursache, erkannte Roebers, ist, dass Wissen nicht schnell genug dorthin fließt, wo es nützt. Und weil er den Sachen gern auf den Grund geht, überlegte er, wie das zu ändern wäre. Unter anderem erkundigte er sich in einem Arbeitskreis von Managern aus verschiedenen Unternehmen, die sich mit Six Sigma beschäftigen, einer mathematischen Qualitätsmanagementmethode. Alle dort kannten das Problem des schleppenden Wissenstransfers. In einigen Firmen hatte man es durch die Einführung mehr oder minder komplizierter Wissensmanagement-Software mit je nach Hierarchie-Ebene unterschiedlichen Zugriffsrechten zu lösen versucht. Vergeblich. Die einhellige Erfahrung war, dass die Leute solche Hilfsmittel nicht nutzen.

Nach diesen ernüchternden Auskünften entdeckte Roebers im Internet ein Gratis-Wissensmanagementsystem, das prima funktioniert: Wikipedia. An der für jedermann zugänglichen Online-Enzyklopädie arbeiten Tausende Freiwillige ohne Bezahlung mit. Gemeinsam haben die Wikipedianer in erstaunlicher Geschwindigkeit ein Lexikon geschaffen, das mit der

Encyclopaedia Britannica mithalten kann. Der Berater Alexander Kornegger, der Synaxon bei der Einführung des Firmen-Wikis unterstützt hat, spricht von „einem konkreten Ausdruck kollektiver Intelligenz".

Um herauszufinden, wie und warum Wikipedia so gut funktioniert, betätigte sich Roebers im vergangenen August „mit zitternden Fingern" selbst als Autor. Er schrieb einen Artikel über ein Thema, mit dem er sich gut auskennt: die Qualitätsmanagementmethode Six Sigma. Der Artikel sei gut gewesen, sagt Roebers, aber das Layout schlecht, weil er sich damals noch nicht mit dem für ihn ungewohnten Wiki-Editor auskannte. Roebers beobachtete, was passierte: Fünf Minuten nach Beenden seines Artikels hatte irgendjemand den Text in Form gebracht. 20 Minuten später war er mit Links versehen. Es folgten in kurzer Zeit rund 20 weitere Editionen und Diskussionsbeiträge, die, so Roebers, „alle sinnvoll waren". Mittlerweile gibt es rund 500 Anmerkungen zu und Veränderungen an Roebers Text.

Warum machen sich so viele Leute so viel Arbeit?

Weil sie sich auf unkomplizierte Weise nützlich machen können. Und weil diese Leistung sichtbar und damit anerkannt wird. Auf Knopfdruck werden alle, die an einem Artikel mitgearbeitet haben, mit ihrem jeweiligen Beitrag angezeigt und können sich auf ihrer individuellen Wikipedia-Homepage zusätzlich selbst darstellen. Von einem Autor, der fleißig zu Roebers Six-Sigma-Text beigetragen hat und unter dem Namen „Wikipediamaster" firmiert, erfährt man etwa, dass er Wirtschaftsingenieur in Franken ist und sich für erotische Fotos interessiert.

R oebers war fasziniert und beschloss, bei Synaxon ein Wiki einzuführen. Technisch war das kein Problem, weil die Software frei ist. Widerstände gab es in der Firma trotzdem, unter anderem von IT-Leuten und einigen Führungskräften. Mancher befürchtete, dass die Idee der kollektiven Firmenintelligenz im Chaos enden würde. Doch Roebers ließ sich nicht beirren: Im vergangenen Oktober wurde das Firmen-Wiki eingeführt. Über mehrere Wochen hinweg gaben alle alles Wissenswerte in einer gemeinsamen Kraftanstrengung in das System ein. Jeder Mitarbeiter ist seitdem angehalten, das, was er tut, im Wiki zu dokumentieren, was nicht alle toll finden, weil es erst einmal Mehrarbeit bedeutet – und auch mehr Kontrolle. Roebers geht mit gutem Beispiel voran und arbeitet konsequent firmenöffentlich. Mittlerweile sei das Wiki ein Arbeitsmittel, das viele ganz selbstverständlich nutzen.

Die Hemmschwelle für Nutzer ist gering, hat auch Tim Bartel, Betriebswirt an der Universität zu Köln, bei einer Befragung von Mittelständlern nach ihren Erfahrungen mit Wikis herausgefunden. Die wesentlichen Vorteile von Wikis sind demnach ihre leichte Bedienbar- und Durchschaubarkeit: Jede Änderung an einem Beitrag wird sofort sichtbar. Man muss nicht fragen, sondern kann einfach machen. Deshalb, so Bartel, könnten anders als bei vielen komplizierten Wissensmanagement-Systemen Mitarbeiter „einfacher motiviert werden, ihr Wissen einzubringen".

A llerdings sind Wikis kein Wundermittel. Wo tief gestaffelte Hierarchien, Fürsten mit Herrschaftswissen und ein Klima der Angst vorherrschen, nutzt das schönste Mitmach-Netz nichts.

Bei der Synaxon AG waren die Voraussetzungen gut. Mit 140 Mitarbeitern und lediglich zwei Führungsebenen (Vorstände und Abteilungsleiter) ist das Unternehmen übersichtlich. Mehr als 80 Prozent der Mitarbeiter sind Akademiker; Berührungsängste gegenüber EDV hat kaum jemand. Nicht zuletzt gibt es viel formalisierbares Wissen und festgelegte Abläufe, die gut dokumentiert werden können.

Dass nach der Installierung des Wikis keine Anarchie ausgebrochen ist, liegt einerseits daran, dass alle Beiträge namentlich gezeichnet werden müssen. Und an der fehlertoleranten Wiki-Technik: Alle Versionen eines Beitrags lassen sich auf Knopfdruck wiederherstellen; im Falle von Vandalismus geht also keine wichtige Information verloren.

Dennoch hat sich eine Menge geändert bei Synaxon. Vor allem sei die Firma transparenter geworden, sagt die PR-Frau Alexandra Linck: „Ich weiß viel mehr über das, was meine Kollegen in den einzelnen Abteilungen machen, als früher." Auch gebe es mehr Diskussionen: „Leute, die sich früher nie getraut hätten, etwas zu sagen, nutzen das Wiki, um ihre Meinung kundzutun." So stieß ein Buchhalter eine Diskussion über das Beurteilungssystem an. Bei Synaxon werden alle Mitarbeiter halbjährlich eingestuft: A bedeutet prima, B okay und C, dass der Job in Gefahr ist. Die Menschen in die Kategorien Schwarz, Weiß und Grau einzuteilen sei nicht in Ordnung, schrieb der Buchhalter. Im Ergebnis wurden Details des Beurteilungssystems geändert, bei der Einteilung blieb es aber.

Auch wenn sich nicht jeder mit jedem Veränderungsvorschlag durchsetzen könne, werde sich viel offener auseinandergesetzt, findet auch der IT-Leiter Frank Weber. „Ein Teil des Flurfunks hat sich ins Wiki verlagert." Gleichzeitig erleichtere es Kommunikation: Jeder in der Firma kann die für ihn relevanten Wiki-Seiten auf seine Beobachter-Liste setzen und wird dann automatisch über Änderungen auf diesen Seiten informiert. „Die kann man ganz schnell überfliegen – das ist viel effektiver, als E-Mails auszutauschen", sagt Weber. Ihn fasziniert vor allem die Intelligenz des Systems: „Die Mitarbeiter haben mehr als die Hälfte der Regeln hier im Unternehmen geändert – und alle Änderungen erwiesen sich als sinnvoll."

So wurde etwa das Verbot des privaten Internetsurfens durch eine lebensnähere Vorschrift ersetzt: In den Arbeitspausen ist es erlaubt, solange Pornoseiten und andere inkriminierte Inhalte gemieden werden. Woraufhin jemand die Frage aufwarf, ob privates Surfen nicht als geldwerter Vorteil zu versteuern wäre – was nach einigem Hin und Her verneint wurde.

Ufern solche Diskussionen nicht aus? „Nein", sagt Roebers. „Das regelt sich von selbst. Außerdem", fährt er mit einem Zwinkern fort, „weiß ich jetzt, wen ich künftig beim Thema geldwerte Vorteile ansprechen kann."

D ie Wiki-Idee ist die eines sich selbst regulierenden Systems. „Entscheidend ist, dass nicht zu viele Vorgaben gemacht werden", sagt Peter Schütt, Leiter Wissensmanagement der IBM Software Group Deutschland, wo man schon seit einiger Zeit auf die Technik setzt. „Am besten hat irgendwer eine spinnerte Idee, und die wird dann kritisiert und weiterentwickelt. Zwar sind manche Kommentare Verschlimmbesserungen. Aber insgesamt schaukelt sich das Ganze qualitativ immer hoch."

Entscheidend dabei sind Vorbilder, die einen gewissen Stil prägen – Chefs wie Roebers, die selbstbewusst genug sind, sich verbessern zu lassen. Angst davor, an Autorität zu verlieren und zum „Grüß-August mit Haftungszulage" zu mutieren, hat er nicht. Allerdings ist er davon überzeugt, dass Instrumente wie das Wiki althergebrachte Hierarchien infrage stellen. „Auf lange Sicht wird Wissen Macht schlagen, es wird eine neue Elite entstehen." Im eigenen Unternehmen fielen ihm dank des Wikis bereits neue Talente auf. Eines ist Frederic Hahn, der unter anderem für die Betreuung der Partnerbetriebe zuständig war – und sich nach Feierabend als Wikipedia-Autor betätigt. Dort hat er an Artikeln über Obstbaumschnitt, Anagramme und die Kunst, störende Geräusche des Computers zu unterdrücken („Silencing") mitgearbeitet. Vom Firmen-Wiki war er begeistert und stürzte sich in die Arbeit, was Roebers auffiel, der ihm den Job des Wiki-Guards verschaffte. Hahn soll das Firmen-Gehirn pflegen, auf Qualität achten, neue Projekte initiieren und seine Kollegen motivieren, ihr Wissen preiszugeben. Er hat den Eindruck, dass manche dies mit gemischten Gefühlen tun, weil sie fürchten: Wenn jeder weiß, was ich tue, bin ich auch leicht zu ersetzen. Hahn sieht es so: „Die Zeiten, in denen es ausgereicht hat, auf seinem Wissen zu sitzen und so seine Stelle abzusichern, sind vorbei."

Techniken wie die Wikis sorgen für bislang ungeahnte Transparenz in Arbeitsbeziehungen: Jeder kann sehen, was jeder leistet. Und sie erlaubt eine viel effektivere Zusammenarbeit, die Unternehmen erhebliche Wettbewerbsvorteile verschaffen kann. Das ist Roebers' langfristiges Ziel, deshalb ist er bei seiner Arbeit an der gläsernen Firma noch ein paar Schritte weitergegangen: Neben dem Wiki für Synaxon gibt es eines für den engeren Kreis der Franchise-Nehmer und eines für den weiteren Kreis der Partner-Firmen. Auch sie können mit ihren Beiträgen Einfluss auf die geltenden Regeln der Zusammenarbeit nehmen: eine für die auf strikte Vorgaben und eine klare Aufgabenteilung beruhende Franchise-Branche unorthodoxe Idee. Die Beteiligung der Partner ist noch schleppend, deshalb macht der Berater Alexander Kornegger im Auftrag Synaxons derzeit bei ihnen Wiki-Werbung.

Roebers will die Beiträge der Partner auch honorieren. Er beziffert den Wert des Know-hows, das Synaxon ihnen liefert, auf jährlich 500 000 bis 700 000 Euro – wenn die Partnerfirmen zu diesem Wissen etwas beitrügen, hätten sie Anrecht auf einen gerechten Anteil. Den Glaubenssatz der Open-Source-Gemeinde – alle arbeiten gratis – hält Roebers für überholt. Auch diese Erkenntnis hat er im Netz gewonnen. Dort tummelt er sich in der virtuellen Welt von „Second Life" und hat festgestellt, dass die Neulinge dort vor allem eine Frage beschäftigt: wie man Geld verdienen kann. Roebers hat schon eine Idee: Er will eine virtuelle Galerie in der zweiten Welt gründen. ◂

Weitere Informationen über Firmen-Wikis: www.twiki.org

„Die gläserne Firma" erschien zuerst in brand eins 03/2007.

• • •

Und heute?

Das zentrale Nervensystem der Synaxon AG hat sich bewährt: Bis zum Frühjahr 2010 wurden 43 091 Seiten in die Datenbank gestellt. Seit das Firmen-Wiki eingerichtet wurde, gab es mehr als 86 Millionen Seitenaufrufe, fast 310 000 Seiten wurden bearbeitet, im Schnitt sind das mehr als sieben Bearbeitungen pro Seite.

Das Konzept des Wikis ist geblieben: Noch immer sind alle Inhalte frei zugänglich und veränderbar, laut Firmenchef Frank Roebers gab es bisher keinen Missbrauchsfall. Auch die neu eingeführten Tools wie Instant-Messaging und Microblogs würden im Unternehmen rege angenommen.

Tim Bartel, der seine Diplomarbeit über Firmen-Wikis verfasst hat, hat die Universität zu Köln inzwischen verlassen: Er leitet die deutsche Plattform des Hosting-Dienstes Wikia, einem Portal, bei dem Nutzer themenspezifische offene Wikis erstellen können. Weltweit sind bei Wikia mehr als zwei Millionen Nutzer registriert, zu den beliebtesten Datenbanken zählen http://lost.wikia.com/wiki/Main_Page und www.wowwiki.com.

Erkenntnisse aus der Fieberkurve

Hunderttausende gehen jedes Jahr in Rente – und nehmen
ihre Berufserfahrung mit in den Ruhestand.
Diesen Verlust an Know-how wollte der Maschinenbau-
Konzern KSB nicht länger hinnehmen und ließ sich auf ein
Experiment ein: Ausscheidende Mitarbeiter geben Tipps
und erzählen im Intranet Geschichten, die für ihre
Nachfolger nützlich sein könnten.
Kann Wissenstransfer wirklich so einfach sein?

Von Mathias Irle

P roblemen ist Hans Dieter Wallerius nie aus dem Weg gegangen.
Als Projektleiter bei KSB gehörten sie zu seinem Alltag. Doch im
Juni 2006, ein halbes Jahr vor seinem Eintritt in den Ruhestand, musste
er passen. „Wie können wir an Ihr Wissen kommen?", hatte ihn Joachim
Schulz gefragt, der Marktsegmentleiter Energie.

Mehr als 34 Jahre war der Ingenieur Wallerius bei dem Frankenthaler
Armaturen- und Pumpenhersteller beschäftigt. Er hatte miterlebt, wie die
pfälzische Firma zum Weltkonzern mit rund 14 000 Mitarbeitern wuchs.
Er hatte Bewässerungsanlagen für Kernkraftwerke auf der ganzen Welt
entwickelt, hatte mit ausländischen Politikern, Beamten und Managern
über Lizenzen, Verträge und Wartungsaufträge verhandelt. Was er dabei
erlebt und erreicht hatte, war in Hunderten Aktenordnern dokumentiert.

Darin konnte jeder nachlesen. Er hatte keine Geheimnisse. Deshalb antwortete er: „Alles, was ich weiß, finden Sie in den Leitz-Ordnern." Doch sein Chef ließ nicht locker. „Die Zahlen und Fakten", sagte er, „die kennen wir. Uns interessiert, was nur Sie wissen: Ihre Erfahrungen, die Dinge, die in Ihrem Kopf gespeichert sind."

Für Wallerius klang das „kaum nachvollziehbar" – schließlich hatte er noch ein halbes Jahr Dienst vor sich und war auch danach nicht aus der Welt. Man brauchte ihn doch nur anzurufen. Er wohnte in Frankenthal. Dennoch stimmte er dem Experiment zu: Dass sich jemand für seine alten Geschichten interessierte, war schließlich auch schmeichelhaft.

Kurz darauf lernte er Christine Erlach kennen, eine Psychologin und Unternehmerin des Beraternetzwerks Narrata Consult. Er sollte ihr von wichtigen Momenten in seinem Berufsleben erzählen; sie werde als „naiver, aber interessierter Laie" ab und zu nachfragen und das Gespräch aufnehmen. „Zum Warmmachen" zeichnete sie einen Graphen auf ein Blatt Papier. Die x-Achse: Wallerius' 34 Jahre bei KSB. Die y-Achse: seine Höhepunkte und Krisen während dieser Zeit. „Vielleicht zeichnen Sie erst einmal Ihre persönliche Fieberkurve ein!", sagte sie. Wallerius' Welle zeigte etliche Hochs und Tiefs. Erlach bat ihn, mit den Wendepunkten der Kurve zu beginnen: „Was haben Sie an diesen Stellen gelernt? Welche Ihrer Erfahrungen könnte Ihrem Unternehmen helfen?"

Millionen Deutsche scheiden in den nächsten Jahren aus dem Arbeitsleben aus – wegen der geburtenstarken Jahrgänge nach dem Zweiten Weltkrieg sind es mehr als je zuvor. Die schiere Menge macht den Arbeitgebern Sorge. Welcher Betrieb kann es schon ohne Weiteres verkraften, wenn massenhaft Know-how und Routine binnen kurzer Zeit verloren gehen? Und wie bereitet man sich auf den Umbruch vor?

Gewiss sind das wichtige Gründe, weshalb ältere Mitarbeiter wachsende Wertschätzung und Aufmerksamkeit erfahren. Viele Arbeitgeber haben erkannt, dass das Wissen und die Erfahrung einer Belegschaft wichtiger für die Zukunft eines Unternehmens sind als Maschinen und Anlagen. Ende der neunziger Jahre setzte die Diskussion über Wissensmanagement und -datenbanken verstärkt ein. Doch die Erwartungen an die neuen Instrumente und Methoden wurden selten eingelöst: etwa weil Mitarbeiter, die über exklusives Wissen verfügten, wenig Interesse aufbrachten, es preiszugeben.

„Die Möglichkeit, dass jemand Ihr Wissen abruft und Ihnen dafür dankt, ist sehr vage, Ihr Aufwand hingegen sehr real", so erklärt sich Rüdiger Piorr vom Institut für Arbeitswissenschaft der Ruhr-Universität Bochum und Mitinhaber der Beratungsfirma BKP das Problem. Die Suche nach Informationen sei im Betriebsalltag meist umständlich. Der Aufwand für eine Recherche in alten Akten erscheine vielen als nicht lohnend. Sie nutzten die Möglichkeiten daher nur selten.

Wissensmanagement war bald als Modevokabel aus New-Economy-Zeiten abgeschrieben. Dass wirklich relevantes Wissen überhaupt in betrieblichen Datenbanken erfasst sei, wurde angezweifelt. Es fehlte nicht an Fakten, explizites Wissen genannt. Doch Berichte mit Einkaufspreisen, Vertragslaufzeiten und Telefonnummern wichtiger Ansprechpartner seien meist wertlos ohne den Kontext, in dem sie verfasst wurden.

Genau an diesem Kontext- und Erfahrungswissen mangelt es bereits in vielen Firmen. „Im Zuge der Kostenoptimierung und der Verschlankung der Unternehmen waren Mitarbeiter zunehmend auf sich selbst gestellt. Wenn zwei das Gleiche wissen, widerspricht das dem Gedanken von Effizienz", sagt der Arbeitswissenschaftler Piorr. Die Folgen: Der einzelne Mitarbeiter konzentriere sich auf seine persönlichen Zielvorgaben. Bei der Arbeit in Teams präsentiere man nur noch Ergebnisse. „Wie ein Kollege seine Aufgaben erledigt, darüber weiß kaum noch jemand Bescheid."

V erlassen Mitarbeiter ein Unternehmen, besteht die Gefahr, dass sie Lücken hinterlassen – der Preis für eine schlanke, rationelle Organisation. Verschärft wird diese Entwicklung noch durch das gängige Verhalten ausscheidender Mitarbeiter: Leichte Aufgaben werden früh abgegeben, die schwierigen erledigt man bis zum letzten Tag selbst, sagt Rüdiger Piorr.

Die Personalabteilung von KSB reagierte gerade noch rechtzeitig, als sich abzeichnete, dass gut 300 der rund 4500 Mitarbeiter in Deutschland binnen Kurzem in Altersteilzeit wechseln würden, und wies auf mögliche Konsequenzen hin. Für eine zeitlich begrenzte Doppelbesetzung von Stellen, um Nachfolger einzuarbeiten, war kein Budget vorhanden. „Wie minimieren wir das Risiko von gefährlichen Wissenslücken auf möglichst kompetente Weise?", fragte sich angesichts dieser Zahlen Lutz Thiel, der bei KSB für Personalentwicklung verantwortlich ist.

E r ging die Liste der Mitarbeiter durch, die das Unternehmen bald verlassen würden. Bei Wallerius blieb er hängen. Als Kandidat für ein Pilotprojekt erschien er ihm bestens geeignet: Weil die Nachfrage nach Atomkraftwerken eingebrochen war, hatte sich die Mitarbeiterzahl in Wallerius' Abteilung binnen zehn Jahren von 50 auf 28 Personen (2002) nahezu halbiert. Immer mehr wichtige Aufgaben waren dem Projektleiter selbst übertragen worden, die er zwangsläufig im Alleingang erledigt hatte. Doch mit dem plötzlichen weltweiten Boom neuer Kraftwerke wuchs auch das Geschäft der KSB-Energiesparte. Wallerius stellte ständig neue Mitarbeiter ein, im Juni 2006 waren es wieder mehr als 50. Doch bei Fachleuten mit Erfahrung in Ausrüstung und dauerhafter Wartung der Kraftwerke zeichnete sich ein Engpass ab. Der Weggang von Wallerius würde die Lage zuspitzen.

Da niemand in der KSB-Personalabteilung eine genaue Vorstellung hatte, wie man Erfahrungswissen erheben könnte, wurde Narrata Consult damit beauftragt. Die Berater versprachen: Sollte Wallerius über erfolgsrelevantes, implizites Wissen verfügen, werde man es erschließen. Man werde ihn frei und spontan aus seinen Erinnerungen erzählen lassen. Schließlich seien es Geschichten – so die Idee hinter dem Narrativen Management, auch Storytelling genannt –, die einer Firma erst Leben einhauchen, indem sie auf einzigartige Weise persönliche Eindrücke, Zusammenhänge und berufliche Fakten verbinden. Nur wer genau hinhöre, was Mitarbeiter in Gesprächen über ihre Projekte, das Betriebsklima oder den Führungsstil ihres Vorgesetzten erzählen, begreife eine Firma wirklich und bekomme Einblick in die „Seele eines Unternehmens", heißt es auf der Internetseite von Narrata Consult.

Als Hans Dieter Wallerius die Abschrift seines ersten, zweistündigen Gespräches mit Christine Erlach las, war er verblüfft. „Hast du das wirklich so gesagt? So unkonkret? So lückenhaft?", habe er sich gefragt. Er sei erschrocken gewesen, wie viel Vorwissen er in seinen Geschichten vorausgesetzt hatte. Höchstens ein intimer Kenner seiner Arbeit würde mit seinen Erzählungen etwas anfangen können. Für jeden anderen sei es „eine Zumutung".

A lso begann er, seine Erinnerungen anschaulicher zu formulieren und zu ergänzen, bevor die Beraterin sie bearbeitete, an seine Mitarbeiter verschickte und um Rückmeldung bat. Denen fehlte: was man von den Erfahrungen mit deutschen Kraftwerken in die USA übertragen könne; welche Arbeiten regelmäßig auf die Abteilung zukämen; worauf bei Verhandlungen in Südkorea besonders zu achten sei.

Wallerius hatte sein zweites Aha-Erlebnis: „In einem normalen Übergabegespräch hätte ich vieles nicht thematisiert." Nun ging er auf die konkreten Fragen ein. Im Transfer-Workshop, an dem Erlach und sein komplettes Team teilnahmen, stand er noch einmal Rede und Antwort.

Dann stellte die Beraterin eine CD mit den Ergebnissen zusammen, die allen aus der Abteilung im Intranet zugänglich ist und die Erfahrungen nach den wichtigsten Stichworten per Mausklick erschließt, von „Auslandsgeschäft: Strategien und Potenziale" über „Pumpentypen" bis zu „Personalpolitik und Aufgaben des Abteilungsleiters". Die Informationen sind oft mit Geschichten von Wallerius im O-Ton hinterlegt. „Sie ergänzen die als Tabellen angelegten Fakten und Daten um das nötige Kontextwissen", sagt Christine Erlach.

Wallerius, seit Januar 2007 im Ruhestand, hat sich mittlerweile bei den einstigen Kollegen erkundigt, ob sie die Datei schon gebraucht hätten. „Bisher hatte ich noch keine Zeit", lautete häufig die Antwort. Und Werner Foshag, der neue Abteilungsleiter, der einen Überblick auf die Zugriffe hat, sagt: „Ich hätte gedacht, die Dokumentation würde öfter benutzt."

Fünf Tage hat Erlach bei KSB zugebracht, rund 13 Tage insgesamt am Projekt gearbeitet. Einen fünfstelligen Betrag hat Narrata Consult dafür in Rechnung gestellt. Zählte man den Arbeitsausfall durch Interviews oder Workshops hinzu, stiege der Betrag deutlich. War die Investition in die Erfahrungen des Abteilungsleiters also ein schlechtes Geschäft, gar ein Reinfall?

Für Klaus North, Autor des Buches „Wissensorientierte Unternehmensführung" und Professor für Betriebswirtschaftslehre an der FH Wiesbaden, ist die zunächst schwache Nachfrage kein Grund, den Wert der Wissensdatenbank infrage zu stellen. Vielleicht, sagt er, sei die Nachfolge bei KSB noch nicht richtig geklärt gewesen. Oder der Nachfolger habe keine Wissenslücken erkannt. Oder es fehlten konkrete Vorstellungen, welches Wissen von Wallerius man überhaupt verwenden wollte. „Wissenstransfer", sagt North, „funktioniert niemals angebotsorientiert." Zu häufig werde Wissen erhoben, ohne dass man jemanden im Blick habe, der es direkt und unmittelbar anwenden könne wie bei KSB, wo Wallerius' Erfahrungen vorsichtshalber für die ganze Abteilung erhoben worden seien. Man lege das Wissen dann „wie Tiefkühlkost" irgendwo auf einer CD oder Festplatte ab. Die Folge, laut North: „Entweder vergisst man es im Eisschrank. Oder man taut es irgendwann wieder auf. Nur dann hat keiner mehr Lust, es zu essen."

U m das Einfrieren des Wissens zu verhindern, legt der Arbeitswissenschaftler Piorr großen Wert darauf, dass es bereits konkrete Nachfolger – Wissensnehmer für eine Stelle gibt. Mit deren Vorgesetzten bespricht er, welches Wissen vom ausscheidenden Mitarbeiter erhoben werden soll. Dabei hilft ein sogenannter Wissensbaum, ein Überblick, den Piorr mit dem angehenden Pensionär erarbeitet. Gemeinsam legen alle Beteiligten anschließend Erfolgskriterien fest, anhand derer der Nachfolger später den geglückten Transfer belegen muss. Die Frage der Dokumentation spiele für ihn keine Rolle. „Der Motor bei der Wissensübergabe ist der Wissensnehmer, der später einen Job erledigen muss. Je konkreter, umso besser", sagt Rüdiger Piorr. Ob Erfahrungswissen weitergegeben werde, solle nicht davon abhängen, wie gut man es dokumentieren könne, sondern davon, ob es den Kopf des Nachfolgers erreiche.

Dass dafür einige Gespräche genügen, bezweifelt Sven Völpel. Der Professor für Betriebswirtschaft und Experte für lebenslanges Lernen an der Jacobs University Bremen ist vielmehr überzeugt, dass sich implizites Wissen nur in der Arbeit mit anderen weitergeben lässt. „Man kann Weisheit nicht lehren." Wer damit nicht spätestens ein halbes Jahr vor Ausscheiden des Mitarbeiters beginne, habe den richtigen Zeitpunkt verpasst.

Für das eigentliche Problem beim Wissenstransfer hält Völpel falsche Nachfolgeregelungen und die Organisation von Arbeitsprozessen. „Wer Angst hat, ein Angestellter könnte mit zu viel exklusivem Wissen sein Unternehmen verlassen, hat bereits Fehler im Vorfeld gemacht." Die Lösung liege in einem offenen Umgang mit dem Wissen. Mitarbeiter sollten so oft wie möglich in Teams arbeiten, deren Zusammensetzung sich dauernd ändere. So sei jeder gezwungen, seine Erfahrungen immer wieder mit anderen zu teilen. Das implizite Wissen zirkuliere auf hohem Niveau und wachse. Und es spiele kaum eine Rolle, dass ein Wissensträger ausscheide. Im Gegenteil: „Ab und an braucht es neue Mitarbeiter für frische Impulse."

Wissenstransfer sei also eine Führungsaufgabe. „Manche Mitarbeiter neigen dazu, ihr Wissen zu bunkern, um sich unersetzbar zu machen. Andere geben aus Angst vor Nachteilen nicht zu, wenn sie etwas nicht wissen." Dabei gelte: „Wer Wissen teilt, statt es zu bunkern, macht schneller und besser Karriere." Vorgesetzte hätten daher die Aufgabe, ihre Mitarbeiter von den Vorzügen des Teilens zu überzeugen. „Eine Wissensübergabe kurz vor Ausscheiden eines Mitarbeiters ist nur Symptombekämpfung und der Experte mit dem exklusiven Wissen im Idealfall ein auslaufendes Modell", sagt Völpel.

Bei KSB haben sie aus dem Experiment Schlussfolgerungen gezogen – und manches daran wirkt, als hätte Völpel Pate gestanden. Wallerius' Nachfolger hat die alte Abteilung in fünf Einheiten zerlegt und eine neue Führungsebene eingezogen. So sollen Aufgaben besser abgearbeitet und zugleich die Konzentration des Wissens bei einer Person vermieden werden. Zusätzlich wurden Verantwortliche für einzelne Pumpenreihen ernannt, die Lebensläufe von Pumpen in einer ständig aktualisierten Datenbank hinterlegen.

Dass Wallerius' Erfahrungen kaum genutzt werden, bewertet man bei KSB nüchtern. „Wir haben viel unbekanntes Wissen erhoben. Die Mitarbeiter haben schon während des Transferprozesses das meiste mitbekommen", glaubt der neue Abteilungsleiter Werner Foshag. Lutz Thiel aus der Personalabteilung sagt: „Es ging uns darum, Unklarheiten zu beseitigen, das Risiko von Wissenslücken zu minimieren und Sicherheit zu gewinnen. Wie viele am Ende die Daten anklicken, ist so gesehen nicht wirklich relevant."

D en Anstoß zum Wissenstransfer bereut bei KSB daher niemand. Der Nutzen sei offensichtlich: „Allen Mitarbeitern wurde die Möglichkeit gegeben, für einen kurzen Moment innezuhalten. Wir mussten uns fragen: Was wissen wir? Was können wir? Es war wie eine Bestandsaufnahme", sagt Foshag. Thiel vermutet, das Projekt habe eine „starke identitätsbildende Funktion" gehabt.

Positiv äußert sich auch der Pensionär Hans Dieter Wallerius, den man – nun fernab vom Tagesgeschäft – in einem Frankfurter Café trifft: „Ich konnte mein Berufsleben noch einmal Revue passieren lassen. Man hat mir die Möglichkeit gegeben, mich langsam mit meinem Ausscheiden auseinanderzusetzen. Das Loslassen wurde mir leicht gemacht."

In der Wertschätzung, die damit verbunden ist, erkennt der Wissenschaftler Klaus North eine für das Betriebsklima wichtige Funktion. „Etliche Führungskräfte sind heute mit dem Abschiednehmen überfordert. Sie wursteln sich dann irgendwie durch und signalisieren dem Mitarbeiter: Du interessierst uns nicht mehr."

Ein Ritual wie ein standardisierter Wissenstransfer könne helfen, diesen Eindruck zu verhindern. Denn North ist überzeugt: „In seinem Unternehmen etwas zurücklassen, das möchte jeder gern." ◂

„Erkenntnisse aus der Fieberkurve" erschien zuerst in brand eins 05/2008.

Und heute?

Der strukturierte Transferprozess um den Abschied von Hans Dieter Wallerius wurde bei KSB nicht wiederholt – aber er legte den Grundstein für einen neuen Umgang mit Wissen im Unternehmen. Die Gesprächskultur sei offener geworden, berichtet Konzernsprecher Christoph Pauly. Die Mitarbeiter warteten nicht mehr darauf, dass jemand seine Erfahrungen von sich aus teile, sie gingen aktiv auf Wissen und Informationen zu und fragten Kollegen um Rat – auch diejenigen, die inzwischen in Rente gegangen sind. So hat das Projekt, das zunächst vor allem die Expertise der angehenden Ruheständler bewahren sollte, eine viel größere Dimension angenommen: „Für uns ist der offene Umgang mit Wissen Teil der gesamten Unternehmenskultur geworden – über alle Generationen und Hierarchieebenen hinweg."

Der auf Wissensmanagement spezialisierten Psychologin Christine Erlach von Narrata Consult hat die Wirtschaftskrise eine Schwemme von Anfragen beschert – aus den meisten hat sie kein Projekt werden lassen: „Viele musste ich ablehnen. Die Vorstellung, nach einer Kündigung noch schnell das Wissen der Arbeitnehmer abzusaugen, funktioniert nicht. Sie wird dem wichtigen Thema auch nicht gerecht: Implizites Erfahrungswissen kann man nur auf freiwilliger Basis vermitteln", sagt Erlach.

Klaus North, Professor für Internationale Unternehmensführung an der Wiesbaden Business School, beobachtet in jüngster Vergangenheit allerdings auch positive Veränderungen: „Für viele Unternehmen ist Wissensmanagement inzwischen Teil ihres Geschäftsmodells", sagt er. Ein Grund dafür seien die neuen Arbeitsbiografien: „Gerade Führungskräfte bleiben oft nur noch wenige Jahre in ihren Positionen und entwickeln sich dann weiter." Als Best-Practice-Beispiel nennt der Wissenschaftler Volkswagen Coaching, eine Tochter des Wolfsburger Automobilkonzerns. Das Unternehmen hat ein standardisiertes Verfahren entwickelt, um das Wissen von ausscheidenden oder versetzten Schlüsselpersonen möglichst umfassend für deren Nachfolger aufzufangen: die sogenannte Wissensstafette. In diesem – inzwischen prämierten – Prozess führen der alte und der neue Stelleninhaber ein moderiertes Gespräch. Ziel ist es, möglichst viel Know-how des Scheidenden an den Neuankömmling weiterzureichen. Laut Unternehmensangaben hat die Wissensstafette die Einarbeitungszeit neuer Führungskräfte um etwa vier Wochen verkürzt.

Der Ruheständler Hans Dieter Wallerius und die Psychologin Christine Erlach sind seit der gemeinsamen Arbeit bei KSB befreundet. Wallerius-Nachfolger Werner Foshag ist inzwischen in einem KSB-Joint-Venture in China im Einsatz. Die fünf Einheiten, die er aus der einstigen Wallerius-Abteilung schuf, um das Wissen auf möglichst viele Personen zu verteilen, sind geblieben.

Freie Radikale

Was passiert mit einem Unternehmen, das einer Handvoll
Mitarbeitern plötzlich alle nur denkbaren Freiheiten
einräumt? Und was passiert mit den Teilnehmern eines
solchen Experiments? Der österreichische
Mineralölkonzern OMV probiert es gerade aus.

Von Harald Willenbrock

„Das Spannendste bei uns ist der Feueralarm."
Eine OMV-Mitarbeiterin über den Alltag in ihrem Unternehmen

L eise Lounge-Musik perlt aus einem Ghettoblaster, auf der Küchen-
zeile vertrocknen Käseschnittchen, während es vor den Fenstern
des Lofts so grau nieselt, wie es nur in Wien gräulich tröpfeln kann. Eigentlich müsste Nathalie Kleestorfer, 28, an diesem Dienstagmorgen irgendein
Mitarbeiter-Fortbildungsprogramm skizzieren. Richard Bachinger, 30, Ma-
schinenbauer, sollte eigentlich die weltweite IT-Vernetzung seines Arbeit-
gebers verbessern, der in 28 Ländern Öl fördert oder verkauft. Ingrid Hahn,
31, eine lebhafte Kommunikationsexpertin aus der Marketingabteilung,
würde sich normalerweise gerade um eine Unternehmensbroschüre oder
eine Kundenveranstaltung kümmern.

An diesem Morgen aber läuft wenig normal. Es geschieht überhaupt
ziemlich Ungewöhnliches bei der OMV Global Solutions, seit die Unter-
nehmensleitung vor einem guten Jahr dieses eigenwillige Experiment

begonnen hat. Es trägt den Namen „Future Architects" und ist, je nach Lesart, „ein individuelles Entwicklungsprogramm" (O-Ton OMV-Website), „eine Art Elitetruppe" (Johann Kandelsdorfer, Geschäftsführer der OMV Global Solutions) oder „eine Haltung" (Ingrid Hahn, Future-Architektin). Die Idee: Neun Mitarbeiter arbeiten neben ihren Jobs an ihrer eigenen sowie an der Entwicklung der Firma. Das klingt zunächst seltsam vertraut, schließlich laden Unternehmen Mitarbeiter gern ein, während Workshops doch mal kreativ herumzuspinnen, auf Wochenendseminaren das Unternehmen neu zu erfinden oder in Diskussionsgruppen Zukunftspotenziale zu entwickeln, um die Ideen dann unter einer Decke aus Sachzwängen, Einwänden und Verzögerungen kalt zu ersticken.

D ie Future Architects aber starteten anders. Als ein Programm ohne Programm, ohne Vorgaben und ohne Einmischung von außen, dafür mit allen Ressourcen und Freiheiten, die sie haben wollen. Ihr Auftrag: Denkt euch, eure Arbeit und das Unternehmen weiter – in welche Richtung, mit welchen Mitteln und welchen Zielen es euch auch immer richtig erscheinen mag. Carte blanche. Es ist ein Auftrag, wie ihn vermutlich kaum ein Unternehmen dieser Größenordnung jemals ausgestellt hat. Schon gar nicht die OMV.

Zur Erinnerung: Die Österreichische Mineralölverwaltung, jener gut 50 Jahre alte österreichische Öl- und Gaskonzern, ist mit 16 Milliarden Euro Marktkapitalisierung und 36 000 Mitarbeitern die größte Firma des Alpenlandes. Ihre Tochter, die OMV Global Solutions, füttert den Konzern als interner Dienstleister mit Beratungsdienstleistungen, Mitarbeitern, IT- und Gesundheitsservices. Wie die Konzernmutter ist auch die 1500 Köpfe starke OMV Global Solutions ein Unternehmen, das man sich grundsolider und nüchterner kaum denken kann. Die Unternehmenszentrale in der Wiener Leopoldstadt, ein Betonklotz mit mintgrün gestrichenen Fluchten, von denen rechts und links zig identische Bürozellen abgehen, könnte genauso gut die Verwaltung des Staatlichen Statistikamtes beherbergen. „An uns klebt so ein bisschen ein Graue-Maus-Image", räumt Geschäftsführer Johann Kandelsdorfer ein.

Genau deshalb sind Kleestorfer, Bachinger und Hahn an diesem Morgen nicht an ihren Arbeitsplätzen in der Leopoldstadt zu finden. Das angemietete offene, helle Studio eines Fotografen liegt nur zehn Autominuten, aber gefühlte Welten von der Amtsatmosphäre der Zentrale entfernt. Kleestorfer, Bachinger und Hahn eilen zwischen Arbeitstischen hin und her, beugen sich über Manuskripte und diskutieren mit Kollegen über eine Kundenbefragung, die sie gerade abgeschlossen haben. Alle neun sind zwischen 28 und 36 Jahre alt, alle kommen aus ganz unterschiedlichen Abteilungen (Buchhaltung, IT, Personalentwicklung, Marketing) der OMV Global Solutions, alle sind Teilnehmer dieses Experiments, das sich Karin Brunnmayr-Grüneis ausgedacht hat. Die Personalchefin der OMV Global Solutions ist 39 Jahre alt, war früher mal Personalchefin bei PricewaterhouseCoopers, lacht gern und viel und scheint gar nicht so recht ins technoide Ölgeschäft zu passen. Brunnmayr-Grüneis glaubt, dass sich Unternehmen heute nicht mehr als rationale Systeme steuern lassen, dass zur hochgeschätzten Betriebswirtschaftskunst bei Managern eine Sozialkunst kommen müsse. Deren Hauptaufgabe bestehe darin, in Unternehmen „ständige Erneuerungsprozesse bei gleichzeitiger Orientierung zu initiieren". Das gilt auch für sie selbst. Ihre persönliche Mission bei der OMV beschreibt Brunnmayr-Grüneis so: „die Lebenstemperatur der Organisation erhöhen".

K lassischerweise versuchen dies Personalmanager, indem sie Mitarbeiter auf teure Business Schools schicken – nur um ernüchtert festzustellen, „dass die Leute im Anschluss an solche Waschstraßenprogramme oft genauso weitermachen wie vorher". Also verfiel die oberste OMV-Personalerin auf die Idee, statt teurer Expertise von außen einfach mal freizulegen, was im Unternehmen selbst schlummert. Ein „virtueller Lernraum" schwebte ihr vor, in dem Mitarbeiter so intensiv wie möglich mit anderen Disziplinen, Denkweisen und Charakteren innerhalb des Unternehmens in Kontakt kommen sollten. Eine ungewöhnliche, permanente unternehmensinterne Frischzellenkur. Ein Forschungslabor. So entstanden die Future Architects.

Am ungewöhnlichsten war, dass Karin Brunnmayr-Grüneis von Anfang an eine Chance des Scheiterns mit einkalkulierte. „Wir werden sicher auf die eine oder andere Art gegen die Wand fahren", erklärt sie lakonisch. „Entweder weil Menschen mit einem solchen Freiraum eben doch nicht umgehen können und der Spirit verloren geht. Oder gerade deswegen, weil sie zu mutige Projekte angehen. Bei einem solchen Wagnis ist alles möglich."

Noch erstaunlicher ist lediglich der Umstand, dass die Geschäftsführung dieses Unterfangen anstandslos genehmigte. „Leute, die out of the box denken, können nur gut für uns sein", sagt Geschäftsführer Kandelsdorfer. Er ist unter anderem für die IT des Gesamtkonzerns zuständig, ein Mann der Zahlen, korrekt, grauer Anzug, perfekte Manieren. Das Projekt Future Architects winkte Kandelsdorfer in einer Mischung aus Mut und Naivität durch. „Wir hatten gar keine große Erwartungshaltung", erinnert er sich. „Wir wussten nicht so genau, was auf uns zukommt. Dass sich daraus so eine Art Elitetruppe entwickeln würde, konnten wir damals wirklich nicht ahnen."

Allerdings bestimmte die Geschäftsführung selbst, wer mit von der Partie sein würde. „Wir haben uns gefragt: Wer sind die Mitarbeiter, auf die wir setzen?", erzählt Brunnmayr-Grüneis. „Wer sind die Leute im Konzern, die ein Quäntchen risikofreudiger, mutiger, energiegeladener sind als andere?" Relativ schnell habe sich die Geschäftsführung auf dieselben Namen geeinigt – ausschließlich junge OMVler übrigens, „weil wir Leute suchten, die sich im Unternehmen und in ihrem Leben noch nicht so fest eingerichtet hatten".

Im Oktober 2006 fanden dann jene neun Mitarbeiter, die an diesem Vormittag über Werkplänen und Fragebögen brüteten, eine rätselhafte Einladung auf ihren Schreibtischen. „Keiner von uns hatte eine Ahnung, was ihn erwartet", erinnert sich Richard Bachinger, „die meisten kannten sich untereinander nicht einmal." Das erste Treffen in einem Hotel außerhalb Wiens begann ohne formelle Begrüßung, Reden, Agenda, Arbeitsgruppen oder Zielvorgaben, dafür aber mit einer ausgedehnten Pause, in der sich jeder selbst zurechtfinden und die anderen kennenlernen musste. „Dadurch wurde uns sofort klar, dass ab jetzt alles anders sein würde. Dass alles, was wir tun, erreichen oder eben nicht erreichen würden, nur von uns selbst abhing" (Nathalie Kleestorfer). Ingrid Hahn fand sich am Ende dieses Nachmittags in einem Weinberg liegend wieder, den Blick in den Himmel, den Kopf voll verwirrender Gedanken. „Von der Organisation an einem ganz normalen Mittwochnachmittag aufgefordert zu werden, innezuhalten und die wünschenswerteste Zukunft frei von Grenzen zu denken, war wirklich etwas Außergewöhnliches."

Fortan kamen die Future Architects jeden Montagmorgen als allererstem Termin der Woche zusammen. Mindestens zwei Tage pro Monat trafen sie sich zu Workshops, selbst organisiert, luden Architekten und Filmregisseure als Gesprächspartner hinzu. Reisten nach Berlin, weil dort „noch alles möglich scheint und es Leute gibt, die mit wenig Mitteln viel erreichen" (Nathalie Kleestorfer). Trafen sich in angemieteten Werkstätten, Lofts, einer Apotheke, einer Almhütte, dem „Museum of Young Arts" – überall dort, wo ungewöhnliche Umgebungen ungewöhnliche Ideen versprachen. Versuchten, nebenbei ihre eigentlichen Jobs im Unternehmen möglichst vollständig zu erfüllen.

Einzige Konstante in dieser Zeit war die Begleitung durch zwei Coachs des niederländischen NPI-Instituts für Organisationsentwicklung. Für Brunnmayr-Grüneis zeichnet sich die anthroposophisch orientierte Beratung dadurch aus, dass ihre Trainer „nicht irgendein Programm ausrollen, sondern zuhören und in der Gegenwart agieren können". Diese Wegbegleiter seien das „Zaubersalz" beim Experiment Future Architects gewesen, glaubt Richard Bachinger. „Sie haben uns immer wieder gerüttelt und +geschüttelt und uns klargemacht, was gerade passiert ist."

Mit den Zukunftsarchitekten spielten die Wegbegleiter Situationen aus dem Unternehmensalltag nach, schärften deren Selbstwahrnehmung, stellten Fragen, hörten zu, ermutigten. Das war umso wichtiger, als nach den Regeln des Experiments niemand Ziele und Grenzen für die Future Architects definiert – also konnte ihnen auch niemand sagen, wie weit sie gehen und wo sie aufhören sollen. Im „virtuellen Lernraum" gab es plötzlich keine Regeln mehr, warum die Dinge angeblich so sein müssen, wie sie sind – aber auch keine Entschuldigungen, warum man sie nicht einfach anders denken und tun könnte. In dieser Zeit, erklärt Kleestorfer, habe sie erstmals gelernt, Konventionen von Naturgesetzen zu unterscheiden. „Ich war immer eher Spielball als Spieler. Und plötzlich habe ich gemerkt: Ich generiere ja auch Realitäten. Ich kann mich, mein Unternehmen und die Art, wie dieses Unternehmen arbeitet, verändern. Ich bin heute mutiger. Das war ein echter Aha-Effekt."

Diesen Aha-Effekt erlebten in dieser Zeit auch andere im Unternehmen, und so endete die frühe Selbstfindungsphase der Future Architects mit zwei Überraschungen. Zuerst stürmten drei wütende Abteilungsleiter ins Büro der Geschäftsführung: Es könne nicht angehen, dass ständig Mitarbeiter für eine ominöse Truppe abgezogen würden, von der niemand im Unternehmen wisse, was sie überhaupt bringen solle, protestierten sie. Es stimmt, sagt Geschäftsführer Kandelsdorfer, es sei ein Fehler gewesen, im Unternehmen nicht ausreichend über Ziel und Zweck der Future Architects informiert zu haben. „Da fragen Kunden und Kollegen natürlich zu Recht: Was ist deren Added Value?"

Mittlerweile lässt sich der Mehrwert des Experiments klarer erkennen. Als Zweites standen nämlich die Future Architects selbst im Büro der Personalleiterin: Das Nachdenken über die eigene Entwicklung habe sie automatisch zum Nachdenken über die Entwicklung des Unternehmens gebracht, erklärten sie. Jetzt würden sie, nachdem sie in den ersten Monaten viel für sich getan hätten, gern etwas für das Unternehmen tun. Fünf Problemfelder, auf denen die OMV Global Solutions ihrer Meinung nach dringend etwas verändern müsste, hatten sie bereits identifiziert: Wissensmanagement, Vertrieb, Forschung und Entwicklung, die Motivation der Mitarbeiter und das Image des Unternehmens selbst. Bei genauem Hinsehen blieb eigentlich nicht viel, was die Future Architects nicht für veränderungswürdig hielten. Doch wieder gab ihnen die Geschäftsführung freie Bahn.

In diesem Moment verwandelten sich die Future Architects von einer Art Selbstfindungsgruppe in eine Guerillatruppe mit enormem Sprengpotenzial fürs Unternehmen. Gut möglich, dass in diesem Moment mancher Führungskraft klar wurde, welchen Geist sie da aus der Flasche gelassen hatten. „Es gibt Manager, die ganz glücklich sind, wenn Leute in irgendeinem Veränderungsprogramm vor sich hinwerkeln, aber nicht wirklich etwas verändern", sagt Karin Brunnmayr-Grüneis.

Die Future Architects aber meinten es ernst. Und machten von Anfang an ein paar Dinge anders als andere. Eines ihrer ersten Projekte war die sogenannte Kundenbefragung, jene jährliche Meinungsforschung unter den konzerninternen Kunden der OMV Global Solutions, die bislang auf standardisierten Fragebögen von einem externen Marktforschungsunternehmen abgehakt worden war. In diesem Jahr aber luden die Future Architects die Führungsspitze des Kunden OMV zu einem „Speed Dating", bei dem die Manager binnen weniger Minuten ihre spontanen Assoziationen zum Unternehmen zu Protokoll geben mussten. Wie fühlt sich die Firma an? Wie riecht sie? Wenn Sie einen Film über die Firma drehen würden: Welchen Titel würde er tragen? Wer spielte die Hauptrolle? Welches Filmgenre wäre für Ihr Unternehmensporträt passend?

Es war ein einfacher Trick. Doch er zwang die Befragten, mehr nachzudenken als bei einem online verschickten 08/15-Fragebogen. 13 von 16 Befragten entschieden sich überraschenderweise für den Western als Genre. Ein Manager nannte „Matrix" als passenden Titel. Warum? Weil die OMV wie die Matrix eine Art Doppelleben führe, antwortete er. Weil sie in Teilen undurchsichtig sei. Weil dort manche Dinge enorm schnell funktionierten, es aber andererseits drei Monate dauere, bis der bestellte USB-Stick geliefert wird.

A n diesem Herbstdienstagmorgen im Fotografen-Loft arbeiten die Future Architects gerade an der Auswertung der Befragung. Am Spätnachmittag wechseln sie zur Happy Hour ins benachbarte Kulturzentrum „Fluc". Dieses regelmäßige, kollektive, kostenlose Feierabendbiertrinken für sämtliche Mitarbeiter ist ebenfalls eine ihrer Erfindungen. Auch sie klingt nicht revolutionär, rührt aber an ein Grundproblem jeder Großorganisation: dass Abteilungen und Teams irgendwann kaum noch über die Grenzen ihrer Abteilungen und Teams hinwegsehen. Zur Happy Hour jedoch, wenn sich mehrere Hundert OMVler aus allen Abteilungen, Hierarchien und Büroetagen im Fluc einfinden und gar nicht anders können, als miteinander zu reden, fallen diese Grenzen. Zumindest für ein paar Stunden.

M it den Future Architects", konstatiert Brunnmayr-Grüneis, „haben wir das Garagenprinzip wieder in den Konzern geholt." Ganz nebenbei ist der virtuelle Lernraum ein perfektes Rekrutierungs- und Trainingsfeld, auf dem die OMV Spitzenkräfte erproben kann. Und er liefert eine mögliche Antwort auf die Frage aller Fragen für Konzerne: wie sich eine Firma, die mit dem Erfolg groß und schwerfällig geworden ist, wieder in Bewegung setzen lässt. Mithilfe externer Berater? Die kommen mit ehrgeizigen Konzepten, kosten viel Geld und sind bald wieder weg. Fortbildungen? Geraten im Alltag schnell wieder in Vergessenheit. Mit einer eigenen Innovations- und Strategieabteilung? Verfällt tendenziell in dasselbe Kastendenken wie andere Abteilungen auch.

Ein temporäres Forschungslabor aber, ausgestattet mit allen Freiheiten und mit ambitionierten Leuten, kann ein Unternehmen dauerhaft verändern. Weil in ihm die Alltagserfahrungen aus dem Unternehmen mit Luft zum Atmen angereichert werden. Weil diejenigen, die die Ideen nachher verwirklichen müssen, von Anfang an mit dabei sind. Und weil die Lösungen genau dort entstehen, wo auch die Probleme sind: im Unternehmen selbst.

Warum leistet sich dann nicht jedes Unternehmen ein solches Zukunftslabor? Ganz einfach: „Es braucht jemanden an der Spitze, der angstfrei ist", sagt Karin Brunnmayr-Grüneis. „Es funktioniert nur mit einem Management, das Fragezeichen auszuhalten vermag – und das können nicht viele." Bei der OMV haben jetzt, nach gut einem Jahr, zwei andere Konzernbereiche Interesse an eigenen Future-Architect-Teams angemeldet. Und wenn die Ursprungstruppe nach drei Jahren planmäßig auseinandergeht, sollen die Pioniere noch einige Zeit der zweiten Generation als Buddies zur Seite stehen.

So weit die optimistische Planung für die Zukunft. In der Gegenwart durchläuft die Gruppe jetzt, nach 15 Monaten, gerade ihre gefährlichste Phase. Wie weit können sie gehen? Was sind sie genau? Was wollen sie sein? Wie weit wollen sie das Unternehmen verändern, und was sind sie bereit, dafür zu leisten? Was, wenn sie an der Zukunft von OMV bauten, indem sie radikal dessen Gegenwart umräumten?

W enn das geschähe, sagt Johann Kandelsdorfer schulterzuckend, werde man Sinn und Zweck jeder einzelnen Forderung diskutieren müssen. „Wenn ein Umbauvorschlag Hand und Fuß hat und den Konzern optimiert, sollte man den Weg weiterverfolgen, auch wenn's wehtut." Das sei bei einem externen Berater nicht anders, der, wenn er gut sei, auch all dies täte – und bei dem man zudem viel Geld dafür bezahlen müsse.

Dabei sind sich die freien Radikalen selbst noch unschlüssig, was sie eigentlich genau sein wollen. Elitetruppe? Störfaktor? Oder Spaßfraktion? Für Anfang des Jahres ist ein Krisengespräch anberaumt, weil sich zunehmend „Wahrnehmungsdifferenzen" auftun, wie Ingrid Hahn sie nennt. „Für einige sind die Future Architects ein Programm, das sie auch wie ein Programm konsumieren. Andere wollen Realitäten generieren und das Unternehmen wirklich verändern. Diese Differenz beschäftigt die Gruppe. Hier Schiffbruch zu erleiden wäre natürlich schmerzhaft."

Selbst die sonst so enthusiastische Karin Brunnmayr-Grüneis klingt mittlerweile etwas müde. „Die Freiwilligkeit fordert ihren Tribut", seufzt sie. „Der besteht eben auch darin, dass es – anders als bei MBA-Programmen – keine Trittbrettfahrer geben darf." Möglich, dass es bei Erscheinen dieses Artikels nicht mehr neun, sondern nur noch fünf oder sechs Future Architects geben wird. Der schlimmste Fall wäre, dass die Gruppe zur harmlosen Spaßfraktion degeneriert, die niemandem weh- und daher vielen in der Firma guttut.

Oder, im Gegenteil: dass sie derart treffsicher die heiligen Kühe der OMV aufs Korn nimmt, bis die Geschäftsführung das Experiment beendet. Oder sie scheitert – und das ist die wahrscheinlichste Variante – am

Mangel an Mut, Selbstvertrauen und Energie, die ein solcher Marathon seinen Teilnehmern abverlangt. Und damit letztendlich an sich selbst.

Möglich ist bei diesem Experiment fast alles. Nur eines nicht: der Weg zurück. Wie ein Virus, das ein unvorsichtiger Forscher aus seinem Labor entweichen ließ, hat sich die Idee durch die mintgrünen Gänge der OMV Global Solutions fortgepflanzt und die Belegschaft infiziert. In jedem Stockwerk des Unternehmensbunkers hängt heute neben den Fahrstühlen ein Porträt eines Zukunftsarchitekten, der von seiner ganz persönlichen Vision fürs Unternehmen erzählt. Die klingen mitunter ziemlich abstrakt, manche Kollegen haben mit frotzeligen Bemerkungen reagiert, immer mehr aber fragen nach, was die Future Architects eigentlich tun und können. Alle haben registriert, dass es da noch eine andere Möglichkeit gibt, die OMV Global Solutions zu denken und in ihr zu arbeiten. Ein solches Virus lässt sich nie mehr einfangen.

„Wir stehen zuallererst für eine Haltung", sagt Ingrid Hahn. „Ein Unternehmen, das ein solches Experiment begonnen hat, kann es nicht eines Tages einfach beenden. Es geht weiter. Immer weiter." ◄

„Freie Radikale" erschien zuerst in brand eins 02/2008.

• • •

Und heute?

Besucher der neuen Firmenzentrale des österreichischen Mineralölkonzerns OMV werden in diesem Frühsommer symbolträchtig begrüßt. In der Eingangshalle stehen zwei riesige Plasmabildschirme, auf denen eine Installation der Wiener Künstlerin Julia Zdarsky alias Starsky zu sehen ist. „In 80 Fragen um die Welt" lautet der Titel, und der ist durchaus programmatisch gemeint, sagt Ingrid Zbonek, ehemals Hahn. Jeden Tag werden Besucher und Mitarbeiter hier in Video- und Textmontagen mit einer neuen Frage konfrontiert: Worauf wartest du? Wer hat dich gefragt? Ist Liebe ein Driving Value? Bist du unter Kontrolle? Diese Kunstinstallation, so Zbonek, sei ein gutes Beispiel dafür, wie nachhaltig das als

Experiment gestartete Future-Architects-Programm im Konzern gewirkt habe: „Die gesamte Unternehmenskultur hat sich geändert. Als mutig oder kompetent gilt nicht mehr, wer überlegen ist, sondern derjenige, der offen, neugierig und auf der Suche ist." Die Idee für das Projekt stammt – logisch – von drei Zukunftsarchitekten.

Offiziell gibt es die Zukunftsarchitekten nicht mehr, das Programm ist im vergangenen Jahr ausgelaufen, aber es hat bereits einen Nachfolger gefunden: Im Januar 2010 starteten zwölf Mitarbeiter aus dem gesamten Konzern, die sich Driving Values Advocats nennen und herausfinden sollen, wie es um die Werte im Unternehmen bestellt ist.

Als Auftakt unternahm die Gruppe eine „Lebenstemperaturmessung" im Konzern. Auf die Ergebnisse darf man gespannt sein. Für Ingrid Zbonek, inzwischen Leiterin der internen Kommunikation im gesamten Konzern, steht schon heute fest, dass die Driving Values Advocats nicht nur OMV nachhaltig verändern werden: „Für mich hat sich aus dem Future-Architects-Programm eine ganz andere Haltung dem Unternehmen, eigentlich dem ganzen Leben gegenüber entwickelt."

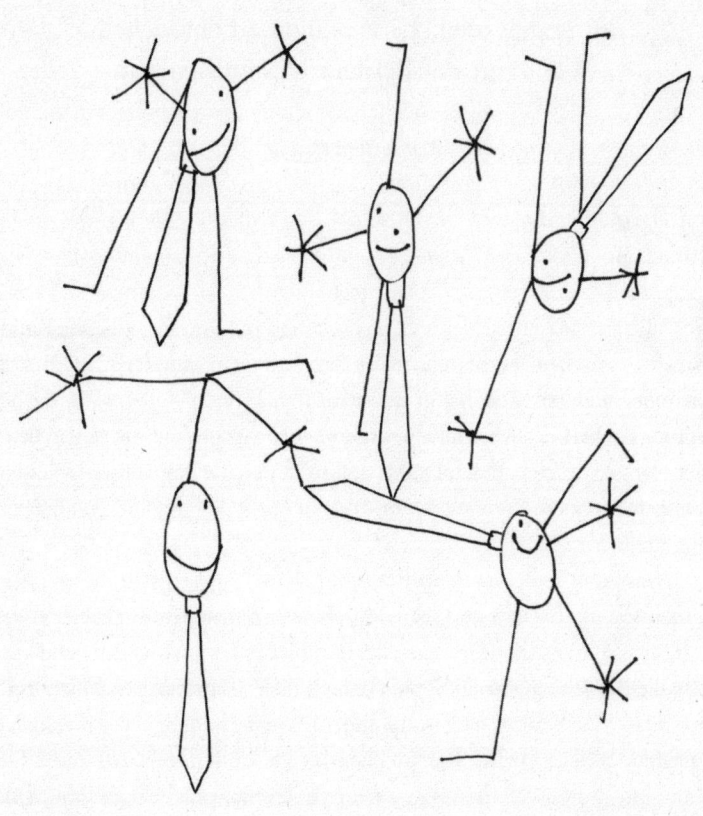

Denkende Hände

Wenn Gestalter auf Handwerker treffen, entsteht Reibung.
Diese Energie lässt sich nutzen,
um ungewöhnliche Produkte zu entwickeln.
Wie, zeigt der Berliner Design Reaktor.

Von Andreas Molitor

D iese Maschine hier haben wir damals mit unserem eigenen Ratiomittelbau hergestellt." Der Satz mit dem wunderlichen Begriff
aus einer anderen Zeit hängt noch in dem kleinen Kellerraum, da hat
Günter Bachert das Maschinchen schon angeworfen und mit einem etwa
meterlangen Stück geraden Drahts gefüttert, den der Apparat unter leisem
Rumpeln zu einem Kreis zurechtbiegt – mit exakt dem Radius, den Bachert
eingestellt hat.

„Was zum Teufel ist denn Ratiomittelbau?", fragen sich die vier Studenten, die um Bachert und seine Maschine herumstehen. Da keiner etwas
sagt, muss Berlins einziger Hersteller kompletter Lampenschirme erklären,
dass die Betriebe in der DDR sich damals viele „Rationalisierungsmittel",
also Maschinen, Werkzeuge und andere Gerätschaften, selbst herstellen
mussten, weil es nichts Entsprechendes zu kaufen gab. Als die DDR
unterging, waren die vier jungen Leute noch nicht mal eingeschult. Und
so staunen sie noch mehr, als Bacherts Ehefrau Marina erzählt, wie begehrt
die Lampenschirme aus ihrer Fertigung zu jener Zeit waren. „Zweimal
im Jahr war Annahme", sagt sie. „Dann standen Leute aus der ganzen
Republik vor der Tür und wollten von uns einen Lampenschirm bezogen
haben. Sie können sich gar nicht vorstellen, was da los war. Wir haben
Wartemarken ausgegeben."

In der Lampenschirmwerkstatt der Eheleute Bachert, die im Laufe der Jahre nach der Wiedervereinigung auf ein kleines Atelier im Keller ihres Einfamilienhauses im Berliner Stadtteil Köpenick geschrumpft ist, sitzen Marina und Günter Bachert, Fionn Dobbin, Joscha Brose, Martinka Edoga und Linda Löser. Zwei bodenständige Handwerker in Hausschuhen treffen auf vier Studentinnen und Studenten der Berliner Universität der Künste, die mit hochfliegenden Ideen und fein gesponnenen Kommunikationsstrategien kunstvoll jonglieren.

Vier Mittzwanziger und zwei Mittsechziger in einem Ambiente aus Drahtrollen, halb fertigen Lampenschirmen, Stoffen, Gestellen und Werkzeug. Sie reden über etwas, das sie vor einigen Monaten in einer außergewöhnlichen Kooperation erdacht und erschaffen haben: eine Lampe, besser, ein 17-teiliges Sortiment von Lampenfragmenten, die sich zu individuellen Leuchten zusammenfügen lassen. Schon der Name – Fragment Store Nr. 01 – zeugt vom Patchwork-Konzept.

D ie Bacherts und die Studenten reden zwar über ihr gemeinsames Geschöpf, aber sie betrachten es aus verschiedenen Galaxien. Martinka Edoga, als Studentin der Gesellschafts- und Wirtschaftskommunikation fürs Strategische zuständig, sieht die „Austauschfragmente durchaus als Gegenentwurf zur Wegwerfmentalität". Die Fragment-Store-Lampe sei nichts anderes als „der Open-Source-Gedanke, in die klassische Produktwelt übertragen". Da staunen die Bacherts. „Open Source" klingt in ihren Ohren genauso verrätselt wie „Ratiomittelbau" für die Studenten. Ob sie „durch die Fragmentarisierung den Kunden und seine Entscheidungsprozesse letztlich besser kennenlernen", ist nicht so sehr ihr Problem. Hauptsache, es gibt überhaupt Kunden. Und Aufträge, die auch etwas einbringen. Kürzlich wollte die Berliner Volksbühne einen größeren Posten Lampenschirme ordern, sagt Marina Bachert, „aber am liebsten für zehn Euro das Stück. Wenn ich mich darauf einlasse, kann ich meiner Näherin ja nur noch drei oder vier Euro die Stunde bezahlen."

Die individualisierte, im Köpenicker Keller beschirmte Lampe ist der vielleicht avantgardistischste von 57 Prototypen, die der Design Reaktor

Berlin hervorgebracht hat, ein bundesweit einzigartiges interdisziplinäres Forschungsprojekt der Berliner Universität der Künste (UdK). Der Reaktor brachte im Frühjahr und Sommer dieses Jahres Design-Studenten und Berliner Handwerker zusammen. Zwei Welten, die normalerweise wenig verbindet und die sich auch nicht allzu sehr füreinander interessieren.

Im Reaktorkern sollen die alte und die neue kreative Wirtschaft verschmelzen oder zumindest näher rücken. „Durch Vernetzung und gegenseitige Befeuerung wollen wir zu kreativen Eruptionen kommen", formuliert Axel Kufus, Professor für Produkt-Design an der Universität der Künste und Erfinder des Projektes, den Anspruch. Mit „Eruptionen" meint Kufus letztlich: funktionsfähige Prototypen.

„Hunderte von Blättern mit blöden Zeichnungen zu beschriften lohnt sich nicht", sagt er. „Uns geht es darum, Produkte zu entwickeln, die man sehen und anfassen kann." Und zwar binnen kurzer Zeit. „Wir mussten eine Situation schaffen, die unter Druck steht wie ein Reaktorkessel", erklärt Kufus. „Ohne Erfindungsdruck kommt keine Reaktion zustande."

Axel Kufus, der Kopf des Projektes, steht mit seiner eigenen Biografie Modell für den interdisziplinären Ansatz. Der 49-Jährige ist Handwerker und Gestalter in einer Person. Bevor er sich den Ruf eines renommierten Designers erwarb und beispielsweise für Nils Holger Moormann das berühmte Egal-Regalsystem kreierte, arbeitete er als Schreinermeister mit eigener Werkstatt, meist in Kooperativen mit anderen Handwerksbetrieben.

Im Reaktor-Experiment hofft Kufus, tradierte Rollen so weit wie möglich zu verändern. Weder sollen die Design-Studenten die Produkte der Handwerker aufhübschen, noch soll das Handwerk als bloßer Fertigungsgehilfe für die kühnen Entwürfe der Designer herhalten. Beide Seiten waren aufgefordert, ihre Kompetenzen in etwas völlig Neues, durch die Kooperation erst Entstehendes einzubringen. „Wir sehen das Handwerk durchaus als Teil der Kreativ-Industrie", sagt Co-Projektleiter Joachim Schirrmacher. „Wir sprechen gern von denkenden Händen."

So wird die Werkstatt zum Entwicklungslabor. Neues soll durch Reibung, durch die Auseinandersetzung der Designer mit den Handwerkern entstehen. „Diese Nähe der Gestalter zu den Werkstätten brauchen wir", sagt Schirrmacher, „damit wir Produkte bekommen, die sich unterscheiden, Produkte mit Seele."

Das im Reaktor herrschende Prinzip ständiger Irritation dürfte mancher junge Designer als Provokation empfunden haben. „Viele Gestalter sind relativ eitel", sagt Axel Kufus, „die wollen nicht, dass an ihren Entwürfen auch nur das Kleinste verändert wird. Im Reaktor werden sie schon in einer relativ frühen Phase irritiert, damit sie mit anderen Studenten, mit den Handwerkern und externen Experten immer wieder darüber nachdenken, welche verborgenen Potenziale in einer Idee stecken könnten."

Die sechsmonatige Kooperation führte zu Beseeltem und Nützlichem, Genialischem und Randständigem, Verspieltem und Abgedrehtem in sämtlichen Schattierungen zwischen Experiment und Kommerz. Zu Kleidungsstücken etwa, auf denen sich eine Stimme, nach Lautstärke, Frequenzen und Modulation digital gerastert, höchst individuell im Strickmuster verewigt. Einem Lineal, das die gemessene Entfernung digital anzeigt. Einem Teebeutel, der Auskunft darüber erteilt, wann der Tee fertig ist. Einem Gartensprenger namens Garden Gun 5.1 in Gestalt eines Revolvers. Einem modular aufgebauten Fahrradkoffer. Und zu einer mit Mozzarella gefüllten Kühlmaske für leidende Augen nach durchzechter Nacht.

Immerhin zehn Prototypen waren innovativ und interessant genug, im Bundeskanzleramt ausgestellt zu werden.

D as Projekt begann mit einer Recherche. Ein Trupp von zehn Studenten-Scouts zog durch die Berliner Gewerbehöfe und ging im Internet auf Handwerkersuche. Man blätterte in den Gelben Seiten und stöberte bei My-hammer.de. Mehr oder weniger systematisch untersuchten die Studenten die Kompetenzen der Berliner Handwerkerschaft, die traditionell nur wenig besser angesehen ist als Berliner Busfahrer. Aus anfangs rund 300 Betrieben wurden schließlich 52 ausgewählt.

Was die Betriebe herstellten oder gern herstellen würden, war für die Auswahl nicht maßgeblich. Es ging um Kompetenzen, Techniken, Know-how und Materialien als Spielzeug für die Produktion im Kreativitäts-kraftwerk. „Wo wittern wir etwas?", fragten sich die Reaktor-Baumeister unablässig. Unter den schließlich ausgewählten Gewerken finden sich ein Seifenhersteller und eine Mozzarella-Käserei, ein Bonbonmacher und ein Bootsbauer, ein Schuster und ein Sattler, ein Drechsler und ein Dildo-Produzent.

D ie Teams aus Studenten und Handwerkern mussten sich erst noch finden. Der Reaktorkreis fungierte als Kompetenzen-Kon-takthof, auf dem die Kooperationspartner quasi übereinander stolperten. „Ein Gefäß, in das die gesamten Potenziale und Kompetenzen geworfen wurden", sagt Judith Seng, die Dritte im Projektleitungs-Triumvirat. „In diesem Gefäß sollten sie dann miteinander reagieren."

Was auch geschah. In einem zweiwöchigen Workshop-Cluster ent-wickelten die Studenten mit externen Designern, Marketing- und Kreativ-Chefs erste Ideen-Rohlinge – die sie anschließend mit den Handwerkern ihrer Wahl verfeinern und zu Prototypen umschmieden wollten.

Grundlage für die Entscheidung der Jury, welche der zunächst 110 Projektideen weiterentwickelt werden sollten, waren von den Studen-ten-Handwerker-Teams gemeinsam erstellte Machbarkeitsstudien. Ist die Idee überhaupt zu akzeptablen Kosten realisierbar? Was könnte eine Produktion in Kleinserie kosten? Wer wird Geld für etwas ausgeben wollen, das eigentlich niemand braucht? Wie dichtet man die Produkt-Story? Warum muss es dieses Produkt geben? In welchen Lebenswelten ist dafür Platz?

Einige Male wurde daraufhin das gleiche Produkt in unterschiedlich teuren Ausführungen entwickelt. „Hasso & Friends" beispielsweise, eine Halskrause für Hunde, die sich verletzt haben und nicht am Verband knab-bern dürfen, gibt es sowohl in einer Premium-Variante mit feinem Leder-bezug und Riemchenverschluss als auch in einer Low-Budget-Ausführung aus nacktem Polypropylen mit Druckknöpfen.

Die meisten Ideen entstanden nicht mit dem Ziel einer kommerziellen Verwertung. „Dann wären nie solche Produkte herausgekommen", sagt Axel Kufus. „Wir haben mehr so eine Art Ursuppe zusammengebraut. Daraus ergeben sich dann Mutationen und Eruptionen, die letztlich in die Prototypen mündeten." Manches entstand systematisch, anderes durch systematisch herbeigeführten Zufall. So beispielsweise bei „Temae" – einem Teebeutel mit einem Streifen auf dem Etikett, der anzeigt, wann der Tee lange genug gezogen hat.

Die Ideensuche begann ausgesprochen anarchisch mit einem Roulette, bestückt mit 20 Begriffen aus der analogen Welt, darunter Schwamm, Hammer, Zucker und eben Teebeutel. Ein danebenstehendes Glücksrad wurde mit Begriffen aus der digitalen Welt gefüttert. Die Roulettekugel blieb auf „Teebeutel" liegen, das Glücksrad kam bei „Progress Bar" (Fortschrittsbalken) zum Stillstand.

Kufus vergleicht das wuselige Ideen-Potpourri im Reaktor mit einem nächtlichen Hungeranfall. „Man geht an den Kühlschrank und überlegt: Was ist da drin, was kann ich mir daraus kochen?"

Sabina Turek und Miriam Lehnart, zwei Industriedesign-Studentinnen im gleichen Semester, kamen „irgendwie auf 'nen Kamm". Sabina Turek fiel dabei ihr Großvater ein. Der hatte immer einen Kamm in der Jacketttasche stecken. Die beiden Designerinnen bemächtigten sich der Idee des kreativen Missbrauchs und beraubten den Kamm seiner Funktion. Die Zacken aus Horn oder Kunststoff ersetzten sie durch das, was ein Kamm eigentlich in Form bringen soll: Haare. Sie gewannen zwei Handwerksbetriebe – einen Perückenmacher und eine Lederwerkstatt – als Partner. Das von Rind- oder Rochenleder zusammengehaltene Haarwerk namens „Von Skalp" soll als Schmuck um den Hals getragen werden, an einer Kette aus geschwärztem Silber.

Beim Fragment Store kam indes kein Gestalter, sondern der Handwerker auf die bahnbrechende Idee. „Man kann die Lampenschirme doch auch wie Kegel übereinanderstellen", schlug Günter Bachert den Studenten vor, „oder sie einfach umdrehen – wieso eigentlich nicht?"

Plötzlich bekam die Fragment-Idee Raum und Weite. Warum sollte man nicht auch drei Lampenfüße übereinanderstellen? Mit einem Mal ergaben sich fast unendlich viele Varianten aus beliebig übereinander angeordneten Lampenfragmenten, allesamt verbunden durch beidseitig einsetzbare magnetische Stecker, die den Niedervoltstrom durchleiten. „Das war der kreative Moment", erinnert sich Linda Löser, eine der Studentinnen im Fragment-Team. „Einen Lampenschirm umdrehen, da kommt doch keiner drauf. Da hat es angefangen, richtig Spaß zu machen."

Reichlich verliebt waren die Studenten am Anfang in ihre Idee eines „Abhol-Parcours". Die Kunden sollten sich die ausgewählten Lampenteile bei den fünf Handwerksbetrieben abholen. Außer den Bacherts sind ein Drechsler beteiligt, ein Galvanisierbetrieb sowie Spezialfirmen für Laser-Anwendungen und Oberflächenveredlung. „Der Kunde sieht sein Produkt von Station zu Station wachsen, er kann das jeweilige Handwerk sinnlich erfahren, und der Geruch der Werkstatt hängt noch an den Fragmenten", wunschträumten die Studenten.

D ie Handwerker allerdings fanden die Idee, dass ständig wildfremde Leute irgendwelche Einzelteile bei ihnen abholten, nicht so gut. Auch hätte die Abhol-Sternfahrt mit Stationen in Marzahn, Kreuzberg, Schöneberg und Köpenick wohl auch den duldsamsten Kunden an den Rand des Nervenzusammenbruchs gebracht.

Was wird aus den 57 Prototypen? Sind marktfähige Produkte dabei? Und welchen Nutzen ziehen die Handwerker letztlich aus ihrer Koope-ration? Im Hause Kufus ist viel von „individuellen Vermarktungsstrate-gien" die Rede, eine nette Umschreibung dafür, dass ein jeder sich selbst kümmern möge. 10, maximal 15 Prototypen, die aussichtsreichsten ver-mutlich, sollen allerdings mit Bordmitteln des Reaktors zur Serienreife gebracht werden.

Auf den einen oder anderen Durchbruch setzt auch Berlins Wirt-schaftssenator Harald Wolf (Die Linke). Schließlich hat er den Design Reaktor aus Haushaltsmitteln mit rund 250 000 Euro unterstützt. Beson-ders wichtig ist ihm eine Perspektive für die Handwerksbetriebe. Ein wenig vom Glanz der Entwürfe möge auch auf sie fallen, hofft er. „Sollten Prototypen in Serie gehen, legen wir Wert darauf, dass möglichst viel auch in Berlin produziert wird", formuliert die Senatsverwaltung für Wirtschaft ihren Anspruch.

Ob sich diese Hoffnung erfüllt, ist zumindest fraglich. Axel Kufus bezweifelt, dass der Reaktor eine dauerhafte Produktionsplattform für das Berliner Handwerk sein kann. „Wir haben die Betriebe nicht in erster Linie als künftige Produzenten angesprochen, sondern als Mitentwickler." Als solche würden sie immerhin an künftigen Einnahmen beteiligt. Einige Produkte seien ohnehin – wenn überhaupt – nur in großindustriellem Maßstab vorstellbar.

K ufus denkt dabei besonders an „Music Drop", einen knapp vier Zentimeter langen Tropfen aus Silikon, ausgestattet mit Speicherchip, Mini-Lautsprecher und Batterie, den man ins Ohr steckt. Ursprünglich sollte genau ein Lied, das auch nur einmal abgespielt werden kann, auf den Tonträger passen. Mittlerweile bringen die Entwickler schon eine ganze CD unter. Vielleicht könnten Apple oder Sony aus der Idee einen Millionen-Seller machen. „So etwas hat nur in der Massenproduktion eine Chance", befindet Kufus, „fürs Handwerk ist das nichts."

Auch das Trikoton-Team, die Erfinder der gestrickten Stimme, setzt gezwungenermaßen auf die Industrie als Produktionspartner. Magdalena Kohler und Hanna Wiesener, die beiden Designerinnen, bauen zurzeit eine Internet-Verkaufsplattform auf.

Auf der Website soll der Kunde die gewünschte Sprachnachricht oder auch ein Lied aufnehmen und dabei das spätere Strickmuster schon auf dem Monitor sehen. Mit der bisher eingesetzten Hausstrickmaschine ist das nicht machbar. Gestrickt wird daher künftig in einer Industriestrickerei im thüringischen Apolda. Im Werkstattkeller der Bacherts ist man beim gleichen Thema angelangt.

Marina Bachert: „Hunderte oder Tausende Lampenschirme könnten wir hier in dem kleinen Keller gar nicht produzieren. Wie soll das gehen?" Martinka Edoga: „Aber wir wollen auf keinen Fall dahin, dass wir Fragment

Store hier entwickeln und letzten Endes in China produzieren. Das muss in Berlin bleiben!"

Fionn Dobbin: „Das sehe ich anders. Diese Lampe ist so aufwendig und komplex, die ist ausschließlich mit Partnern aus dem Berliner Handwerk nicht machbar."

Joscha Brose: „Jedenfalls nicht zu verkäuflichen Preisen."

Fionn Dobbin: „Frau Bachert, vielleicht fliegen Sie demnächst nach China und sehen sich dort Produktionsbetriebe an."

Marina Bachert lächelt milde. ➤

www.design-reaktor.de

„Denkende Hände" erschien zuerst in brand eins 12/2007.

• • •

Und heute?

Von den 57 Prototypen, die im Berliner Design Reaktor entwickelt wurden, haben es bisher zwei Produkte auf den Markt geschafft: Nola heißt die LED-Pendelleuchte von Lars Dinter, deren Licht trotz moderner Leuchtmittel eher an Kerzenschein erinnert und inzwischen von dem renommierten Lampenproduzenten Anta ins Programm aufgenommen wurde. Vor zwei Jahren wurde Nola vom Rat für Formgebung als „Light of the future 2008" ausgezeichnet. Inspiriert wurde Dinter bei der Entwicklung der Lampe von den hölzernen Negativformen einer Metalldrückerei, die auch die ersten Modelle hergestellt hat.

Produkt Nummer zwei ist der Aschenbecher „Dune" aus gepresstem Sand, der in vielen Museums-Shops verkauft wird. Entwickelt hat ihn Jakob Diezinger, ebenfalls Student an der UdK, der sich von Metallgussformen, einem Wegwerfprodukt vieler Produktionsprozesse, inspirieren ließ. Bei Dune wird dieser Abfall zum Produkt. Vertrieben und gefördert wird es von Jörg Klambt, der mit seiner Firma muse bundesweit Designartikel für Museums-Shops entwickelt.

Das bis zum Herbst 2008 befristete Forschungsprojekt hat inzwischen einen Nachfolger gefunden. Nach Vorbild des Design Reaktors ist eine neue Projektwerkstatt namens „Bionik und Design" entstanden, in der Studenten der UdK gemeinsam mit Studenten der benachbarten Technischen Universität (TU) nach neuen Produktlösungen suchen.

Die engere Verzahnung der beiden Hochschulen ist auch politisch gewünscht: Neben dem Technologiepark Berlin Adlershof, einem der größten deutschen Wissenschaftsparks, soll in der Metropole ein zweiter Wissenshort entstehen. Das Großprojekt Navi BC (Nachhaltige Vitalisierung Berlin-Charlottenburg) wird von der EU gefördert und verknüpft Wissenschaft, Wirtschaft und Kultur, um den innerstädtischen Bezirk zu einem attraktiven Standort für Forscher, Unternehmer und Kreative zu machen. Aus dem Campus rund um die TU und die UdK soll dereinst „Charlottenburg Valley" werden – ein riesiges Ideenlabor, in dem alle Disziplinen zusammenarbeiten.

Der große Graben

Alle reden vom Fachkräftemangel – aber nur wenige
kommen auf die Idee, die Spezialisten dort
zu suchen, wo sie Schlange stehen: auf dem Arbeitsamt.
Als Arbeitssuchende über 45 Jahre.

Von Jens Tönnesmann

„Wenn man über jung und alt spricht, ist man schon auf dem Holzweg.
(…) Es ist kein Prädikat, jung zu sein, keine Leistung.
Es ist jeder mal jung und mal alt.“
(Ein älterer Entwickler über das Alter. Alle Zitate aus: „Der innovative Ältere“, 2006)

I. ZUM BEISPIEL PIRMASENS

Wer am Bahnhof von Pirmasens bei Artur Stock ins Taxi steigt und den
61-Jährigen auf das Thema „Fachkräftemangel" anspricht, kann sich auf
eine Empörungswelle einstellen. „Fachgräftemangel? Das regt mich uff!
Die Herre' Unternehmer habbe kei' Fachgräfte weitergebildet und die Alde'
aufs Abstellgleis geschobbe", schimpft der Pfälzer und geht mit einem
Ruck auf die Bremse. „Das is' doch verrückt, dass ma' mit vierzisch, fünf-
zisch Johr scho' zu alt sei' soll!" Jahrelang hat Stock als Facharbeiter für
einen Zulieferer in der Schuhindustrie gearbeitet. Als Arbeit anderswo
billiger zu haben war, zog die Schuhindustrie fort aus Pirmasens. Der
Zulieferer ging pleite, und Stock wurde arbeitslos. Da war er Mitte 50.

In Pirmasens hat die sterbende Schuhindustrie in den vergangenen Jahren zahlreiche Arbeitslose produziert. Die Quote liegt heute bei rund 15 Prozent. Man müsste erwarten, dass die Leute in der Arbeitsagentur Schlange stehen. Doch heute steht da nur Andreas Grundacker von der Firma Tehalit, die Kunststoffprodukte herstellt. Und er sucht keine Arbeit, sondern Arbeiter. Genau wie die anderen Firmen, die zum Branchentag Metall/Elektro in die Pirmasenser Arbeitsagentur gekommen sind. „In den technischen Berufen finden wir keine Leute", sagt Grundacker, „und noch viel schlimmer ist es im Kunststoffbereich." Besonders Kunststoffformgeber seien gefragt, man nähme fast jeden, der etwas davon verstehe.

Kunststoffformgeber – das sind genau die Leute, die Artur Stock früher ausgebildet hat. Heute fährt er dummerweise Taxi.

II. DAS FACHKRÄFTE-PARADOXON

Dummerweise sind Pirmasens, die kleine Stadt in Rheinland-Pfalz, und Tehalit, ein mittelständisches Unternehmen, typisch für die Republik: Während ältere Facharbeiter und Ingenieure arbeitslos sind oder sich mit Gelegenheitsjobs über Wasser halten, klagen Firmen über Fachkräftemangel.

Um sich ein Bild von dieser vertrackten Lage zu machen, muss man nur beim Verband Deutscher Maschinen- und Anlagenbauer nachfragen, beim Deutschen Industrie- und Handelskammertag oder beim Verein Deutscher Ingenieure, kurz VDI. Dessen Präsident Bruno O. Braun, 65, sagt: „Wir spüren den Fachkräftemangel überall, insbesondere im Mittelstand." Fast 50 000 Ingenieursstellen habe die Wirtschaft 2006 nicht besetzen können; allein der TÜV Rheinland, dessen Vorstandsvorsitzender Braun ist, zählte diesen Sommer 150 offene Stellen. Gern zitiert er eine aktuelle Studie des Wirtschaftsministeriums: „Der Fachkräftemangel kostet Deutschland jedes Jahr rund 20 Milliarden Euro", sagt der Präsident und hebt die Stimme. „Das ist fast ein Prozent des Bruttoinlandsprodukts!"

Franziska Schreyer hält all diese Zahlen für wenig plausibel. Die Klagen über den Fachkräftemangel sind nach ihrer Einschätzung überzogen. Schreyer ist Wissenschaftlerin am Institut für Arbeitsmarkt- und Berufsforschung in Nürnberg und beschäftigt sich speziell mit dem Arbeitsmarkt für Ingenieure. Sie sagt: „Wir sprechen ganz bewusst nicht von einem Mangel. Der Arbeitsmarkt ist nicht so leer gefegt, wie oft behauptet wird." Ihren Zahlen zufolge gab es im August immer noch rund 24 000 arbeitslos gemeldete Ingenieure. Tatsächlich dürften es noch mehr sein, denn aus statistischen Gründen seien die Ingenieure „untererfasst", sagt sie.

Als Schreyer die Zahl im September veröffentlichte, blieben die Wirtschaftsverbände stumm. Denn sie hatte eine empfindliche Stelle getroffen. Statt Kritik aus der Wirtschaft bekam sie plötzlich Briefe und E-Mails von älteren arbeitslosen Ingenieuren, die ihr beipflichteten. Fast die Hälfte der arbeitslosen Ingenieure, das zeigen Schreyers Zahlen, ist über 50. „Diese Potenziale sollte man nutzen", sagt Franziska Schreyer, „aber Betriebe stellen ältere Ingenieure sogar seltener ein als früher."

„Wir brauchen jemanden, der den Karren aus dem Dreck zieht.
Die Alten brauchen wir, wenn es Schwierigkeiten gibt. (…)
Immer dann, wenn es ans Eingemachte geht."
(Ein Entwickler über ältere Kollegen)

III. DIE GRÜNDE

Die Suche nach Erklärungen für diesen Widerspruch führt zu Josef Reindl, einem Mittfünfziger der besonders agilen Art. Der Industriesoziologe vom Saarbrücker Institut für Sozialforschung und Sozialwirtschaft springt im Interview immer wieder auf, zieht Mappen und Broschüren hervor, öffnet das Fenster und schließt es wieder, blickt von Zeit zu Zeit in sein E-Mail-Postfach und denkt sich hinter der faltigen Stirn innerhalb kürzester Zeit Formulierungen aus, die ebenso exakt wie gewandt klingen. „Natürlich glaube ich nicht an den Fachkräftemangel", sagt Reindl. „Ich glaube vielmehr daran, dass wir die Älteren zu schnell hinausjagen aus den Unternehmen. Das war lange eine große gesellschaftliche Übereinkunft – angeblich, damit die Jüngeren eine Chance haben. Aber diese Rechnung ist nicht aufgegangen."

Josef Reindl erforscht seit Jahren, wie Unternehmen mit dem demografischen Wandel umgehen und zugleich innovativ bleiben können. Er hat zahlreiche größere Projekte begleitet und die Innovationsabteilungen aller möglichen Firmen besucht; und er hat Handbücher geschrieben, die den Konzernen helfen sollen, den Wandel zu meistern. In seinem Regal stehen Bücher, die verheißungsvolle Titel tragen wie „Das Neue".

Zuletzt hat Reindl sich allerdings mit dem „innovativen Älteren" beschäftigt. So heißt die jüngste Studie, für die er mit zwei Kollegen die Rolle älterer Fachkräfte in Entwicklungsabteilungen von elf Unternehmen untersucht hat – vom Automobilkonzern über eine Großbank und einen großen IT-Dienstleister bis zum familiengeführten mittelständischen Maschinenbaubetrieb. Dabei stellte er zunächst einmal überrascht fest, dass Ältere in den Entwicklungsabteilungen nur noch selten anzutreffen sind. Wo das Neue entsteht, sind Alte kaum noch gefragt.

Auf der Suche nach den Ursachen führten die Forscher lange Gespräche, an deren Ende sich das Interview-Material auf Reindls Schreibtisch stapelte. 1500 Seiten Papier, die ein ungünstiges Licht werfen auf die Unternehmen dieses Landes. „Das Merkwürdige ist, dass die Manager und Personaler ihre älteren Mitarbeiter zwar meistens loben", sagt Reindl, „aber gleichzeitig keine Älteren einstellen."

Die Gründe für diese „Altersstereotype" (Reindl) sind vielfältig. Natürlich könne man nicht davon ausgehen, dass alle arbeitslosen Ingenieure dem Arbeitsmarkt per se zur Verfügung stünden. Um sie wieder auf den aktuellen Stand zu bringen, seien öffentliche Institutionen genauso gefordert wie Unternehmen. Doch bisher bleiben die arbeitslosen Experten sich selbst überlassen: „Neue Mitarbeiter müssen passgenau von null auf hundert da sein", sagt Reindl. Das schafft keiner, der über einen längeren Zeitraum arbeitslos war. Ein weiterer Grund: „Die Unternehmen schrauben die Anforderungen zu hoch", sagt er. „Man muss Sprachen können, interdisziplinär sein, Soft Skills haben. Dabei sind viele Projekte letztlich Fabrikarbeit."

Dazu komme ein immer stärker ausgeprägtes Kostendenken, das Investitionen in Personal schwieriger mache – gerade in Arbeitslose, deren Erfolgsaussichten ein Arbeitgeber schlecht einzuschätzen weiß. Ganz nach dem Motto: Was kann schon jemand leisten, der entlassen worden oder lange arbeitslos gewesen ist? „Der Personalchef versucht, seine Unsicherheit mit Objektivierungen zu umgehen", sagt Josef Reindl. Schon hier schneiden die Älteren schlechter ab, denn Erfahrung lässt sich nicht so gut in Zahlen pressen wie Hochschulabschlüsse, Fremdsprachenkenntnisse oder eben das Alter.

„Außerdem bemüht der Personalchef gesellschaftliche Bilder, um für sich Sicherheit zu generieren", analysiert Reindl. „Und Erfahrung galt lange als die Innovationsbremse schlechthin." Dabei könnten gerade erfahrene Mitarbeiter in Betrieben wichtige Funktionen übernehmen: Oft zeichne sie eine ruhigere, fokussiertere Arbeitsweise und die Fähigkeit aus, Probleme früh zu erkennen und zu lösen.

Viele Firmen machen einen Bogen um die Älteren – selbst wenn die bereit seien, zu einem geringeren Lohn wieder einzusteigen, sagt Reindl. Das Senioritätsprinzip, das in manchen Tarifverträgen berufserfahreneren Mitarbeitern höhere Löhne zugesteht, sei jedenfalls nicht der Hauptgrund dafür, dass ältere Fachkräfte es so schwer hätten, den Einstieg zu finden. „Ältere kommen nur noch ins Spiel, wenn was schiefgeht", sagt er. „Dann erinnert man sich plötzlich ihres Wertes. Aber daraus macht man keine Strategie oder Politik."

„Das Frustrierende ist, man will ein Problem lösen, und das hängt.
Man probiert und probiert, und man kriegt es nicht hin. (…)
Wenn man dann jemanden hätte, den man fragen darf."
(Ein älterer Entwickler über seine Arbeit)

IV. DER GROSSE GRABEN

Als Jerzy Bartosiewicz mit 50 Jahren am vorzeitigen Ende seiner Karriere angelangt war, hat er erst mal seine Turnschuhe geschnürt und ist losgelaufen: Marathon. Da hatte er seinen Job bei einem Autozulieferer in Köln gerade verloren. Sieben Jahre war er dort angestellt, koordinierte als Bereichsleiter die Stoßdämpfer-Produktion. „Wir lieferten Ford die Module ans Band", erzählt Bartosiewicz. „Dann kam 2004 die Krise. Wer am meisten verdiente, musste das Werk verlassen." Bartosiewicz bekam monatlich 2600 Euro netto, plus Firmenwagen. Er musste gehen.

Jerzy Bartosiewicz hat schon vieles gemacht. Er hat Maschinenbau in Polen studiert, ist 1980 nach Deutschland übergesiedelt, hat in der Kunststoffindustrie angefangen und ist dann in die Autoindustrie gewechselt. Jobs zu finden war für ihn früher kein Problem, er hat Erfahrung. Das hat er auch in seine Bewerbungen nach der Entlassung geschrieben. Gleichzeitig startete er beim Triathlon auf der olympischen Distanz: 1,5 Kilometer Schwimmen, 40 Kilometer Radfahren, 10 Kilometer Laufen. Er legte immer längere Strecken zurück, verschickte immer mehr Bewerbungen – und kam doch nicht vorwärts. „Die Arbeitgeber haben nur auf mein Alter geguckt. Wenn die sahen, der ist über 50, dann ab in den Mülleimer", sagt er und fegt mit der Hand über den Tisch. Arbeitslosigkeit – für den Sportler Bartosiewicz muss das gewesen sein, als hätte man ihn für sämtliche Rennen gesperrt. Obwohl er fit war und voller Energie.

Um von dieser Energie eine Ahnung zu bekommen, braucht man Bartosiewicz nur nach dem Arbeitsamt zu fragen, einer Institution also, die bei der Integration von Langzeitarbeitslosen eigentlich eine wichtige Rolle spielen sollte. Da wird der sonst eher ruhige Mann laut: „Die haben mich in sinnlose Maßnahmen gesteckt. Bewerbungstrainings. Dafür haben die einen Haufen Geld weggeschmissen. Für Auditor-Scheine, die man in der Autoindustrie braucht, gab es keine Förderung." Das Schlimmste aber sei gewesen, dass ihm auch der Arbeitsvermittler gesagt habe, er sei zu alt und solle sich keine Hoffnungen machen – einem 52-Jährigen, der gerade die 100 Kilometer lange Triathlon-Mittelstrecke geschafft hatte. Wenn Bartosiewicz das erzählt, verwandelt sich seine ganze Energie für einen Moment in Wut: „Man kann alles beeinflussen: seine Qualifikation, seine Gesundheit, seine Sportlichkeit", schimpft er. „Nur das Alter, das kann man nicht ändern!"

Mit zunehmendem Alter und anhaltender Arbeitslosigkeit wächst der Graben zwischen dem, was man zu bieten hat, und dem, was der Arbeitsmarkt verlangt. Gerade in technischen Berufen wird dieser Graben schnell breiter: Maschinen und Computer-Programme werden ausgetauscht, Prozesse verbessert. Dieser Graben ist der vielleicht wichtigste Grund, warum es für Langzeitarbeitslose so schwierig ist, wieder auf die Seite der Berufstätigen zu wechseln. „Wer ein Jahr arbeitslos ist", sagt Jerzy Bartosiewicz, „der ist eigentlich weg vom Fenster."

„Ältere können grundsätzlich die Innovationsdynamik mittragen.
Zwar unterschiedlich in der Vorgehensweise,
aber sie können es. (…) Sie können den Stand halten und sind für mich
auch ein wesentlicher Faktor der Stabilisierung.“

(Ein Personalleiter über ältere Kollegen)

V. DIE BRÜCKENBAUER

Umso erstaunlicher, dass Bartosiewicz noch einmal Glück hatte – denn er fand einen Arbeitgeber, der es regelrecht zur Strategie gemacht hat, ältere, vormals arbeitslose Experten zu beschäftigen: die Langenfelder Redi-Group.

Zwei Jahre war er arbeitslos, als er von dem Dienstleistungsunternehmen erfuhr, dessen Ingenieure und Fachkräfte das Qualitätsmanagement in großen Automobilkonzernen und bei ihren Zulieferern übernehmen. Seit Mai 2007 arbeitet der 53-Jährige als abgesandter Mitarbeiter der Redi-Group bei der Daimler AG, einem Redi-Kunden. Im Werk Ludwigsfelde vor den Toren Berlins ist er im externen Qualitätsmanagement eingesetzt.

Praktisch heißt das: Bartosiewicz kümmert sich darum, dass immer genügend Bauteile für die Karosserien in ausreichender Qualität zur Verfügung stehen, damit die Produktion reibungslos läuft. Er beurteilt fehlerhafte Teile, bearbeitet Reklamationen, organisiert Ersatz, nimmt Muster ab und lernt so den ganzen Lieferprozess kennen. Er sammelt Wissen und Können, mit dem er den großen Graben nach und nach zuschütten kann. „Man muss ständig lernen“, sagt Bartosiewicz, „und sich qualifizieren, qualifizieren, qualifizieren.“ Sein Arbeitsplatz ist keine volle Stelle, sondern ein sogenanntes „Training on the Job“, in das die Redi-Group im vergangenen Jahr insgesamt rund 100 ältere, zuvor arbeitslose Fachkräfte aufgenommen hat. In diesen Trainings macht Redi die neuen Mitarbeiter wieder fit für den eigenen Bedarf und den Arbeitsmarkt – mit Technik- und Sprachkursen in ihrem Bremer Schulungszentrum und mit Trainingseinsätzen bei Kundenunternehmen wie Daimler. Auf „Lernarbeitsplätzen“ können Leute wie Bartosiewicz wichtige Berufserfahrungen sammeln, um nach Monaten der Arbeitslosigkeit wieder Anschluss zu finden.

Dafür erhalten sie allerdings kein volles Gehalt: Redi zahlt Bartosiewicz neben Reise- und Unterbringungskosten einen Lohn, der sich an dem orientiert, was der 53-Jährige braucht, um seine laufenden Kosten zu finanzieren. Wie viel Geld er genau bekommt, wollen weder er noch das Unternehmen verraten. Aber besser als in einem Zeitarbeitsjob sei die Bezahlung allemal, sagt Bartosiewicz. Klar ist aber auch, dass er weniger Geld bekommt, als er einst als Bereichsleiter verdient hat. Ihm macht das nichts: „Ich lerne hier etwas dazu, habe wieder Arbeit und kann nach dem Training neu verhandeln."

Mit dem Training überbrückt Redi den großen Graben zwischen Arbeitssuchenden und Arbeitswelt. Weil viele Arbeitgeber eine solche Nachschulung als zu kostspielig empfinden, kommen Langzeitarbeitslose für sie erst gar nicht infrage, selbst wenn sie einen Ingenieurstitel haben und die Arbeitsagenturen das Gehalt unter bestimmten Voraussetzungen eine Zeit lang bezuschussen. Rund 50 000 Euro lasse man sich das Training pro Mitarbeiter kosten, heißt es bei der Redi-Group. Einen Erlös generieren die „Auszubildenden" auf ihren Lernarbeitsplätzen nicht. Dennoch soll sich das langfristig für Redi lohnen: Von 100 Beschäftigten, die das sechs- bis zehnmonatige Training on the Job durchlaufen haben, konnte das Unternehmen 80 in eine Festanstellung übernehmen.

Jerzy Bartosiewicz hat endlich die Zielgerade vor Augen: Ende des Jahres will er einen unbefristeten Anschlussvertrag bei Redi bekommen. Auch sportlich hat er seine Bestform erreicht: Im Sommer dieses Jahres, als der 53-Jährige gerade ein paar Wochen für Redi im Einsatz war, schaffte er zum ersten Mal den „Ironman", die Triathlon-Langstrecke: 3,8 Kilometer Schwimmen, 180 Kilometer Radfahren und hinterher noch flott einen Marathon.

Ein solches 16-Stunden-Vergnügen ähnelt in gewisser Weise einem Berufsleben: Es gilt, verschiedene Disziplinen zu meistern, es gibt Momente, in denen man hinschmeißen, und andere, in denen man wieder Gas geben kann. Manche Mitläufer rempeln einen an, andere ziehen einen mit. Und es gibt eine Ausschlusszeit, die man unterbieten muss, um noch mitgezählt zu werden – im Berufsleben ist diese Ausschlusszeit das Renteneintrittsalter. Auch das Glücksgefühl, wieder gebraucht zu werden, sei durchaus mit den

Emotionen vergleichbar, die sich nach einem Triathlon einstellen, meint Bartosiewicz: „Nach zwei Jahren wieder Vertrauen zu bekommen, nachdem dir jeder gesagt hat, du schaffst das nicht – das baut auf."

VI. DER GROSSE PLAN: ARBEIT FÜR ALLE

Stefan Wicke heißt der Mann, der für die Redi-Group zurzeit die meisten Vorstellungsgespräche führt: 75 allein in den vergangenen drei Wochen, gut 120 stehen in den nächsten drei noch bevor. Die meisten der Bewerber sind arbeitslos – so wie der 46-jährige Wicke bis vor drei Monaten selbst. Am Rande eines Coachings erfuhr er von der Redi-Group, die ihn aus der Arbeitslosigkeit holte. Jetzt sucht er selbst nach Mitarbeitern für Redi. Denn die Firma hat große Pläne: Mit der Initiative 4020/2010 will die Firma bis 2010 rund 4000 überwiegend ältere Menschen über 50 wieder in Arbeit bringen, die ersten Hundert im eigenen Unternehmen.

Dazu hat die Redi-Group Anfang September 2007 Arbeitsagenturen aus dem Umkreis gebeten, Arbeitssuchende zu einem Informations-Abend in ihre Langenfelder Zentrale zu schicken. Mit 100 Besuchern hatte man gerechnet, 300 Interessenten kamen.

Am Abend hängte Wicke lange Listen aus: Wer wollte, konnte sich selbst einen Termin für ein Vorstellungsgespräch bei Redi geben. „Man muss die Leute anschubsen, wenn die so lange arbeitslos waren und von ihrem Arbeitsvermittler, also der höchsten Autorität auf dem Arbeitsmarkt, zu hören bekommen haben: Du bist zu alt", sagt Wicke. Deswegen bittet er selbst die zum Gespräch, die ihm im Vorgespräch am Telefon schon sagen, sie könnten doch gar nicht, was man erwarte. „Vielleicht fangen die doch Feuer."

Ein Unternehmen, bei dem sich Arbeitslose selbst Vorstellungsgespräche terminieren können? Das in Fachkräfte von gestern investiert, um ihnen in die Arbeitswelt von morgen zu helfen? Der Chef des Unternehmens kann nicht ganz bei Trost sein, sollte man meinen.

Der Redi-Chef Dieter Reitmeyer ist ein Mensch, der die großen und kleinen Gräben spielend überbrückt. Er öffnet Besuchern der Firmenzentrale in Langenfeld selbst die Tür – auch Stefan Wicke hat er damals gleich hereingebeten und ausgefragt, als dieser eigentlich nur die Bewerbung in den Briefkasten stecken wollte. In Reitmeyers Arbeitszimmer stehen ein langer Holztisch, eine gemütliche Couchecke und eine große Standuhr. Es könnte auch ein Wohnzimmer sein. Kein Wunder: Reitmeyer lebt für und durch sein Unternehmen. Seine Mitarbeiter, sagt er, könnten ihn jederzeit auf dem Handy anrufen. Und immer dann, wenn ihm etwas besonders ernst ist, berührt er seinen Gesprächspartner kurz am Arm und sucht den Blick seines Gegenübers, als wolle er sagen: Du, hör jetzt genau zu!

Dem Besucher überreicht Reitmeyer gerne die Chronik der Firma, am liebsten mit persönlicher Widmung. In ihr berichtet er von seinen größten Fehlern, beschreibt heikle Situationen und dankt allen, die ihm und Redi geholfen haben, die zahlreichen Hürden zu nehmen. Dabei ist es eine Erfolgsgeschichte: Als Dieter Reitmeyer Redi 1996 im Keller seines Einfamilienhauses gründete, war er ein Einzelkämpfer mit einem Haufen Schulden, den ihm seine erste Firma, ein Galvanikbetrieb, hinterlassen hatte. Heute beschäftigt er weltweit mehr als 1325 Mitarbeiter. Zwei Drittel von ihnen sind über 45. Damit ist Redi ein Unternehmen der Zukunft: In wenigen Jahren dürfte es in den meisten deutschen Konzernen etwa genauso aussehen.

Deshalb hofft Reitmeyer, dass seine Initiative bald zum politischen Programm wird – also zu einer Gesamtstrategie, wie der Forscher Reindl sie fordert. Schließlich kann er nicht einfach so 4000 Leute weiterbilden – dafür bräuchte er Fördergelder und mehr Lernarbeitsplätze in Unternehmen. Also bittet er die Politik um Geld – und seine Kunden um Stellen. Er versucht, Konzernen wie Daimler klarzumachen, dass auch sie davon profitieren, Menschen wie Bartosiewicz ein Training zu ermöglichen – schließlich könnten sie später auf das Potenzial zugreifen.

Und er stimmt dieses Potenzial entsprechend ein: „Ich habe jedem gesagt: Wenn ich dir deinen Englischkurs bezahle, dann musst du mindestens drei Stunden nach Feierabend lernen, um die Wissenslücke zwischen deinem Wissen und dem, was du brauchst, zu schließen", sagt Reitmeyer. „Und du wirst in Hotels leben, in den USA und in Südafrika. Bilde dir nicht ein, dass du nach Feierabend in zehn Minuten wieder zu Hause bist und die Beine hochlegen kannst."

Reitmeyer verlangt, dass Menschen und Institutionen umdenken. Getrieben wird er von seiner Überzeugung, der Erfahrung des Scheiterns – und von dem guten Gefühl, das sich einstellt, wenn man jemandem Arbeit und eine neue Perspektive geben kann. Inzwischen deutet sich Unterstützung für sein Projekt an: Die Bundesagentur für Arbeit habe den „Modellcharakter" seiner Initiative bereits anerkannt, sagt Reitmeyer. Auch der VDI lobt sie als beispielhaft und fordert gezielt die Reintegration von Älteren. Im November hat Reitmeyer einen Termin im Bundesarbeitsministerium: „Wir versuchen die Politik zu überzeugen mitzumachen. Dann sparen wir Geld, denn die Qualifizierung wird für uns günstiger, und die sparen Geld, denn sie kriegen die Arbeitslosen von der Straße. Und ich kann nur jedes Unternehmen, das über Facharbeitermangel klagt, aufrufen mitzumachen."

„Dem Alter gebührt auch eine gewisse Ehre wegen der zurückliegenden
Leistung. Und da habe ich manchmal als Personaler meine
Probleme, wenn Manager sagen: Pass mal auf, der ist kaputt, der kann
nicht mehr, sieh mal zu, was du mit dem machst. Dazu sage ich:
Wer ihn kaputt geritten hat, der sorgt auch dafür, dass er integriert wird."
(Ein Personalleiter über ältere Kollegen)

VII. ZUM BEISPIEL NÜRNBERG

Wenn Michael Prüfer, 54, sein Berufsleben Revue passieren lässt und von den vielen kleinen Highlights erzählt, die er erlebt hat, dann reist man mit ihm durch eine Zeit, in der die Digitalisierung das Leben der Menschen umgekrempelt hat.

Anfangs war Prüfer seiner Zeit voraus: Er studierte Nachrichtentechnik, begeisterte sich schon für Informatik, als man Programmierer noch für Spinner hielt, und konstruierte in den frühen achtziger Jahren für einen Schreibmaschinenhersteller sogenannte Interfaces, die aus den Maschinen kleine Computer machten. Er war Mitte der achtziger Jahre an der Entwicklung des Teletexts beteiligt, und als die ersten Faxgeräte kamen und dem eigenen System den Rang abliefen, beschloss er, sich kurzerhand einen neuen Arbeitgeber zu suchen.

Ende der achtziger Jahre heuerte er bei einer Firma an, in der er anfangs nur einer von drei Mitarbeitern war. In den Neunzigern entwickelte er die Software für ein gefragtes Ausweislesesystem, die Firma wuchs und wuchs. Doch irgendwann konnte er das hohe Tempo nicht mehr mitgehen. Er machte Fehler, versuchte sie durch noch mehr Arbeit wettzumachen, was die Situation weiter verschlimmerte. Streit mit dem Chef war an der Tagesordnung – ein Arbeitsgericht trennte Arbeitnehmer und Firma. „Nach 19 Jahren", sagt Prüfer, macht eine Pause und betont dann jede Silbe einzeln, „ja, nach 19 Jahren."

Michael Prüfer ist ein ruhiger und höflicher Mann, der unscheinbar wirkt und beim Sprechen immer wieder Pausen macht – er wählt nicht viele Worte, aber die richtigen. Er hat in dieser langen Zeit einiges gelernt darüber, wie die Arbeitswelt funktioniert: „Ein Arbeitgeber versucht immer nur, die Leute abzuschöpfen, die genau das können, was er braucht", sagt Prüfer, „und der Ingenieur soll für seine Weiterbildung selber sorgen." Zum Glück war Prüfer jemand, der genau das tat. Er las viele Bücher und belegte Existenzgründungsseminare. Er schrieb Bewerbungen und nahm, so sagt er, „jede Absage als neue Chance". In diesem Sommer schließlich klappte es – dank „einer Kompanie Schutzengel", seiner Familie, seinem Glauben an Gott und an die eigenen Möglichkeiten.

Und dank einer überraschend einfachen Idee: Die Nürnberger Industrie- und Handelskammer hatte im Juni dieses Jahres zum ersten Mal zu einer Vermittlungsbörse für ältere Ingenieure geladen. Die Arbeitsuchenden kamen, und auch die Firmenvertreter standen regelrecht Schlange. Unter ihnen war Jörg Lengenfelder, Leiter im Software-Engineering beim Nürnberger Software-Dienstleister Encad. Er stellte Michael Prüfer sofort ein. Inzwischen ist der voll eingebunden in ein Entwicklungsteam, das bei Siemens einen großen Auftrag stemmt und gezielt aus jungen und älteren Mitarbeitern zusammengesetzt wurde. Das funktioniert.

„Es ist so", sagt Prüfer und ist ein paar Sekunden so still, als horche er ganz tief in sich hinein, „als hätte ich nie etwas anderes gemacht." ◄

„Der große Graben" erschien zuerst in brand eins 11/2007.

Und heute?

Laut einer Studie, die der Verein Deutscher Ingenieure (VDI) gemeinsam mit dem Kölner Institut der Wirtschaft (DIW) erstellt hat, kamen 2009 auf 25 000 arbeitslos gemeldete Ingenieure 34 000 Stellen, die nicht besetzt werden konnten. Die Arbeitslosenquote der Berufsgruppe lag mit 2,4 Prozent deutlich unter der Gesamtarbeitslosenquote in Deutschland. Der Fachkräftemangel sei auch in Krisenzeiten deutlich spürbar, so VDI-Direktor Willi Fuchs.

Die Langenfelder Redi-Group musste sich im Krisenjahr 2009 verkleinern: Die Zahl der Mitarbeiter weltweit ist von 1325 auf 1015 geschrumpft, auch die Initiative 4020/2010 wurde nicht fortgeführt. Firmenchef Dieter Reitmeyer ist jedoch zuversichtlich, dass die Auftragslage bald wieder anzieht. Der Anteil der Redi-Mitarbeiter, die älter als 45 Jahre sind, liegt noch immer bei mehr als 60 Prozent.

Im März 2008 erschien beim Hanser-Verlag Reitmeyers Buch „Unternimm Dein Leben – Als Lebensunternehmer zu neuem Erfolg"(180 Seiten, 19,90 Euro). Im November 2008 wurde der Unternehmer auf der Vision Summit 2008 in Berlin mit dem „Vision Award" als „Macher, der die Menschen mag", ausgezeichnet.

Der Ingenieur und Triathlet Jerzy Bartosiewicz hat Redi inzwischen verlassen: Er wurde in eine andere Festanstellung abgeworben.

Qualität
kommt von Qual

Leistung entsteht durch Erleuchtung,
Lernen soll Spaß machen,
und Disziplin ist ein Horror von vorgestern –
so etwa kann man den Zeitgeist raunen hören,
wenn man ihm lauscht.

Von Wolf Schneider

D as sind drei starke Behauptungen, und sie sind alle falsch. Denn gelernt werden muss auch dann, wenn es wehtut; wenn die Arbeit immer frei von Plage bliebe, würde weder unser Zusammenleben funktionieren, noch je ein Spitzenprodukt entstehen in Technik oder Kunst, so wenig wie ohne Disziplin; und die meisten großen Forscher und Erfinder sind nicht einfach „erleuchtet" worden, auch Dichter, Maler und Musiker nicht: Sie haben sich geschunden – wie sich Virtuosen, Artisten, Erfinder, Unternehmer, Spitzensportler schinden müssen, wenn sie nach oben wollen.

Wie konnte ein so fataler dreifacher Irrtum entstehen? Vermutlich aus zwei Gründen. Zum einen durch den Geniekult, der sich seit dem 18. Jahrhundert in Europa ausbreitete: Große Männer, die als „Genies" bewundert werden wollten, stilisierten sich gern zu Sprachrohren einer göttlichen Eingebung, „die Stimme des Himmlischen" vernähmen sie, sprach Goethe. Das gefiel den Leuten, es schützt auch vor Kritik, und so tat der große Mann gut daran, seine Plage zu verschweigen.

Zum anderen geschah es 1968, dass unser aller Neigung, uns das Leben möglichst bequem einzurichten, mit den Weihen einer revolutionären Tat versehen worden ist: Da predigte die Studentenbewegung die Anarchie, die Leistungsverweigerung, die Selbstverwirklichung und den Spaß als Lebenszweck; und der Geist von 1968 ist nicht erloschen.

E s war die Zeit, in der in Amerika die Beatniks, die Hippies, die Blumenkinder vor der Leistungsgesellschaft flohen. Zwar wollten sie die bürgerliche Welt nicht auf den Kopf stellen wie die deutschen und französischen Studenten, aber verächtlich wandten sie sich von ihr ab, am liebsten nackt, unter Drogen und der Erleuchtung nah. Die beiden „Easy Rider" in dem Kultfilm von 1969 stoßen auf eine Hippie-Kommune, deren männliche Mitglieder sich allesamt gebärden, als wollten sie in Oberammergau den Jesus spielen.

Im Geist von 1968 verspottete Oskar Lafontaine noch 1982, damals saarländischer SPD-Vorsitzender, den amtierenden Bundeskanzler: „Helmut Schmidt spricht von Pflichtgefühl, Berechenbarkeit, Machbarkeit, Standhaftigkeit. Das sind Sekundärtugenden. Ganz präzis gesagt: Damit kann man auch ein KZ betreiben." Die Aussage war nicht einmal falsch, richtig jedoch nur auf eine perfide Weise: etwa so, als wenn man sagte, „aus Steinen lassen sich auch Folterkammern bauen" – und dabei die Kathedralen verschwiege.

Noch 2002 sahen »Spiegel« und »Stern« das Klima von 1968 lebendig, aber so, dass sie ihre einstigen Sympathien widerriefen: Der »Spiegel« plädierte für „Disziplin, Ordnung, Fleiß und Pünktlichkeit" an den weithin verwahrlosten Schulen; der »Stern« konzedierte der FDP, dass sie in ihrem rabiaten Wahlkampf nicht zuletzt „das Monopol der 68er-Generation in Sachen Moral" attackiere.

Die Attacke lohnte sich also noch, der Ungeist war nicht gebrochen. Ist er es heute? An den Schulen schon mal nicht. Wenig hat der Pisa-Schock bisher an der dominierenden Gesinnung geändert, in der sich die Spät-68er unter den Lehrern mit der Mehrheit der Schüler treffen, den computer-, fernseh- und discosüchtigen: Es regiert weiter die „Spaßpädagogik" – wie immerhin der Präsident des Deutschen Lehrerverbands, Josef Kraus, sie zornig getauft hat: Finden Lehrer oder Schüler das Gebot verletzt, dass Lernen ein Vergnügen sein soll, so prüfen sie wohlwollend, ob sie den entsprechenden Stoff nicht fallen lassen können.

„Die meisten Kinder sehen ihre Lehrer als Animateure, die vor allem eines liefern sollen: Spaß!" So sagt es Bernhard Bueb, langjähriger Leiter des Elite-Internats Salem, in seinem Buch „Lob der Disziplin", das es 2006 auf die Bestseller-Liste schaffte. „Der lange Arm Hitlers hindert uns immer noch daran, Disziplin selbstverständlich einzufordern. Doch die Zukunft Deutschlands hängt von der Rückkehr der Disziplin ab."

Ja doch: Herrlich ist's, mit Spaß zu lernen, und wohl dem Lehrer, der auch einer schwierigen Materie unterhaltsame Aspekte abgewinnt. Aber das Bildungssystem einer ganzen Nation kann sich nicht darauf verlassen, dass der begnadete Pädagoge der Normalfall wäre; und selbst der beste Lehrer ist nicht imstande, die Rechtschreibung des Englischen oder die unregelmäßigen Verben des Französischen mit Spaß zu lehren.

D er Schüler, der sich fit fürs Leben macht, die Gesellschaft, die einen gewissen Kulturstandard durchsetzen will, kommt ums Eintrichtern, ums Pauken nicht herum. Die französische Pädagogik hat diese ewige Wahrheit zu dem Satz zugespitzt: „Es ist ganz egal, was die Kinder lernen – Hauptsache, sie hassen es." Eine Übertreibung nach der anderen Seite, die indessen das wahre Element enthält: Nicht einmal Hass darf mich am Lernen hindern, wenn ich etwas erreichen will. Der kleine Beethoven hat das Üben am Klavier gehasst und der kleine Paganini seines Vaters Drill auf der Geige; der Spaß kommt, wenn aus dem Lernen das Können erblüht, und nur aus dem Spaß ist noch nie ein Könner aufgestiegen – nicht einmal Mozart, denn sein Vater hat auch ihn den Qualen der Disziplin unterworfen.

Über Wissenschaftler und Erfinder sagte Henri Poincaré (1854–1912), einer der berühmtesten Mathematiker, Physiker, Astronomen und Philosophen seiner Zeit und ein brillanter Schriftsteller dazu: Wer in den Naturwissenschaften etwas entdecken wolle, der brauche die Abfolge „Lange

Arbeit – plötzliche Erleuchtung – lange Arbeit". Auch die Inspiration also ist rundum in Arbeit eingebettet.

C harles Darwin begann seinen Weg in den Weltruhm mit seiner fünfjährigen Weltumseglung und hatte zwei Jahre später, 1838, blitzartig die Erleuchtung von der Zuchtwahl durch die Natur. Aber dann forschte er und grübelte er zwanzig Jahre lang, bis er sich mit dieser revolutionären Einsicht an die Öffentlichkeit wagte. Was braucht ein Wissenschaftler zum Erfolg?, fragte er in seiner Autobiografie. Seine Antwort: Liebe zur Sache, gesunden Menschenverstand, Fantasie und „die uneingeschränkte Geduld, lange Zeit über einen Gegenstand nachzudenken und fleißig zu sein beim Beobachten und Sammeln von Tatsachen".

Thomas Alva Edison hatte siebzig Jahre lang gearbeitet, als er 1931 mit 84 Jahren starb; 1033 Erfindungen bekam er patentiert, mehr als jeder andere Mensch; 6000 Versuche stellte er an, bis er für die Glühbirne den richtigen Glühfaden gefunden hatte. Edison wird der Ausspruch zugeschrieben: „Genie ist 99 Prozent Transpiration und ein Prozent Inspiration."

Viele Dichter, Maler, Musiker sahen es nicht anders. Flaubert war längst weltberühmt mit der „Madame Bovary", als er immer noch seufzend behauptete, er schufte „wie sechsunddreißig Millionen Neger". Robert Musil arbeitete mehr als zwanzig Jahre lang an seinem Riesenwerk „Der Mann ohne Eigenschaften", und das 178ste von 251 Kapiteln, „Atemzüge eines Sommertags", schrieb er zwanzigmal um.

U nter den Musikern waren zwar ein paar, die ihre Einfälle mit traumhafter Schnelligkeit in Noten gossen wie Mozart oder Schubert. Aber in Beethovens Skizzenbüchern sind für eine Arie aus dem „Fidelio" dreizehn Versionen überliefert. Richard Wagner klagte über die „leidenschaftliche, ja peinliche Ausdauer", mit der, nach der schnellen Konzeption eines großen Plans, seine Verwirklichung betrieben werden müsse; er stöhnte über „das blutig schwere Werk der Bildung einer unvorhandenen Welt" und über die Kraft, die es ihn koste, „wenn man immer einen Weltuntergang in jeder Note geben soll".

Auch unter den Malern gab es einige, die sofort das Endgültige schufen: Goya brauchte für manche seiner Porträts nur einen halben Tag, van Gogh schleuderte in den letzten 69 Tagen seines Lebens 82 Gemälde unter Qualen in die Welt. Aber dann die anderen: Adolph von Menzel machte wochenlang von früh bis spät zwischen glühenden Blöcken und sausenden Schwungrädern Skizzen für sein grandioses „Eisenwalzwerk". Michelangelo malte in seinen Sechzigern sechs Jahre lang am „Jüngsten Gericht", dem 19 Meter hohen Fresko an der Altarwand der Sixtinischen Kapelle, 391 Figuren auf 200 Quadratmetern, einem Tennisplatz in der Senkrechten. Er malte sie stehend, kniend, sitzend, liegend auf den bekleckerten Brettern eines Gerüsts wie für ein fünfstöckiges Haus – eine Plage ohnegleichen; und da Michelangelo dabei doch offensichtlich zugleich „Selbstverwirklichung" betrieb, demonstrierte er, dass die nicht, wie so oft dahingefaselt, darin besteht, im Schilf zu träumen, sondern sich zu quälen – jedenfalls wenn da ein Selbst vorhanden ist, das die Verwirklichung lohnt.

A uch wo höchste Meisterschaft nicht gefragt ist, weil ein Volk nicht nur aus Genies bestehen kann – ohne Transpiration kommt Qualität nicht zustande, egal, ob ein Handwerker eine Heizung repariert, ein Klaviervirtuose sein tägliches Übungspensum absolviert oder ein Arzt eine Nierentransplantation vollzieht. Journalisten und andere Berufsschreiber traktiere ich seit einem Vierteljahrhundert mit dem Spruch „Qualität kommt von Qual", und das bedeutet: Wenn du etwas hingeschrieben hast, so wage nicht, es gut zu finden, bloß weil es von dir ist! Wenn die Zeit irgend reicht, dann nutze die Einsicht, dass die Plage nun erst beginnt: nämlich an dem Text zu feilen, so lange, bis er sein Optimum erreicht hat.

Thomas Mann schrieb an seinem jeweiligen Roman jeden Tag von 9 bis 12, auch am 3. September 1939, als England und Frankreich Hitler den Krieg erklärten („Ich schrieb meine Seite wie gewohnt") oder 1941 im Schlafzimmer seines Hauses in Princeton, während die Möbelpacker die übrige Wohnung schon ausräumten für den Umzug nach Kalifornien.

„Meine Seite"! Drei Stunden lang. Edgar Allan Poe notierte: „Ich kenne nicht das Wörtchen ‚leicht'! Den ganzen Tag saß ich am Schreibtisch, und die Lampe brannte bis nach Mitternacht." Und Schiller schrieb an Goethe: „Wüssten es nur die allzeit fertigen Urteiler und die leicht fertigen Dilettanten, was es kostet, ein ordentliches Werk zu erzeugen." ◂

Wolf Schneider war Korrespondent der »Süddeutschen Zeitung« in Washington, Verlagsleiter des »Stern«, Chefredakteur der »Welt« und 16 Jahre lang Leiter der Henri-Nannen-Journalistenschule. Heute ist er Ausbilder an sechs Journalistenschulen und Lehrer für lesbares Deutsch in Wirtschaft, Presse und Behörde. Schneider hat 26 Sachbücher geschrieben, zuletzt „Glück! – Eine etwas andere Gebrauchsanweisung".

„Qualität kommt von Qual" erschien zuerst im März 2007 in „McK Wissen 20 – Qualität".

• • •

Und heute?

Wolf Schneider ist inzwischen 85 Jahre alt und arbeitet noch immer als Dozent für lesbare Sprache. Er unterrichtet bis heute an fünf Journalistenschulen und ist seit 2007 Honorarprofessor an der Universität Salzburg. Im Frühjahr 2010 erschien sein Buch „Deutsch für junge Profis".
Wolf Schneider: Deutsch für junge Profis – Wie man gut und lebendig schreibt. Rowohlt Berlin, 2010; 192 Seiten; 16,95 Euro

Entdecke
die Möglichkeiten!

Goethe, Algebra, lateinische Grammatik – all das sollte
ein junger Mensch schon kennen, findet Claus Otto
Scharmer, Professor am MIT in Cambridge.
Viel wichtiger aber sei die Fähigkeit, grundsätzliche Fragen
stellen und eigene Antworten finden zu können.
Ein Gespräch.

Interview: Gesine Braun

*Professor Scharmer, Sie waren Waldorfschüler, gehörten zum Gründungs-
jahrgang der Universität Witten/Herdecke und gelten heute als Vordenker
eines neuen Wissensbegriffs. Inwieweit hat Ihre Ausbildung zu dieser Spe-
zialisierung beigetragen?*

Ohne sie wäre ich ganz sicher nicht da, wo ich heute bin. Ich hatte das
große Glück, sowohl meine Schul- als auch meine Hochschulzeit in einem
geistigen Umfeld zu verbringen, das es mir erlaubte, Freude am Gestalten
und Schaffen zu entwickeln. In Waldorfschulen wird Kreativität und der
eigenen Entwicklung viel Raum gelassen. Genauso war es später auch bei
meinem Wirtschaftsstudium in Witten/Herdecke.

Ekkehard Kappler, der Gründungsdekan, verstand das Studium als eine
Praxis der Freiheit. „Studieren heißt nicht, ein Fass zu füllen", gab uns

Kappler frei nach Heraklit mit auf den Weg, „sondern eine Flamme zu entzünden." Dieser radikal erneuernde Ansatz war für mich unheimlich entscheidend. Das hat mich aufgeweckt. In Witten/Herdecke gab es damals noch keine fixen Lehrpläne, wir sollten selbst entscheiden, was wir lernen wollten. Natürlich mussten wir auch Kostenrechnung und Makromodelle pauken. Aber da hieß es immer: Dafür gibt es Bücher. Lest euch das allein an. Und entscheidet dann, was ihr noch wissen wollt. Die Professoren gaben uns nur das Handwerkszeug, die Inhalte mussten wir selbst entwickeln. Wir haben viel über Fundamentalfragen der Philosophie gesprochen, immer versucht, den Dingen auf den Grund zu gehen – und konnten so den Mut entwickeln, eigene Wege zu gehen.

Eigenverantwortung kann auch eine Bürde sein. Woher soll ich als Student wissen, was ich später können muss? Haben Sie sich nie gewünscht, einfach einem Lehrplan zu folgen?

Natürlich kostet es Kraft, selbst zu entscheiden. Und es dauert eine Weile, bis sich das Vertrauen in die eigenen Fähigkeiten und Interessen einstellt. Andererseits lernt man dadurch vieles: offen zu sein, neugierig zu bleiben, sich inspirieren zu lassen.

Unser heutiges Verständnis von Bildung ist enorm verakademisiert. Uns fehlt der Raum zu diskutieren – und die Praxis. Als Folge wissen viele Menschen gar nicht mehr, wie sie an ihre eigenen Quellen des Wissens und der Kreativität herankommen. Sie lernen nicht zu lernen. Stattdessen wird ihnen „Bildung" beigebracht: vorgedachtes, vorgekautes und vergangenes Wissen – letztlich totes Konserven-Wissen.

Ein guter Lehrer muss mehr können als bloß Lehrbücher nachzuleiern. Die gibt's auch im Internet. Er muss zuhören, inspirieren, experimentieren, motivieren, Möglichkeitsräume aufzeigen. Und er muss in der Lage sein, Methoden zu vermitteln.

Wie soll er das schaffen? Lehrkräfte müssen heute möglichst viel in möglichst kurzer Zeit durchboxen. Von der Lust einmal abgesehen – oft fehlt die Zeit für einen offenen Diskurs.

Momentan haben wir es mit Rahmenbedingungen zu tun, die dafür sorgen, dass Schulen und Hochschulen zu reinen Abprüfstationen degenerieren. Aber das ist nicht gottgegeben. Bildungsstätten müssen wieder werden, was sie einst waren: Orte, an denen man lernt, Lösungen und Handlungsimpulse aus sich selbst heraus zu entwickeln. Räume, in denen echte Begegnungen entstehen und die Geburtsstätten für das Neue sind.

Natürlich muss man Schülern auch beibringen, ein Gedicht auswendig zu lernen oder unregelmäßige Verben zu pauken. Aber das schiere Anhäufen von Wissen ist eben nur ein Lern-Paradigma und darf nicht alle anderen verdrängen.

Was fehlt aus Ihrer Sicht vor allem? Oder anders gefragt: Wodurch sollten wir das klassische Wissen ersetzen?

Das ist die falsche Frage, denn genau das gilt es ja herauszufinden. Solange wir immer nur an dem festhalten, was wir sicher zu kennen meinen, bewegen wir uns in der Vergangenheit. Mit den Kenntnissen und Fertigkeiten von gestern werden wir die Fragen von heute oder morgen aber nicht beantworten können. Wir leben in einer Zeit sich zuspitzender Konflikte und massiven institutionellen Versagens. Und das betrifft längst nicht nur die Bildungssysteme, sondern fast alle anderen sozialpolitischen Systeme auch. Gleichgültig, wohin man schaut, überall wird die Notwendigkeit von erheblichen Veränderungsprozessen erkannt – aber was soll sich überhaupt verändern? Und wie?

Wir haben in Wahrheit keine Ahnung. Das Problem sind unsere alten Strukturen und Denkgewohnheiten. Wenn es uns nicht gelingt, sie aufzubrechen, werden wir es nicht schaffen, den Anforderungen der Gegenwart auf Augenhöhe zu begegnen. Momentan befindet sich unser Geist in einem Gefängnis der Vergangenheit. Aber wir selbst haben den Schlüssel dazu – und wir können uns jederzeit entscheiden, den selbst gebauten Knast zu verlassen.

Können Sie einen Fluchtweg skizzieren?

Ich bin auf einem Bauernhof nahe Hamburg aufgewachsen. Eines der ersten Dinge, die mir mein Vater beigebracht hat, war, dass die Qualität der Ernte von der Fruchtbarkeit des Bodens abhängt, also von den Elementen eines Feldes, die für das Auge zunächst unsichtbar sind. Ein Landwirt, der sich nicht um seinen Boden schert, darf sich nicht wundern, wenn die Ernte karg bleibt. Mit unserem Geist verhält es sich nicht viel anders: Jede gute Führungskraft weiß, dass das unsichtbare Gefüge von Teams oder Organisationen ungemein wichtig ist für die Entwicklung und den Erfolg eines Unternehmens. Wir müssen wieder lernen, diese verborgenen Quellen von sozialen Feldern für unsere Arbeit zu nutzen.

Übrigens macht der Landwirt nichts anderes. Die Begriffe Kultivierung und Kultur leiten sich aus genau dieser Aktivität ab – die Erde wird gepflügt, gegrubbert, geeggt, damit sich die Qualität des Bodens verbessert. Das Resultat ist besseres Wachstum.

Das klingt plausibel, aber auch sehr abstrakt. Was bedeutet das für die Organisation oder für den Einzelnen: Wie gelangt der Mensch zu seinen inneren Quellen?

Es ist eine Frage der inneren Aufmerksamkeit – und der eigenen Entscheidung. Ein Beispiel: Wir haben mindestens drei Möglichkeiten, ein Kunstwerk anzuschauen. Man kann nur das Endergebnis betrachten, also beispielsweise ein Gemälde. Man kann aber auch den Künstler bei der Arbeit beobachten, sich also auf den Entstehungsprozess eines Bildes konzentrieren. Oder man kann den Maler beobachten, während er noch vor einer leeren Leinwand steht.

Wir können fast alles um uns herum anschauen, nachdem es geschaffen wurde, während es geschaffen wird oder bevor der Schaffungsprozess überhaupt begonnen hat. In Management- und Organisationsprozessen beschränken wir uns in aller Regel auf die beiden ersten Dimensionen, also auf das Was und das Wie von Prozessen. Der blinde Fleck unserer Wahrnehmung ist die dritte Dimension: die Quelle oder der innere Ort, von dem aus wir handeln, wenn wir tun, was wir tun.

Sie meinen, wir gehen den Dingen nicht auf den Grund? Wir halten Beob-
achtungen für gegeben, wir hinterfragen nicht und neigen dazu, uns Proble-
men und Fragestellungen nur halbherzig zu nähern?

Unsere Interaktionen mit der Umwelt basieren oft auf unseren Erfahrungen
der Vergangenheit. Wir nehmen nicht wirklich neue Informationen auf.
Ich nenne diesen Modus der Wahrnehmung analog zur Computerwelt das
Downloaden. Die Auseinandersetzung mit den Inhalten dient dabei nur
der Bestätigung bereits vorhandener Urteile. Infolgedessen sehen wir auch
nur das, was unseren gewohnheitsmäßigen Meinungen entspricht.

Wer Dinge nachhaltig gestalten will, darf aber nicht nur auf vergangene
Erfahrungen zurückgreifen, er muss auch die eigenen Potenziale und noch
im Entstehen begriffene Entwicklungen erspüren.

Dieses andere Vorgehen, dieses Lernen aus der Zukunft, nenne ich
„presencing". Presencing ist eine Wortschöpfung aus den beiden englischen
Wörtern sensing, also fühlen oder spüren, und presence, der Gegenwart.
Die Kombination aus beidem halte ich in der heutigen Welt für eine unerlässliche Grundkompetenz – vielleicht sogar für die wichtigste Kompetenz
in diesem Jahrhundert.

Sie haben im Rahmen Ihrer Forschungsprojekte weltweit zahlreiche Inter-
views mit Führungskräften geführt. Wie gelingt es Ihren Gesprächspartnern,
schöpferische Imaginationen und Inspirationen zu vergegenwärtigen? Gibt
es ein Muster?

Ja, das gibt es. Brian Arthur, ehemaliger Leiter des Economics Department
am Santa Fe Institute, beschrieb es wie folgt:

Observe, observe, observe; retreat and reflect; allow the inner knowing
to emerge und act in an instant. Also: hinschauen, hinschauen, hinschauen;
sich einlassen und eins werden, spüren, dann sich zurückziehen, den inneren Ort der Stille suchen, an dem das Neue auftaucht und in die Welt
gebracht werden will, warten, bis ein Funke oder eine Idee an die Ober-
fläche kommt, und dann nicht erst in einen langwierigen Planungsprozess
gehen, sondern handeln. Direkt. Jetzt!

Am Santa Fe Institute arbeiten hochrangige Wissenschaftler der unterschied-
lichsten Disziplinen Hand in Hand an den Fragen unserer Zeit. Aber kann
man das Modell dieser Denkwerkstatt übertragen?

Natürlich, denn wir alle tragen riesige, nicht genutzte Potenziale in uns. Es
ist, als würden wir in einem Haus mit vielen Zimmern leben – aber nur
zwei davon nutzen. Viele wissen gar nichts von dem leer stehenden Raum.
Andere haben vielleicht eine Ahnung davon, versuchen sogar, die leeren
Zimmer zu betreten. Aber wir haben keinen Erfolg. Weil wir nicht gelernt
haben, die tieferen Schichten des Lernens, des Werdens und der Veränderung wirklich zu erreichen.

   Dabei ist uns diese Fähigkeit sogar angeboren, wir verlernen sie nur
im Laufe unseres Lebens. Man hat bei Intelligenz-Tests herausgefunden,
dass Kinder im Alter von vier Jahren im Grunde genommen nahezu aus-
nahmslos Genies sind: Sie sind musikalisch, wissbegierig, haben eine große
mathematische und sprachliche Begabung, können räumlich denken und
sind ungeheuer kontaktfreudig. Testet man dieselben Kandidaten im Alter
von etwa 20 Jahren, verfügen gerade noch rund zehn Prozent über diese
breit gefächerten Begabungen. Mit zunehmendem Alter sinkt der Anteil
noch rapider.

Sie haben Ihre Kernthesen in einer U-Theorie zusammengefasst. Danach
steht am Anfang eines schöpferischen Prozesses die Auseinandersetzung, am
Ende das Prototyping, also die schnelle Umsetzung der eigenen Ideen. In
der Mitte, dem Bogen des U, steht ein Moment innerer Einkehr und Medi-
tation. Stoßen Sie damit Gesprächspartner nicht vor den Kopf? Die meisten
sind stolz auf ihren Verstand und ihre Ratio – und nun sollen sie sich in
ihren Innenraum zurückziehen?

Ich bin völlig überrascht, auf wie viel Zustimmung und wie wenig Ablehnung ich bisher mit der U-Theorie gestoßen bin. Das ist fast schon ein
wenig bedenklich. Vielleicht liegt es daran, dass ich bisher vornehmlich
mit Praktikern und Change Leadern in großen Unternehmen, Institutionen
und Organisationen gearbeitet habe.

Überall, wo Menschen echte tiefere Lebenserfahrung mit Veränderungen und sozialen Prozessen erleben, gibt es ein unmittelbares und intuitives Verständnis für das, was ich mit der U-Theorie beschreibe. Übrigens weltweit. Dies gilt für Afrika wie für Asien, für Nord- und Südamerika und für Europa.

Irritation und Ablehnung habe ich dagegen überall dort erlebt, wo sich die Menschen in einer Powerpoint-Welt von abstrakter Stabsarbeit oder akademischen Diskursen bewegen, in denen der Zugang zu tatsächlichen sozialen Veränderungsprozessen verschlossen bleibt. Was daraus folgt, ist bekannt: Statt unser Denken für neue Wege zu öffnen, bewerten wir uns und andere. Statt unsere Herzen für unser Einfühlungsvermögen zu sensibilisieren, schaffen wir zwischen uns und unserer Umgebung Distanz und verstecken uns hinter Zynismus. Und aus Angst zu versagen, blockieren wir auch noch die dritte Voraussetzung für nachhaltige Veränderungen: den Willen.

Wir sollten also wieder lernen, die Welt mit den Augen eines Kindes zu betrachten: staunend, wertfrei und voller Wissensdurst. Welchen Rat geben Sie Ihren Studenten noch?

Vielleicht sind es vier Kernpunkte. Erstens: Mach dir klar, was du willst. Wer bist du wirklich, und was ist es, das du in die Welt bringen willst? Zweitens: Geh zu den Orten der höchsten Möglichkeit. Dorthin, wo du die Keime der Zukunft entdecken kannst, die du in die Welt bringen willst. Dieser Ort ist vielleicht ein Mensch, der direkt neben dir sitzt. Oder er befindet sich auf einem anderen Kontinent. Entdecke dort die Zukunft, die deiner bedarf, um in die Welt zu kommen.

Drittens: Schaffe Räume der Stille, in denen du dich auf das besinnst, was für dich wichtig ist. In denen du das Wesentliche vom Unwesentlichen unterscheidest. Suche diese Einkehr jeden Tag, vielleicht nur für zehn Minuten, aber jeden Tag. Viertens: Schaffe dir Orte des Prototyping, in denen du die Zukunft erkundest. Indem du etwas Neues tust. Etwas riskierst. Indem du über die Schwelle des improvisierenden Handelns springst. Denn das Neue kommt nie aus dem Kopf. Es kommt aus dem Herzen. Und durch unser Handeln und durch unsere Hand.

Sie beschreiben eher eine Haltung als einen Prozess.

Es geht auch um Haltungen, um einen anderen Blick. Als ich klein war, ist mein Elternhaus bis auf die Grundmauern abgebrannt. Mein Großvater war damals ein sehr alter und kranker Mann. Trotzdem fuhr er zum Unglücksort. Ich sehe ihn noch heute aus dem Auto steigen und auf meinen Vater zugehen. Er nahm seine Hand und sagte: „Kopf hoch, mein Junge. Blick nach vorn." Darum geht es. Wir müssen lernen, nicht mit dem Geschehenen zu hadern, sondern alle Energie darin zu bündeln, die eigene Zukunft zu gestalten und in die Welt zu bringen. ◄

Claus Otto Scharmer ist Senior Lecturer an der Sloan School of Management am Massachusetts Institute of Technology (MIT). Er gründete zusammen mit Peter Senge die Society for Organizational Learning (SoL) und leitet zahlreiche Change-Projekte, darunter in Kooperation mit UN Global Compact und SoL das Programm Elias (Emerging Leaders for Innovations Across Systems) sowie in Kooperation mit McKinsey & Company und SoL „Dialogue on Leadership". Mitte dieses Jahres erscheint sein jüngstes Buch: „Theory U: Leading from the Future as it Emerges". Cambridge, SoL Press, 2007; 38 Dollar.

„Entdecke die Möglichkeiten!" erschien zuerst im April 2007 in „Notizen Bildung".

• • •

Und heute?

Claus Otto Scharmer lehrt nach wie vor am MIT in Cambridge und reist als Berater von Führungskräften, Wissenschaftlern, Regierungs- und Nicht-regierungsgruppen durch die Welt. Die erste Auflage der deutschen Über-setzung seines jüngsten Buches erschien im März 2009 unter dem Titel „Theorie U: Von der Zukunft her führen – Presencing als soziale Technik" und ist bereits vergriffen. Die zweite Auflage erscheint im Frühsommer 2010. (www.blog.ottoscharmer.com)

Geht doch

Qualifikation ist ein anderes Wort für Lebenschancen.
Vier Beispiele für intelligente Programme, die mit wenig
Aufwand viel bewegen.

Von Peter Laudenbach

D ieses Land verschwendet enorme Ressourcen. Jeden Tag. Weil
Kinder aus Migrantenfamilien zu selten den Sprung in eine Berufsausbildung, auf das Gymnasium, ins Studium schaffen. Weil Hauptschüler
kein Unternehmen finden, das sie einstellen und ausbilden will. Oder weil
Arbeitgeber ihre älteren Arbeitnehmer mit Altlasten verwechseln und sie
auch so behandeln. Das ist unfair und volkswirtschaftlich ein teurer Luxus.
Erst recht in einer alternden Gesellschaft, in der über kurz oder lang die
qualifizierten Facharbeiter und Akademiker knapp werden. Einige Menschen in Unternehmen, Schulen oder Ehrenämtern haben schon mal damit
angefangen, das zu ändern.

1. GUTER START

Die Fichtelgebirge-Grundschule in Kreuzberg liegt in einer rauen Gegend
Berlins. Der Wrangelkiez gilt als Problemviertel. Wer hier aufwächst, hat
keine guten Startbedingungen ins Leben. Eine Frau, die dafür sorgt, dass
sie sich verbessern, ist Annette Spieler, 53, die Leiterin der Grundschule.
    Von den 320 Schülern sind 76 Prozent ausländischer Herkunft, die
meisten Türken. Spielers Idee: die Eltern zu beteiligen. Dafür richtete sie
vor drei Jahren ein Café für türkische Eltern ein – mit erstaunlichen Folgen.

„Die Eltern haben sich dort zu bestimmten Themen getroffen – Pubertät, Fernsehen, Schule", berichtet die resolute Pädagogin. Doch noch wichtiger als die Diskussionsplattform war: „Die Schule hat sich für die Eltern geöffnet und um ihr Vertrauen geworben."

Nuray Demir, 34, profitiert davon ebenso wie ihre Tochter Hilal. Demir ist eine von mehreren „Elternbegleiterinnen" in der Schule. Die Idee ist so simpel wie wirkungsvoll: Eltern helfen Eltern. Die Elternbegleiterinnen, auch „Rucksackmütter" genannt, werden geschult und bekommen eine symbolische Aufwandsentschädigung.

„Ich mache das für meine Tochter, aber ich mache es auch für mich. Das gibt mir Selbstbewusstsein, ich lerne viel dazu", sagt Cemile Catmater, 40, eine andere Elternbegleiterin. „Die Eltern haben nicht mehr die Angst, dass sie in der Schule nicht willkommen sind. Wir haben ein Elternzimmer, die Eltern können jeden Tag einfach vorbeikommen, es ist immer jemand da", erzählt Nuray Demir. Sie ist als Kind selbst auf diese Grundschule gegangen. Ihre Eltern, Gastarbeiter der ersten Generation, kamen zweimal im Jahr zu den Elternabenden, saßen stumm da und trauten sich nicht, etwas zu fragen. „Das größte Problem ist nicht die Sprache, sondern das Selbstvertrauen. Früher haben viele türkische Eltern gedacht, die deutsche Schule will unsere Kinder eigentlich nicht. Ich fühlte mich damals allein. Meine Tochter Hilal geht jeden Morgen gern zur Schule, und sie freut sich, wenn ich hier bin", sagt Nuray Demir. Hilal hat übrigens schon ziemlich klare Vorstellungen davon, wie es nach der Grundschule weitergehen soll: Sie will aufs Gymnasium. Für ihre Mutter wäre dieser Schritt in ihrer eigenen Kindheit undenkbar gewesen.

Zuerst veränderte sich durch die Einbindung der Eltern die Atmosphäre an der Schule. „Es ist inzwischen selbstverständlich, dass sie da sind. Sie machen zum Beispiel in der Pause Hofaufsicht. Die typische Lehrer-Klage, dass sie nicht an die Eltern rankommen, habe ich hier nicht mehr gehört", berichtet die Schulleiterin. Dass mit dem Selbstbewusstsein auch die Anforderung an die Schule wächst, ist gewollt: „Es geht immer wieder darum, Transparenz zu schaffen. Wir reden auf Augenhöhe miteinander." Die Folgen sind messbar: Seit das Projekt 2006 begann, hat sich der Anteil der Kinder, die nach sechs Grundschuljahren eine Realschul- oder Gymnasial-Empfehlung bekommen, von etwa einem auf zwei Drittel der Schüler verdoppelt, sagt Spieler.

Die Elternarbeit an der Fichtelgebirge-Grundschule gilt als beispielhaft. Wie notwendig sie ist, kann die Berliner Bildungsforscherin Christa Preissing belegen. Nach ihren Untersuchungen sind sich viele türkische Eltern sehr wohl bewusst, dass Bildung für ihre Kinder wichtig ist. Gleichzeitig stehen sie dem deutschen Bildungssystem fremd bis misstrauisch gegenüber. Preissing: „Sie befürchten, dass ihnen ihre Kinder in der Kita und der Schule entfremdet werden." Das sorgt für Blockaden und bringt die Kinder in Loyalitätskonflikte. Gleichzeitig ist das Schulsystem mit kulturellen Unterschieden überfordert. Preissing: „Viele Lehrer sprechen zu wenig mit Migranteneltern. Migrantenkinder werden schon in der ersten Grundschulklasse überdurchschnittlich oft auf Förderschul-Einrichtungen aussortiert. Das hat nichts mit Talent oder Intelligenz der Kinder zu tun, sondern mit Sprachkenntnis und den Problemen mit der Institution Schule."

Nuray Demir, die Kreuzberger Rucksackmutter, hat ihren Frieden mit der Schule gemacht: „Probleme kann es überall geben. Dann muss man miteinander reden. Die Schulleiterin, Frau Spieler, ist nicht meine Feindin. Sie ist meine Freundin."

2. „ICH WEISS, WAS ICH KANN"

Bei Hauptschülern ist es fast egal, ob sie deutscher oder ausländischer Herkunft sind. Sie haben so oder so kaum Chancen auf eine Berufsausbildung. Dagegen setzt das Hamburger Hauptschulmodell die Überzeugung: Hauptschüler können mehr, als ihre Zeugnisse verraten – und sie sind für Unternehmen attraktiv, wenn Azubi und Lehrstelle zueinander passen. Initiiert wurde das Projekt vor neun Jahren von Hamburger Unternehmen wie dem Versandhändler Otto und der Reederei Hapag-Lloyd. „Wir haben festgestellt, auch durch Untersuchungen der Hamburger Universität, dass Hauptschüler durch alle Vermittlungsraster fallen", berichtet Gerd Knop, 66, von den Anfängen. Damals war er ein Personalverantwortlicher bei der Otto Group, heute ist er der von Otto bezahlte Projektbetreuer des Hauptschulmodells.

Knop skizziert die Ausgangslage: „Bundesweit verlassen etwa ein Drittel aller Schüler die Schule ohne oder nur mit einem Hauptschulabschluss, in Hamburg sind es etwas mehr. In Hamburg kamen, bevor wir mit unserem Projekt angefangen haben, nur 6,7 Prozent der Hauptschüler direkt nach der Schule in eine ungeförderte betriebliche Ausbildung. Wo nicht wir oder ähnliche Initiativen aktiv sind, ist die Quote immer noch so niedrig. Das kann sich die Gesellschaft auf Dauer nicht leisten." In Hamburg finden heute dank der Initiative rund 19 Prozent der Hauptschüler unmittelbar nach der Schule einen ungeförderten betrieblichen Ausbildungsplatz, ohne erst in irgendwelchen Warteschleifen Lebenszeit und Selbstachtung zu verlieren. Inzwischen hat das Hamburger Modell von Berlin bis Nürnberg und Basel Nachahmer gefunden.

Am Anfang stand viel Überzeugungsarbeit – und ein Lernprozess der Wirtschaft. Die beteiligten Hamburger Unternehmen, inzwischen sind es 75, von Beiersdorf bis Eon Hanse, Hamburger Hochbahn und Lufthansa Technik, erklärten sich bereit, zusammen mit den Schulen und Berufsberatern die Schüler bei der Orientierung zu unterstützen. Sie bekommen in ihrem letzten Schuljahr unkompliziert Termine mit Personalreferenten und erfahren, was von ihren Schulnoten, ihren Berufswünschen, ihren außerschulischen Interessen und ihren Vorstellungen von der Arbeitswelt zu halten ist. „Im ersten Schritt geht es darum, den Blick zu öffnen und die persönlichen Stärken kennenzulernen", sagt Michael Goedeke, 55, bei der Hamburger Arbeitsstiftung als Leiter der Koordinierungsstelle Ausbildung für das Hauptschulmodell zuständig.

Was erst nur als Akt sozialer Verantwortung und Pro-bono-Beratung der Jugendlichen gedacht war, hatte einen Nebeneffekt: Die Personaler mussten ihr Bild vom schwer vermittelbaren Hauptschüler revidieren. „Die jeweiligen Stärken und Interessen sieht man nicht unbedingt im Schulzeugnis", erkannte Knop. Ein Schüler zum Beispiel hatte in seiner Freizeit mit großem Ehrgeiz fotografiert und brachte ein enormes Vorwissen mit. Er arbeitet heute bei Otto bei den Foto-Shootings für die Versandhaus-Kataloge. Davon, dass im persönlichen Kontakt die Vorurteile der Personaler bröckelten, profitierten die Unternehmen genauso wie die Jugendlichen. „Viele Unternehmen, die sich an diesem Projekt beteiligt haben, haben früher über viele Jahre nur Abiturienten ausgebildet", berichtet Gerd Knop. „Man dachte, unsere Arbeitsplätze sind so anspruchsvoll, die passen da nicht rein." Schließlich war und ist das Angebot an ausbildungswilligen Abiturienten groß genug. Sie gelten, schon allein weil sie drei, vier Jahre älter als die Hauptschüler sind, als pflegeleichter und leichter einsetzbar.

Heute sieht Knop die Sache anders: „Viele Hauptschüler arbeiten im Betrieb mit größerer Freude und höherer Motivation als Abiturienten. Das hat in den Unternehmen zu einem Umdenken geführt. Inzwischen bilden etwa 50 Prozent der beteiligten Hamburger Unternehmen Hauptschüler aus." Der höhere Anfangsaufwand mit den 15- und 16-Jährigen wird aus Unternehmenssicht durch größere Loyalität mehr als aufgewogen. Knop macht eine einfache Rechnung auf: „Abiturienten betrachten die Lehre oft als Durchgangsstation und wollen danach schnell Karriere machen oder noch ein Studium dranhängen. Die Hauptschüler scharren nicht sofort nach der Lehre mit den Hufen, sondern machen stetig ihren Job. Sie füllen die Lücke, die sich in vielen Unternehmen immer deutlicher auftut: die der soliden, zuverlässigen Fachkräfte."

Und dann erklärt Knop an einem Beispiel, warum es für Unternehmen durchaus lohnend sein kann, sich von der Fixierung auf Abiturienten und Akademiker zu befreien: „Wir haben bei Otto lange versucht, Gruppen-leiterpositionen in der Logistik mit Akademikern zu besetzen, und das ist oft schiefgegangen. Die hatten sich was anderes vorgestellt. Logistik war für die auf Dauer nicht attraktiv, auch wenn sie 30, 40 Leute unter sich hatten. Wir finden inzwischen diese künftigen Führungskräfte bei den Aus-zubildenden in der Logistik. Das sind frühere Hauptschüler. Mit denen haben wir deutlich bessere Erfahrungen gemacht als früher mit den Aka-demikern." Ein Grund für frühere Blickverengung ist übrigens aus Knops Sicht ziemlich banal: „Das Sozialprestige eines Managers wächst, wenn seine Untergebenen Akademiker sind."

Benjamin Eisenhardt ist 16 Jahre alt und hat gerade die Hauptschule abgeschlossen. Seit Anfang August macht er bei Hapag-Lloyd eine Aus-bildung als Koch. „Das ist mein Traumberuf. Ich wusste, seit ich 13 war, dass ich Koch werden will. Ich weiß, was ich kann. Aber ich hätte nicht gewusst, wo und wie ich mich bewerben soll", erzählt er. Beim Beratungsgespräch gefiel er dem Personalreferenten von Hapag-Lloyd so gut, dass der ihm einen Ausbildungsplatz anbot. „Das ist meine Chance", sagt Eisenhardt. Es wirkt, als sei er entschlossen, sie für sich zu nutzen.

3. WISSEN IST COOL

Murat Vural ist 33. Nach seinem Studium als Elektroingenieur sitzt er derzeit an der Ruhr-Universität Bochum an seiner Promotion über Plasmatechnik. Der in Deutschland geborene Türke ist ein Bildungsaufsteiger und, rein statistisch, eine Ausnahme. Dafür, dass das nicht so bleibt, tut er einiges. Vor fünf Jahren hatten er und einige Kommilitonen eine sehr einfache und sehr wirkungsvolle Idee – eine Art Bildungs-Schneeballsystem. Ein Student ausländischer Herkunft gibt einer Gruppe von Oberschülern aus ebensolchen Familien Nachhilfeunterricht und unterstützt sie bei den Hausaufgaben. Im Gegenzug geben diese Oberschüler ihr Wissen an Schüler aus der Mittelstufe weiter. Kosten pro Schüler und Schuljahr: maximal 90 Euro. Inzwischen organisiert der von Vural mit gegründete IFBS (Interkultureller Bildungs- und Förderverein für Schüler und Studenten) dieses Angebot an sieben Schulen in Castrop-Rauxel, Bochum, Herne, Schwerdte, Gelsenkirchen für insgesamt 330 Schüler.

Ein einfaches Modell mit vielfältigen Wirkungen. Vural und seine Mitstreiter merkten, dass sie von den Kindern als Vorbilder angenommen wurden. Und plötzlich ging es um sehr viel mehr als nur um ein paar Stunden Mathe oder Deutsch: Es ging um Selbstbewusstsein, Persönlichkeitsstabilisierung, Lebensperspektiven, Ziele – zum Beispiel das Ziel, irgendwann selbst zu studieren. „Es entstehen völlig andere Bilder", sagt Vural. „Das verändert die Schulkulturen. Die Kinder wollen länger in der Schule sein, weil ihnen die Studenten, die sie unterrichten, etwas bedeuten. Im Kern geht es nicht nur um das Lernen, sondern darum, Beziehungen herzustellen."

Nebenbei bekommt auf dem Schulhof der Rapper Bushido als Rollenmuster ernsthafte Konkurrenz – zum Beispiel von einem Elektroingenieur, der vorlebt, dass Bildung für Aufstiegschancen und ein gelungenes Leben steht. „Ich gehe zu Fünft- und Siebtklässlern und erzähle denen, was möglich ist: Ich als Türke aus der zweiten Generation und einfachen Verhältnissen kann in Deutschland studieren und eine Doktorarbeit schreiben", erzählt Vural. „Und plötzlich fangen die Kinder an, sich stärker für die Schule und das Lernen zu interessieren. Wissen ist cool. Das ist unser Motto. In diesem Land gibt es viele Möglichkeiten. Man muss es nur wissen und wollen."

Die Noten sind bei gut zwei Dritteln der teilnehmenden Schüler deutlich besser geworden. „Die Kinder verändern zunächst ihr Arbeits- und Sozialverhalten, das ist schon nach wenigen Monaten deutlich. Und durch diese Verhaltensänderung werden nach ein, zwei Jahren auch die Noten besser", berichtet Vural. „Man muss sich das so vorstellen: Ohne uns haben viele Kinder Probleme mit dem Schulstoff. Ihre Eltern können ihnen nicht helfen; die Lehrer haben viel zu wenige Möglichkeiten, auf die jeweiligen Schwierigkeiten der Migrantenkinder einzugehen." Die Kinder sind mit ihren Schulproblemen allein. In der Schule sammeln sie Erfahrungen des Scheiterns und Versagens. Das Selbstbewusstsein holen sie sich woanders, notfalls mit Gewalt. „Die Kinder sind voller Angst und Stress, das verdrängen sie. Sie sprechen nicht über ihre Probleme. Die blockieren bloß noch", sagt Vural.

Das alles ist in seinen Augen erst ein Anfang. Eine große Unternehmensberatung hat IBFS kostenlos dabei geholfen, eine Wachstumsstrategie zu entwickeln. In den nächsten fünf Jahren will der Verein sein Modell an 48 Schulen in Nordrhein-Westfalen etablieren und so jedes Jahr rund 5000 Schüler erreichen. Gern würde Vural auch Kooperationen zwischen Gymnasien und Hauptschulen organisieren – sein System ist flexibel. Daran, dass es höchste Zeit wird, dass dieses Land die Chancen von Einwanderern verbessert, lässt er keinen Zweifel. Und weil er Naturwissenschaftler ist, argumentiert Vural nicht moralisch, sondern mit Fakten: „Ein Drittel der Kinder in Deutschland kommt aus Migrantenfamilien, in 15 Jahren wird es jedes zweite sein."

4. WISSEN ABGEBEN OHNE ANGST

Dass Wissen in vielen Branchen die wichtigste Ressource ist, muss man Christian Oldendorf, 60, nicht erklären. Der Diplom-Ingenieur ist bei der

Göttinger Sartorius AG im Bereich Mechatronik als Leiter Technologie und Innovation unter anderem für die 200 Mitarbeiter in der Entwicklung zuständig. Sartorius, mit 4600 Mitarbeitern ein global agierender Mittelständler, entwickelt und produziert komplexe Sensor-Systeme, zum Beispiel für Fertigungsprozesse in der Pharma-Industrie. Oder die genaueste Waage der Welt, die Gewichte bis zum Nanogramm genau bestimmt. Was das bedeutet, erklärt der Ingenieur dem Laien gern: „Die Messergebnisse sind bis auf 0,0000000001 Kilogramm genau. In diesem Bereich sind wir Technologieführer."

Vor einigen Jahren sahen Oldendorf und seine Kollegen ein Problem auf Sartorius zukommen, wie es viele Unternehmen kennen: Speziell in der Entwicklung hatte der Altersdurchschnitt der Belegschaft stark zugenommen. Kostbares, in vielen Berufsjahren gewachsenes Wissen, das Sartorius nicht einfach nachkaufen kann, drohte mit der heranrückenden Pensionierung der Physiker, Ingenieure und Software-Experten verloren zu gehen. Um gegenzusteuern, entwickelten Oldendorf und seine Kollegen aus der Personalabteilung vor vier Jahren die Lernpartnerschaften: Jeweils ein älterer und ein junger Kollege bilden ein Lernpaar. „Der beste Wissenstransfer findet statt, wenn sie gemeinsam in einem Projekt ein konkretes Problem lösen. Das läuft parallel mit in den Arbeitsprozessen, nicht in einem Seminarraum einmal die Woche. So eine Lernpartnerschaft funktioniert nur auf freiwilliger Basis. Die Chemie muss stimmen", sagt Oldendorf. Klingt einfach. Setzt aber Vertrauen und ein gutes Betriebsklima voraus.

Matthias Eger, 57, gibt offen zu, dass er anfangs befürchtet hat: „Jetzt gebe ich mein Wissen weiter – und dann bin ich überflüssig." Der Physiker entwickelt als Abteilungsleiter Sensoren, ist seit 30 Jahren im Unternehmen und bildete mit der Ingenieurin Tanja Mück, 38, ein Lernpaar. „Wir mussten den Mitarbeitern die Ängste nehmen, dass ihr Wissen abgeschöpft wird", sagt Oldendorf. Dabei hilft ein Programm zur Arbeit bis 65 und darüber hinaus. Es betrifft vor allem hoch qualifizierte Fachleute. „Wir gehen auf die betreffenden Mitarbeiter zu und versuchen, ihre Ziele und Wünsche zu verstehen – und dafür passgenaue Arbeitszeit- und Altersteilzeitmodelle zu entwickeln." Klare Botschaft: Sartorius will die älteren Mitarbeiter nicht entsorgen. Das gilt auch in schwierigen Zeiten. Der

Investitionsgüter-Hersteller leidet unter der Rezession und muss Personal abbauen. „Aber wenn ich dem Älteren in einer Lernpartnerschaft die Kündigung ausspreche, nachdem er sein Wissen erfolgreich an einen Jüngeren weitergegeben hat, zerstöre ich das Modell unwiderruflich", sagt Oldendorf. „Wir achten darauf, dass das nach Möglichkeit nicht passiert."

Mithilfe des Programms lernen alle voneinander. Zunächst, wie geplant, die Paare selbst. Physiker Eger: „Frau Mück hatte öfter Ideen, auf die ich selber nicht gekommen wäre, auch weil sie im Gegensatz zu mir Ingenieurin ist. Wissenstransfer funktioniert ja nicht so, dass man sich, ein Jahr bevor man in Rente geht, hinsetzt und alles aufschreibt, was man weiß. Wissensvermittlung funktioniert nur in der konkreten Zusammenarbeit. Das hat Sartorius relativ früh erkannt."

Gleichzeitig änderte sich aber auch im Management und bei den Beschäftigten die Haltung zum Thema Alter. „Früher gab es in vielen Unternehmen die pauschale Einstellung, dass ältere Mitarbeiter weniger leistungs- und lernfähig seien. Es lohne sich nicht, in sie zu investieren", so Oldendorf. „Das ist eine sich selbst erfüllende Prophezeiung. Mitarbeiter, die so behandelt werden, verhalten sich auch entsprechend."

Inzwischen hat man bei Sartorius gelernt: „Ältere Mitarbeiter sind loyal, arbeiten sehr systematisch und sind vor allem erfahren und qualitätsorientiert. Zugleich sind sie weniger dynamisch und risikobereit als jüngere." In den Teams kommt beides zusammen – was nach und nach auch die Unternehmenskultur verändert: „Sie ist wertschätzender und offener geworden und bewusster im Umgang mit den Mitarbeitern."

Das sagt sich leicht. Interessant wird es, wenn Mitarbeiter und Management das ähnlich wahrnehmen – und die flexiblere Altersgrenze selbst thematisieren. So erzählt Eger von einer Runde, in der ältere und jüngere Kollegen diskutierten, welche Möglichkeiten es gibt, über 60 und 65 hinaus bei Sartorius zu arbeiten. „Ein Kollege, Wissenschaftler, 65, sagte, er sei jetzt auf dem Höhepunkt seiner Fähigkeiten und seiner Intelligenz. Wir müssten darüber nachdenken, welche Modelle es für Ältere gibt – etwa ein Entlohnungssystem, mit dem Arbeitnehmer und Arbeitgeber zufrieden sind." Man redete über Arbeitszeitmodelle, bei denen man bei einzelnen Projekten in Vollzeit mitarbeitet, dann vielleicht einige Zeit zu Hause bleibt, um dann beim nächsten Projekt wieder einzusteigen und so in den Ruhestand zu gleiten. Eger: „Ich persönlich kann es mir nicht vorstellen, mit 65 einfach den ganzen Tag zu Hause zu bleiben. Anderen Kollegen geht es ähnlich. Andere wollen mit 62 in Rente gehen. Aber dass wir uns von uns aus zusammensetzen und über so etwas nachdenken, hat auch mit Selbstbewusstsein zu tun und damit, dass wir das Gefühl haben, dass das Management uns ernst nimmt." Vielleicht ist dies der beste Weg, seine Mannschaft jung zu halten. ➤

„Geht doch" erschien zuerst in brand eins 09/2009.

• • •

Und heute?

Die vorbildliche Elternarbeit an der Fichtelgebirge-Grundschule in Berlin-Kreuzberg hat sich herumgesprochen: Die Zahl der Anmeldungen an der Grundschule nimmt kontinuierlich zu – auch die von deutschen Kindern. Im Schuljahrgang 2010/2011 wird der Anteil von Kindern mit Migrationshintergrund nur noch bei etwa 55 Prozent liegen.
Schulleiterin Annette Spieler bekommt fast wöchentlich Anfragen von Kollegen und Eltern anderer Schulen, die ein vergleichbares Angebot auch an ihren Einrichtungen schaffen wollen. Und auf einen Nebeneffekt ihres Projektes ist sie besonders stolz: Eine der acht Rucksackmütter hat einen festen Arbeitsplatz in Aussicht. „Das positive Feedback auf ihre ehrenamtliche Arbeit hat bestimmt dazu beigetragen."

Auch das Hamburger Hauptschulmodell gilt nach wie vor als Benchmark. Die inzwischen mehr als 15 Nachahmer-Initiativen haben gemeinsam ein bundesweites Netzwerk gegründet und treffen sich einmal jährlich zum Erfahrungsaustausch. Im bildungspolitisch derzeit sehr bewegten Hamburg hat man sich darauf geeinigt, während der Übergangsphase der heftig diskutierten Schulreform die erfolgreiche Arbeit der Stiftung vorerst wie gehabt weiterzuführen.

Neu ist das wachsende Interesse von kleinen und Kleinstunternehmen an den empfohlenen Schulabgängern. Für Goedeke ein schöner Erfolg und ein hart erarbeiteter Vertrauensvorschuss: „Gerade Kleinstunternehmen können bei Neueinstellungen keine Risiken eingehen – aber sie wissen, dass wir für sie eine verlässliche Vorauswahl treffen."

Murat Vural und sein IBFS-Chancenwerk, wie sich der Verein inzwischen nennt, sind Anfang 2010 in das von Vural mit gegründete Social Lab in Köln umgezogen, eine Art Gründerzentrum für soziale Unternehmer, die sich mit ihrer Geschäftsidee auf den Bildungsbereich konzentrieren und flächendeckend etablieren wollen. Der inzwischen mehrfach ausgezeichnete Social Entrepreneur Vural (zuletzt als „Architect of the Future" vom österreichischem Waldzell Institut) und seine beiden fest angestellten Mitarbeiter versprechen sich von dem Umzug neue Partnerschaften und eine weitergehende Signalwirkung.
In Köln hat die Initiative mithilfe einer Stiftung die Anschubfinanzierung für die Projektarbeit in sechs Schulen gesichert – die Auswahl der Partner läuft. In Bremen sind die Sozialunternehmer schon einen Schritt weiter: Dort haben in diesem Frühjahr die ersten 20 Schüler an einer Gesamtschule ihren Nebenjob als ehrenamtliche Nachhilfelehrer gestartet. Die anfänglich entstehenden Kosten wurden auch hier von einer Stiftung getragen. Insgesamt werden derzeit etwa 400 Schüler in ganz Deutschland durch das IBFS-Chancenwerk gefördert.

Offenheit wird bei der Göttinger Sartorius AG nach wie vor groß geschrieben – trotz oder gerade wegen der anhaltenden Umbruchzeiten. Das Traditionsunternehmen ist seit Herbst 2009 in einem Umstrukturierungsprozess. Reinhard Baumfalk, seit einigen Monaten Entwicklungsleiter im Bereich Mechatronik, ist überzeugt: „Wissensmanagement ist eine Geisteshaltung. Die Vorarbeit meines Kollegen hat zu einem Bewusstseinswandel im Hause geführt. Inzwischen wird im gesamten Konzern eine Kultur des Austauschens gelebt." Abteilungsleiter Matthias Eger ist nach wie vor im Unternehmen; genauso wie Egers Lernpartnerin Tanja Mück, die inzwischen standortübergreifend Projekte leitet.

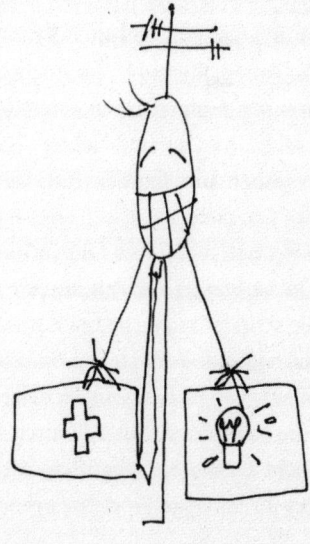

Labyrinth der Lettern

Strategie und Taktik: Ihre Mutter brachte
für sie die Liebesbriefe zu Papier, ihre Tochter formulierte
den Lebenslauf. Erst mit fast 60 hat sie
sich endlich entschieden: Das ewige Versteckspiel
ist vorbei, sie kämpft um ihr wichtigstes Ziel.
Ursula Spranger will endlich lesen und schreiben lernen.

Von Helge Bendl

„Wichtige Mitteilung" steht auf dem Zettel, den ihr die Hausverwaltung in den Briefkasten geworfen hat. „Bitte lesen!!!!" Mit vier Ausrufezeichen. Früher hätte Ursula Spranger ihren Mann gefragt, was es denn gibt an bedeutenden Neuigkeiten. Heute macht sie sich selbst an die Arbeit. Buchstabe für Buchstabe, Wort für Wort, Satz für Satz. Stockend liest sie, bis ihr alles vor den Augen verschwimmt. „Ich werde nervös beim Lesen", sagt sie und lächelt verschämt, „ich muss mich ablenken."

Aber dann fährt sie fort. Sie kämpft. Es ist ein leiser, ein stiller Kampf, der gar nicht zu dieser Frau mit den grauen Haaren passt, die sonst so energisch redet. Ihre Lippen formen zögernd Buchstaben, Silben, Wörter. Oft verbessert sie sich, immer wieder, immer wieder. Dann schreibt sie. Sie schreibt nicht, sie malt. Buchstabe für Buchstabe, Wort für Wort, Satz für Satz mit dem stets gespitzten Bleistift ins penibel geführte Schulheft, liniert, wie es die Grundschüler benutzen. Nein, sie ist kein Opfer. Sie ist eine Kämpferin. Mit 62 Jahren hat ihr Kampf gerade erst begonnen. Jetzt sucht Ursula Spranger den Weg durch das Labyrinth der Schriftzeichen, der ihr so lange verwehrt geblieben ist.

1947, das erste Jahr in der Schule. Handarbeit, Zeichnen, Turnen: Hier brachte sie gute Zensuren nach Hause. Aber das Lesen und Schreiben funktionierte einfach nicht. Die Buchstaben, die konnte sie alle, das ganze Alphabet von A bis Z, aber das Zusammenziehen zu Wörtern … „Einen Satan von einem Lehrer habe ich gehabt", sagt sie mit ruhiger Stimme. Prügel gab es regelmäßig von diesem Kommisbeutel; und wer nichts verstand, saß in der letzten Reihe. Ursula Spranger saß in der letzten Reihe. Und der Lehrer las allen Klassenkameraden vor, welchen Unsinn sie im Diktat geschrieben hatte. „Das klang wie Polnisch rückwärts", sagt sie. „Ich konnte ja nur wenige Wörter richtig schreiben." Der, die, das. Viel mehr nicht.

Auch die Nachhilfe brachte später nichts, genauso wenig das Wiederholen. Die Fahrt zur Sonderschule konnte die Familie nicht bezahlen. Bücher gab es keine zu Hause, zu teuer, und überhaupt, das einzige Schriftwerk war die Fibel mit den erbaulichen Geschichten. Mit 13 Jahren nahm die Mutter sie dann aus der Schule, das Mädchen half ohnehin lieber den Bauern bei der Heuernte. Sie wurde schließlich Spinnerin, da musste man keine schriftliche Prüfung absolvieren. Die Mutter wies den Weg: „Du wirst später sowieso Hausfrau, da musst du nicht lesen und schreiben können."

Also lernte sie kochen, nicht nur die Spezialitäten aus der alten Heimat, aus Ostpreußen. Auch das schwäbische Essen, weil sie einen Mann liebte, der am Neckar aufgewachsen war. Heute kocht sie Eintopf für ihn und schneidet die Bohnen schon vier Stunden, bevor er nach Hause kommt. „Er ist ein guter Mann, ich kann mich nicht beklagen." Vor 45 Jahren hat sie ihn geheiratet, ist seinetwegen von der Schwäbischen Alb nach Stuttgart gezogen.

Sie lernte ihn kennen, als sie noch sehr jung war. Ein Jahr lang schrieben sie sich, jede Woche einen Liebesbrief. Sie hat die sorgsam gefalteten, faserigen und leicht vergilbten Blätter samt der Briefumschläge bis heute aufbewahrt, in dem kleinen Schächtelchen mit den Silbermünzen und den winzigen Familienfotos. Ein Jahr lang diktierte sie ihrer Mutter, was sie wahrscheinlich lieber vor ihr geheim gehalten hätte. Doch die Mutter brachte es zu Papier, sie konnte ja schreiben. Und die junge Ursula mit ihrer runden Handschrift malte die Sätze penibel ab.

Mit 16 bekam sie ihren Sohn, wenig später heiratete sie. Die Mutter schimpfte, der Vater nicht – er war im Krieg geblieben. Von den Schnürsenkeln bis zu den Möbeln, alles mussten die Sprangers sich erarbeiten, drei Kinder zogen sie groß. Als die Spinnerei in Konkurs ging, wurde Ursula Näherin. Dann folgten sechseinhalb Jahre in einer Großküche. Dann arbeitete sie als Aushilfe in einer Gaststätte. Dann war sie arbeitslos, zehn Jahre lang. Am Anfang versuchte ihr Mann noch, mit ihr das Lesen zu üben.

A ber nach einem langen Arbeitstag hatten beide keine Kraft mehr. Und es funktionierte ja auch alles. „Mein ganzes Leben lang habe ich Verstecken gespielt", sagt sie. Ursula Spranger nahm ihre Tochter mit, als sie im Personalbüro den Lebenslauf schreiben musste. Eine Gipsschiene legte sie sich an, als sie einen Personalausweis beantragte. Ihre Brille vergaß sie, als die nächsten Formulare zu bewältigen waren. Oder sie nahm die Unterlagen mit nach Hause, dann füllte der Mann sie aus. Tägliche Praxis. Taktik.

„Man kommt überall durch", sagt sie. Sich selbst täuschen kann man nicht. Es tat weh, wenn die beiden Brüder und die Schwester Romane lesen konnten und sie nicht. Auch den Einkaufszettel konnte sie nicht entziffern. Sie verglich das Schriftbild mit den Etiketten im Laden. Überall fand sie sich zurecht. Sie füllte Bestellzettel für Salat und Gemüse in der Küche aus, und kein Kollege bemerkte, dass sie nicht lesen und schreiben konnte. Sie studierte Fahrpläne, prägte sich die Seiten als Bild ein – und bestieg stets die richtigen Busse. Der Fernseher informierte sie und die »Bild«-Zeitung. Dort las sie nie die Texte, studierte nur die Fotos. Ein Bild – für sie sagt es buchstäblich mehr als tausend Worte.

Als die erste Enkeltochter älter wurde, nahm sie das Märchenbuch zur Hand und erzählte ihr Geschichten. Und blätterte immer wieder um, obwohl sie die Erlebnisse von Hänsel und Gretel oder von Schneewittchen und den sieben Zwergen nur aus ihrer Erinnerung abrief. Irgendwann kam das Mädchen in die Schule. Und begann plötzlich, die Großmutter zu korrigieren. Denn die erzählte die Dinge anders, als sie im Märchenbuch standen. Die Enkelin machte sich einen Spaß daraus, der Großmutter zu zeigen, wie gut sie die einzelnen Worte buchstabieren konnte.

Sie überlegte lange, ob sie die Deckung wenigstens ein bisschen aufgeben könnte, ganz vorsichtig. Und es dauerte Jahre, bis sie sich darüber klar war, was sie wollte. Dann fasste Ursula Spranger den Entschluss: ein Kurs an der Volkshochschule in Stuttgart-Bad Cannstatt. Sie wollte endlich lesen und schreiben lernen. Strategie.

Einmal die Woche trifft sich ein Dutzend Analphabeten, und hier gibt es keine Verlierer. „Die Opfer kommen nicht oder geben schnell wieder auf", sagt Birgit Kunzmann, die Lehrerin. 20 000 Menschen in Deutschland besuchen wie Ursula Spranger einen Alphabetisierungskurs. Rund vier Millionen funktionale Analphabeten gibt es hierzulande, schätzt der gemeinnützige „Bundesverband Alphabetisierung": Menschen, die nur einzelne Wörter lesen können, aber nicht den Elternbrief aus der Schule oder die Warnhinweise am Arbeitsplatz. Und weil beim Schreiben in jedem zweiten Wort Fehler sind, wagen sie es meist gar nicht mehr, den Stift in die Hand zu nehmen, um sich vor Kollegen und Freunden nicht zu blamieren. Sie haben resigniert. Und tauchen ab.

Und es sind nicht nur die Alten. Zehn Prozent der Schüler in Deutschland, das ergab die Pisa-Studie, liegen unterhalb des niedrigsten Lese-Niveaus: „Diese Jugendlichen besitzen elementare Lesefertigkeiten, die jedoch einer praktischen Bewährung in lebensnahen Kontexten nicht standhalten." Die Hälfte dieser Schüler ist wie ihre Eltern in Deutschland geboren, spricht Deutsch als Umgangssprache. Vererbter Analphabetismus: „In keinem anderen Staat hängen Leistungsunterschiede so eng mit der sozialen Herkunft zusammen wie in Deutschland. Der Anteil der Risikopersonen ist in der Schicht am größten, die durch Familien ungelernter Arbeiter bestimmt wird", sagt Sven Nickel vom Bundesverband Alphabetisierung. Funktionaler Analphabetismus kann viele Ursachen haben: fehlende individuelle Betreuung lernschwacher Kinder in der Schule, Vernachlässigung durch die Eltern, Armut, zerrüttete Verhältnisse. Natürlich fehlen dann auch die Vorbilder, die einmal ein Buch oder eine Zeitung zur Hand nehmen, statt ständig Computer und Musik dominieren zu lassen. Nach zehn Jahren ist die Schulpflicht erfüllt – was nicht heißen muss, dass alle Abgänger so lesen und schreiben können, dass sie es im Alltag auch anwenden.

Gegensteuern will Erziehungswissenschaftler Nickel mit dem Konzept der „Family Literacy". Eltern und Kinder sollen hier gemeinsam statt bisher getrennt unterrichtet werden – und vor allem sollen sie gemeinsam und spielerisch zu Hause üben, damit sie nicht nur im Volkshochschulkurs einmal in der Woche die Schrift anwenden und sich im Leben nur wenig ändert. So will Nickel diese Risikogruppe erreichen, über die kaum gesprochen wird und die sich auch selbst nicht artikuliert. Aus Scham.

Ursula Spranger ist anders. Sie ist eine Kämpferin. Sie will den Buchstabenfolgen ohne Sinn endlich einen Sinn geben. „Ich habe meine Hemmungen verloren", sagt sie. „Warum soll ich mich schämen? Ich bin nicht dumm, habe viele Fähigkeiten. Nie den Mut verlieren", sagt sie unprätentiös und ohne Dramatik, das hat sie als Devise für sich und die anderen vorgegeben. „Mir ist es nicht auf die Stirn geschrieben, dass ich Analphabetin bin. Aber warum sollen es denn die Nachbarn und Arbeitskollegen nicht wissen?" Der Kurs gibt ihr neues Selbstbewusstsein, die Zeit des Rückzugs ist vorbei. Da passt es ins Bild, dass derzeit in den Werbeblöcken einiger Fernsehsender zwischen Bier- und Auto-Spots auch kurze Episoden aus dem Leben von Analphabeten erzählt werden. Die junge Frau, die den Liebesbrief nicht lesen kann; der Vater, der das Gedicht seiner Tochter nicht versteht; der Lagerarbeiter, der trotz eines Warnhinweises eine Palette auf ein Regal stellt und es zum Einsturz bringt: kostenlose Hinweise auf das „Alfa-Telefon". Diese Hotline des Bundesverbands Alphabetisierung berät Betroffene, macht ihnen Mut, sich nicht abzuschreiben, und vermittelt sie auf Wunsch auch in Alphabetisierungskurse.

Wer Ursula Spranger in die Volkshochschule begleitet, trifft auf viele jüngere Leute, die mit ihr lernen, sich im Diktat versuchen und das Lesen üben. Der eine war Lastwagenfahrer und ist nun Hausverwalter – weder die Mieter noch der Arbeitgeber wissen, dass er nicht richtig lesen und schreiben kann. Der andere, ein Sinti, konnte es noch gar nicht und tastet sich langsam vor in die Welt der aufs Papier gebannten Worte. Dumm sind sie alle nicht – offensichtlich fehlte nur die entsprechende Förderung, um die Lernblockaden aufzubrechen.

„Wir machen die Schriftsprache durchschaubar", gibt Lehrerin Birgit Kunzmann das Ziel vor. Wie das in einem Kurs funktionieren soll, wo einst die Schule die hierfür nötigen Techniken offensichtlich nicht vermitteln konnte, wo lange Zeit eine Armut an Büchern vorherrschte, wo niemand, oft auch nicht die eigenen Eltern, sich für Geschriebenes interessierte?

„Wichtig ist der Erfolg am Anfang. Wer sich hier abends ins Klassenzimmer setzt, der braucht das Gefühl, etwas wert zu sein und etwas Neues anpacken zu können", sagt Birgit Kunzmann. Orthografische Schwierigkeiten klammern die Analphabeten zunächst aus, dann üben sie für jeden Buchstaben, jeden Laut, jede Silbe spezielle Handzeichen. Sie zerschneiden Mammut-Wörter wie Pfannengemüsesorten oder Bratapfelkuchenstücke in ihre Silben, sprechen sie laut, schwingen die Silben im Gehen mit ihren Händen, schreiben sie dann penibel auf.

E s dauert lange, bis auch ohne Bewegung die Schriftsprache ihre Abstraktheit verliert und zu etwas Lebendigem wird. Doch in der kleinen Gruppe bleibt für viele Zeit zum Ausprobieren, um das so verwirrende Buchstaben-Puzzle zu Sätzen zusammenzusetzen. Hier redet man mehr oder weniger offen über Frustration und Hilflosigkeit. Doch den allwöchentlichen Besuch des Kurses halten viele der Teilnehmer weiterhin geheim.

Nun sitzt Ursula Spranger wieder an ihren Hausaufgaben, manchmal unter den strengen Blicken der ältesten Enkeltochter. Rückhalt und Ansporn findet sie in der Gruppe, spürt immer neuen Ehrgeiz. Sie will den „Graf von Monte Christo" endlich einmal lesen können, verrät sie zum Abschied. Und wird noch einmal nachdenklich, rekapituliert die vergangenen Jahrzehnte. „Ich habe mich geschämt. Ich habe mich gefragt, warum es gerade mich getroffen hat", sagt die Frau, die heute wieder kämpft. Für ihren langfristigen Plan. Für sich. Und ein wenig, das ist ihr sehr wichtig, auch für diejenigen vier Millionen Analphabeten in Deutschland, von denen sie eigentlich nichts weiß. Aber von denen sie weiß, dass es sie gibt. ➤

Alfa-Telefon (kostenlose und anonyme Beratung):
02 51/53 33 44
Bundesverband Alphabetisierung im Internet:
www.alphabetisierung.de
E-Learning-Projekt für Analphabeten:
www.apoll-online.de

„Labyrinth der Lettern" erschien zuerst im Dezember 2003 in „McK Wissen 07 – Strategie".

• • •

Und heute?

Ursula Spranger hat die Volkshochschule bis zum Sommer 2008 weiter besucht. Erst als ihr Mann schwer erkrankte, beendete sie den Kurs.
Birgit Kunzmann unterrichtet noch immer Deutschkurse für Muttersprachler an der Volkshochschule (VHS) in Stuttgart. Hauptberuflich leitet die Grundschullehrerin eine Schulklasse für lese- und rechtschreibschwache Kinder. Sie ist in diesem Bereich auch als Fachberaterin für das Schulamt Stuttgart tätig.
Pro Volkshochschulsemester bietet die VHS Stuttgart zwei Kurse für Menschen mit Lese- und Schreibschwächen an, derzeit sind in den Kursen nur 14 Schüler angemeldet. Birgit Kunzmann beobachtet, dass die Zahl der Anmeldungen zurückgeht, sobald das Thema aus dem Fokus der Öffentlichkeit verschwindet: „Anscheinend schämen sich die Menschen mehr, wenn niemand über das Problem spricht." Wer den ersten Schritt

einmal gegangen ist, bleibt offenbar aber auf dem Weg. Viele Kunzmann-Schüler besuchen wie Ursula Spranger die Kurse über mehrere Jahre.

Der Bundesverband Alphabetisierung und Grundbildung wurde im Jahr 2006 als „Ort im Land der Ideen" ausgezeichnet. Anlässlich des Weltalphabetisierungstages 2008 startete er eine vom Bundesministerium für Bildung und Forschung (BMBF) geförderte Kampagne, um die Menschen mit Lese- und Schreibschwierigkeiten zu erreichen. Die Initiative wird auch von Künstlern und Unternehmen wie Peter Fox, Sammy Deluxe, Clueso, Google, Youtube und SchülerVZ unterstützt.

Das BMBF hat im Rahmen der Weltalphabetisierungsdekade der Vereinten Nationen (2003 bis 2012) den Förderschwerpunkt „Forschungs- und Entwicklungsvorhaben zur Alphabetisierung und Grundbildung für Erwachsene" initiiert, der mit rund 30 Millionen Euro ausgestattet ist.

Die Kultur des Alterns

Die Demografie hat entschieden, das Urteil lautet:
lernen, lebenslang. Wer heute jung ist,
muss auch morgen fit sein, denn die Alten müssen ran,
wenn die unter 50-Jährigen nur noch die Hälfte
der Bevölkerung ausmachen. Nicht nur Grund zur Sorge,
meint der Alternsforscher Paul Baltes.
Denn alle Lebensalter haben ihre Stärken und Schwächen.
Was den Alten an körperlichen
Ressourcen fehlt, können sie oft durch Lebenserfahrung
und Weisheit wettmachen.

Interview: Sascha Karberg

Die Alterspyramide stellt sich und die Gesellschaft auf den Kopf,
Alter muss neu definiert werden. Ältere und Alte werden in einer
Gesellschaft, in der sie die Mehrheit bilden, neue Rollen und Aufgaben
übernehmen müssen. Ein tiefgreifender Kulturwandel steht uns bevor,
sein Fundament wird das lebenslange Lernen sein. Davon ist Paul Baltes,
Direktor am Berliner Max-Planck-Institut für Bildungsforschung, über-
zeugt. Der Entwicklungspsychologe, der sich seit jungen Jahren mit der
Erforschung des Alterns beschäftigt, hat in seinen Untersuchungen die
Grenzen des alten Gehirns beschrieben – und seine Möglichkeiten. Bald
65 Jahre alt, kann sich Baltes inzwischen selbst erkunden und gibt ein
Beispiel für eine optimistische Herangehensweise an eine Gesellschaft der
aktiven Alten.

Professor Baltes, die Forderung nach lebenslangem Lernen soll ältere Menschen fit für den Arbeitsmarkt machen. Aber ist es für Unternehmen nicht sinnvoller, junge, frisch ausgebildete Nachwuchskräfte einzustellen?

Nein, denn Ältere und Jüngere haben ihre Stärken in verschiedenen Bereichen des Kompetenzspektrums. Letztlich sollte es jedem Unternehmen um eine ausgewogene Rekrutierung aller Altersgruppen gehen. Junge Leute besitzen beispielsweise weniger Lebenserfahrung und Lebensweisheit, sie sind oft zu schnell und risikofreudig. Daneben gibt es ganz praktische Gründe für eine Altersmischung. Gerade neu gegründete Firmen sollten nicht nur Jüngere, sondern auch 50- bis 60-Jährige einstellen, weil die früher wieder aussteigen. Der Betrieb kann sich so schneller erneuern.

Davon scheinen nur wenige überzeugt. Wer es sich leisten konnte, hat seine Belegschaft in den vergangenen Jahren kontinuierlich verjüngt.

Das mag im Einzelfall geholfen haben. Ob es generell zu einer höheren Produktivität geführt hat, ist wissenschaftlich nicht erwiesen. Die Forschung zeigt, dass Ältere etwa auf dem Gebiet der sozialen und emotionalen Intelligenz oft besser reagieren als Jüngere und in vielen Berufen lange fit sein können – vor allem dort, wo neues Wissen eine geringere Rolle spielt. Es gibt Bereiche, in denen man viel Zeit zur Vorbereitung braucht, wenn man schnell sein will. Lebenserfahrung ist hier eine notwendige Bedingung, um die geeignete Mischung aus Schnelligkeit und Langsamkeit zu finden.

Geschwindigkeit war das Schlagwort der vergangenen Jahre. Es ging stets darum, schneller zu sein als der Wettbewerb.

Geschwindigkeit allein besagt aber wenig. Oftmals ist das richtige Wissen viel wichtiger als Schnelligkeit. Intelligenz-Theoretiker unterscheiden in diesem Zusammenhang zwischen der Mechanik und der Pragmatik der Intelligenz. Die Mechanik bestimmt, wie schnell und präzise Informationen verarbeitet werden; wie schnell ein Mensch etwa auf das Auftreten eines Signals am Computer reagieren kann. Die Pragmatik bezieht sich auf das Wissen und die durch Übung erworbenen Wissensstrategien, die jemand hat. Schnelligkeit kann dem effektiven Problemlösen gelegentlich sogar im Wege stehen. Bergsteiger berichten beispielsweise, dass sie ungern Kletterer unter 25 auf schwierige Bergtouren mitnehmen, weil deren Risikobereitschaft zu groß ist. Wann immer es gefährlich ist, zu schnell zu agieren, ist die Leistung von jungen Leuten eher infrage zu stellen. Auch in einem Unternehmen kommt es deshalb darauf an, eine gute Mischung aus Schnelligkeit und Langsamkeit, aus Mechanik und Pragmatik zu finden.

Das klingt positiv. Warum empfinden viele Menschen die Vorstellung, lebenslang lernen zu müssen, trotzdem als Bedrohung?

Primäre Gründe sind das biologische Alt-Werden und die negativen Altersbilder in unserer Gesellschaft, gepaart mit körperlichem Jugendwahn. Dass ältere Menschen heute deutlich fitter sind als früher, hat sich noch nicht hinreichend herumgesprochen. Wir haben noch keine Kultur für ein gutes Altern und deshalb auch keine Kultur der Arbeit für das Alter. Wir strukturieren einen Lebenslauf in die Sequenz Ausbildung, Arbeit, Familie, Ruhestand. Dabei ist diese Struktur in einer Zeit entstanden, in der es viele Junge und wenige Alte gab und in der die meisten nicht älter als 75 wurden. Das ändert sich, aber noch immer sollen ältere Mitarbeiter in dem Job bleiben, den sie nun mal haben. Tatsächlich ändern sich mit zunehmendem Alter aber Kompetenzen und Präferenzen. Alte wollen sich eher mit Dingen beschäftigen, die weniger körperliche Vitalität und mehr emotionale Intelligenz erfordern, auch zeitliche Flexibilität ist für sie ein wichtiges Kriterium. Aber der Betroffene wird in der Regel gar nicht gefragt, was er gern lernen oder tun würde, um wieder Freude am Beruf zu haben – und gut zu sein. Auch deshalb wird die Idee des lebenslangen Lernens und der beruflichen Umorientierung als Bedrohung empfunden. Und das ist meiner Meinung nach auch der Grund dafür, dass Ältere heute etwa fünf Jahre früher aus dem Arbeitsleben ausscheiden als noch vor hundert Jahren, sie tun es nicht unbedingt wegen der gegenwärtigen Lage auf dem Arbeitsmarkt.

Lernen bedeutet auch, dass man etwas nicht weiß. Möglicherweise tun sich die Älteren mit dem Lernen auch schwer, weil sie den Gesichtsverlust vor ihren jüngeren Kollegen fürchten.

Sie haben recht, aber nur, weil wir Lernen als das Beheben eines Defizits verstehen und auf das Entwicklungspotenzial des Alters nicht angemessen eingehen. Unternehmer wie Mitarbeiter müssen ihre Vorstellungen vom Lernen verändern. Flexibilität im Ort und in der Form der Arbeit muss zum allgemeinen Unternehmens- und Lebensziel werden. Emotionale und soziale Kompetenz sind beispielsweise Stärken, die vielfach mit dem Alter zunehmen. Und beide gehören zu den wichtigsten Qualifikationen überhaupt. Wenn sich die Gesellschaft erst umorientiert, wird sich auch die Frage der Produktivität des älteren Menschen anders stellen.

Über die drohende Veränderung der Altersstruktur reden wir schon lange – der kulturelle Wandel lässt auf sich warten.

Es gibt einen sogenannten Societal Lag zwischen den Strukturen der Gesellschaft und dem Potenzial des Alters. In dieser Hinsicht hinken die gesellschaftlichen Strukturen überall hinterher. Zwischen den existierenden Institutionen und dem modernen Lebensverlauf gibt es eine Kluft, wo immer man hinschaut. Das gilt nicht nur für die Welt der Arbeit, sondern auch für das Bildungswesen und insbesondere für die Hochschulen – auch dort muss sich die Idee des lebenslangen Lernens niederschlagen.

Wer jetzt eine Hochschule gründen wollte, dürfte sie auf keinen Fall auf 20- bis 25-jährige Studenten ausrichten. In Zukunft werden genauso viele 30-, 40-, 50- und auch 60-Jährige über den Campus laufen, wobei sich auch die Inhalte, die Form und die Zeitfenster des Studierens ändern werden. Die Verteilung des Lernens über das gesamte Erwachsenenleben erfordert völlig andere Hochschulkonzeptionen als die, die wir gegenwärtig haben. Deshalb reichen die Reparaturen, wie sie derzeit durchgeführt werden, nicht aus. Die Hochschulen müssen das Lehrangebot den Bedürfnissen der älteren Arbeitnehmer und der Unternehmen anpassen. Aus dem, was sich früher Weiterbildung nannte, muss etwas werden, was man eher als berufliche Renaissance bezeichnen sollte. Die Internationale Universität von Bremen hat hier Modellcharakter.

Welche Schlüsselkompetenzen braucht lebenslanges Lernen?

Es mag banal klingen, aber die wichtigste Kompetenz ist die lebenslange Neugier. Die zweite ist der Glaube daran, dass man es schaffen kann, dass man Entwicklungspotenzial hat. Im Vergleich zu Amerikanern sind wir Deutsche beispielsweise zu pessimistisch. Es geht darum, Lern-Persönlichkeiten zu formen. Die Entwicklungspsychologen nennen das eine lebenslange Ich-Plastizität.

Kann sich der Geist noch entwickeln, wenn der Körper schon verfällt?

Zum Teil schon. Es sind einerseits die gesellschaftlichen Möglichkeiten und andererseits das Lernverhalten, die determinieren, was man aus sich macht. Im letzten Lebensdrittel wird Entwicklung natürlich schwieriger, aber nicht unmöglich. Da kommt es zu einer immer engeren Koalition zwischen Körper und Geist. Immer mehr vom Geist muss in körperliche Prozesse investiert werden. Körperlich untrainierte 65-Jährige beispielsweise investieren 30 Prozent ihrer kognitiven Ressourcen ins schnelle Gehen. Das heißt, selbst wenn der 65-Jährige die kognitiven Ressourcen eines 30-Jährigen hätte, stünden davon nur noch 70 Prozent für andere Tätigkeiten zur Verfügung. Das wirkt sich etwa aus, wenn man gleichzeitig gehen und denken oder Auto fahren und dabei telefonieren will. Früher bin ich einfach aufgestanden, heute geht das nicht ohne eine kleine Zuwendung von kognitiver Aufmerksamkeit.

Ich habe in den Schweizer Alpen Wanderer unterschiedlichen Alters beobachtet. Die Älteren haben aufgehört zu reden, wenn ein Felsbrocken im Weg lag, und nahmen das Gespräch erst wieder auf, wenn das Hindernis umgangen war. Die Jüngeren sind nicht nur einfach drübergesprungen, sie haben dabei auch weitergeredet. Diese Beobachtung demonstriert die beiden Prozesse: den altersbedingten Ressourcenverlust und die zunehmende Investition dieser schwindenden Ressourcen in den Körper. Firmen sollten daraus lernen. Körperliche Fitness gehört zur Weiterbildung und setzt mentale Kapazitäten für die geistige Arbeit frei.

Können Erfahrung und Wissen diese biologischen Gegebenheiten nicht wettmachen?

Wissen ist eine sehr mächtige Strategie, um den Verlust an körperlicher Fitness zu kompensieren. Kulturelle Evolution ist immer ein Umgang mit Defiziten gewesen. Der Anthropologe Arnold Gehlen fasste Kultur als Kompensation biologischer Unzulänglichkeiten auf. Wenn wir also immer älter werden, dann bestehen die nächsten Schritte unserer kulturellen Entwicklung darin, das Alter in produktive Kraft zu verwandeln.

Es gibt auch Erkenntnisse über Strategien des guten Alterns. Dazu gehört, sich auf weniger Dinge zu konzentrieren und dort alle zeitlichen und energetischen Ressourcen einzusetzen, einschließlich unterschiedlicher Wege der Kompensation. Der Pianist Arthur Rubinstein hat das einst schön beschrieben. Er wurde gefragt, wie er es schaffe, trotz seines hohen Alters noch so erfolgreich zu sein. Nun, er spiele weniger Stücke, übe diese aber häufiger und baue größere Kontraste zwischen schnellen und langsamen Passagen ein, um so seinen mechanischen Schnelligkeitsverlust zu überdecken.

Die Entwicklung scheint in die entgegengesetzte Richtung zu gehen. Wir setzen alles daran, jung zu bleiben.

Ja, wir wollen länger und länger fit sein und gut aussehen. Am Jugendwahn gewinnt aber bestenfalls der Körper. Wer daran festhält, kann sich nicht dem nötigen Wissenswahn zuwenden, den er braucht, um das Beste aus seinem Alter zu machen. Alt zu werden ohne Wissensreservoir kann grausam sein. Deshalb fällt der auf den Körperkult Trainierte leicht in ein tiefes Sinnloch, wenn er älter wird. Dem gilt es vorzubeugen. Aber in der gegenwärtigen Welt ist das nicht leicht. Leider gibt es nur wenige positive Eigenschaften, von denen unsere Gesellschaft glaubt, dass sie mit dem Alter zunehmen: Würde, Lebenserfahrung und Weisheit.

Tatsächlich haben ältere Menschen oft viel mehr zu bieten, was auch den Unternehmen nützt. Alterswissen bedeutet beispielsweise ein Verständnis für Variabilität, für kulturelle und persönliche Diversität: Im Alter kann man in einer profunden Weise einsichtsvoller werden. Ein alter Mensch weiß, dass es viele Wege nach Rom gibt. Auch der Umgang mit Unsicherheit und fehlender Vorhersagbarkeit ändert sich im Alter. Es ist immer die jüngste Generation, die am stärksten daran glaubt, dass die Zukunft kontrollierbar und vorhersagbar sei. Die Älteren suchen dagegen meist Substitutionspotenziale, das heißt, sie denken darüber nach, was zu tun ist, wenn es nicht kommt wie erwartet. Für das Unvorhersagbare bereit zu sein ist eine Facette guter Altersvorsorge, ökonomisch und psychisch.

Sie sprechen von einer Kultur des Alterns, aber Politik, Wirtschaft und Medien befürchten den Konflikt zwischen den Generationen.

Ich halte das für eine völlig falsche Vorhersage. Zwar wird uns die Generationsdynamik beschäftigen, weil wir die falschen gesellschaftlichen Strukturen haben und weil es immer darum gehen wird, gesellschaftliche Ressourcen fair auf alle Lebensalter zu verteilen. Aber die daraus entstehenden Probleme sind wegen ihrer psychologischen Besonderheit lösbar.

Jeder Mensch ist, wenn Sie so wollen, gleichzeitig jung und alt. Wer jung ist, denkt über sein Leben in der Zukunft nach. Und die Alten erinnern sich an ihre Jugendzeit, sie haben Kinder und Enkel. Es gehört zu den Befunden der Alternsforschung, dass sich die älteren Generationen immer den jüngeren zuwenden und dass sie in der Lage sind, im Interesse der nachfolgenden Generation Bescheidenheit zu üben. Alt für Jung ist ein Motto, das viele ältere Menschen zu leben bereit sind. Was fehlt, ist die gesellschaftliche Aufklärung. Ja, das Leben länger produktiv sein zu lassen, erfordert eine neue Welt. Aber Alter hat Zukunft, denn die Zukunft ist das Alter. ➤

Das Wissen besser nutzen

Ursula Staudinger hat sich nichts Geringeres vorgenommen, als die Werkzeuge einer neuen Kultur zu schaffen. Und viel Zeit hat die Entwicklungspsychologin nicht. Schon in einer Generation wird die Hälfte der Bevölkerung älter als 50 Jahre sein. Dann müssen die Menschen wissen, wie sie bis ins hohe Alter im Job konkurrenzfähig sein können, weil der Renteneintritt um Jahre verschoben ist. Unternehmen müssen in der Lage sein, auch 60-Jährige produktiv einzubinden, weil es zu wenig qualifizierten Nachwuchs gibt. Und die Hochschulen müssen Teil eines neuen Bildungssystems sein.

Als Leiterin des Jacobs Center for Lifelong Learning and Institutional Development der International University Bremen hat Staudinger beste Bedingungen, um das Werkzeug zu entwickeln, das im Zentrum des Kulturwandels steht: das lebenslange Lernen. Im Herbst vergangenen Jahres mit zehn Millionen Schweizer Franken der Jacobs Foundation gegründet, besetzt Staudinger gerade die acht Forschungsbereiche mit Experten, die die Voraussetzungen für lebenslanges Lernen erfinden sollen – von Kommunikations- und Erziehungswissenschaften über Soziologie, Human Resources und Human Performance bis hin zur Entwicklungspsychologie der Lebensspanne.

Obwohl der Lehrbetrieb noch gar nicht begonnen hat, haben schon etliche Personalleiter großer Unternehmen bei Staudinger angeklopft. „Die Firmen wissen, dass sie in Zukunft mit veränderten Alterszusammensetzungen in ihren Belegschaften konfrontiert sein werden." Aber sie wissen nicht, wie sie sich auf die neue Welt vorbereiten sollen: „Es gibt noch immer die Vorstellung, dass sich ab 50 keine Weiterbildungsinvestition mehr lohnt", kritisiert Staudinger.

Der Consulting-Bereich des Jacobs Centers soll die Wissenslücke schließen. „Wir wollen Methoden entwickeln, das Wissen aus den Sozial- und Verhaltenswissenschaften besser zu nutzen", sagt Staudinger. Dazu gehören neben der Weiterbildung Konzepte zur Entwicklung der Persönlichkeit und der kognitiven Fähigkeiten, aber auch zur Pädagogik für 50-Jährige. „Es ist zum Beispiel ein Problem, dass Mitarbeiter ab einer bestimmten Hierarchie-Ebene nicht mehr zugeben können oder dürfen, etwas nicht zu wissen." Kreative Lernkonzepte können da helfen, aber auch der Wechsel in andere

Bereiche, der bislang eher den jungen Aufsteigern vorbehalten ist: „Job-Rotation ist auch für Ältere sinnvoll, der Einstieg in einen anderen Unternehmensbereich bringt neue Anforderungen, neue Fragen und neue Motivation."

An der Investition in lebenslange Bildung führt kein Weg vorbei, meint Staudinger, und das gelte für Wirtschaft wie Hochschulsysteme. Die Technische Universität Dresden etwa, an der Staudinger die vergangenen Jahre lehrte, muss schon bald mit halbierten Studentenzahlen rechnen. Konsequent bietet die TU deshalb verstärkt postgraduale Studiengänge an – in Kooperation mit der Privatwirtschaft. Auch die International University Bremen wurde vom Wirtschaftssenat der Stadt finanziert. „Hier ist in das Produkt Bildung investiert worden", sagt Staudinger, die davon überzeugt ist, dass Bildung einen Wert hat, auch wenn sich Wissen betriebswirtschaftlich noch nicht rechnen lasse. „Im Moment schlagen Investitionen in Mitarbeiter-Bildung zu Unrecht nur auf der Kostenseite zu Buche", sagt Staudinger. In der Dienstleistungsgesellschaft führe kein Weg daran vorbei, die Produktivität von Bildung messbar zu machen.

Dazu will die Leiterin des Jacobs Centers ebenso beitragen wie zu einer neuen Einstellung zum Alter. Den Wunsch, jung zu sein, werde man allerdings nie abschaffen können, meint die Psychologin: „Wir machen uns nur ungern klar, dass wir endliche Wesen sind, deshalb verdrängen wir das Alter lieber." Aber um dies zu ändern, brauche es neben einer Kultur des Alterns auch eine des Sterbens.

Literatur:

Paul B. Baltes: Altern hat Zukunft.
In: »Die Zeit«, Nr. 14, 27.3.2002; Seite 13

Paul B. Baltes: Das Zeitalter des permanent unfertigen Menschen –
Lebenslanges Lernen nonstop?
Aus Politik und Zeitgeschichte, 2001, B 36; Seite 24–32

„Die Kultur des Alterns" erschien zuerst im März 2004 in „McK Wissen 08 – Menschen".

Und heute?

Paul B. Baltes ist im November 2006 im Alter von 67 Jahren an Krebs gestorben. Ein Jahr vor seinem Tod gründete er das Internationale Max-Planck-Forschungsnetzwerk zur Alternsforschung. Im Herbst nach Erscheinen unseres Artikels wurde er für sein Lebenswerk mit einem Ehrenpreis der Deutschen Gesellschaft für Psychologie geehrt.

Das Jacobs Center on Lifelong Learning hat den Lehrbetrieb für Doktoranden und Post-Graduates inzwischen aufgenommen. Insgesamt arbeiten am Institut derzeit rund 40 Wissenschaftler daran, das lebenslange Lernen aus den unterschiedlichsten Blickwinkeln zu beleuchten.

Institutsleiterin Ursula Staudinger ist seit 2007 auch Vizepräsidentin der Leopoldina – Nationale Akademie der Wissenschaften und seit 2008 Vorsitzende der Deutschen Gesellschaft für Psychologie in Göttingen. 2008 erschien das von ihr herausgegebene Buch: „Was ist Alter(n)?":
Ursula Staudinger, Heinz Häfner (Hg.): Was ist Alter(n)?: Neue Antworten auf eine scheinbar einfache Frage. Springer Berlin, 2008; 248 Seiten, 29,90 Euro

Vom Leben lernen

Vielleicht haben wir uns zu sehr spezialisiert,
meint der Theaterautor und Regisseur *Robert Wilson*.
Und plädiert für mehr Verständnis und Offenheit
für Menschen, die aus Bereichen kommen, die uns fremd
sind. Ein persönliches Lehrstück.

Etwas über das Lernen lernen. Wir lernen zu laufen, indem wir laufen. Meine Aufgabe als Künstler ist es, Fragen zu stellen. Also zu sagen: Was ist das?, und nicht etwa: Es ist dies und das. Ich arbeite als Künstler, um zu fragen: Was ist das? Was sage ich da? Was tue ich da? Denn wenn man weiß, was man tut, gibt es keinen Grund mehr, es zu tun.

Ich bin vor allem für meine Arbeiten am Theater bekannt, doch ich habe nie Theaterwissenschaften studiert. Wenn ich Theaterwissenschaften studiert hätte, würde ich vermutlich nicht tun, was ich heute tue. Ich wuchs in einer kleinen Stadt in Texas auf, in der es weder Theater noch Museen oder Kunstgalerien gab. Ich ging zum ersten Mal ins Theater, nachdem ich mit Anfang zwanzig nach New York gezogen war. Was ich dort sah, gefiel mir allerdings nicht. Das meiste davon gefällt mir bis heute nicht. Ich sah mir Broadway-Stücke an und mochte sie nicht, ich besuchte die Oper und mochte sie ebenfalls nicht.

Dann sah ich Arbeiten von George Balanchine am New York City Ballett, und sie gefielen mir sehr – und gefallen mir bis heute. Sie gefielen mir wegen des Raums, des geistigen Raums, des konkreten Raums. Mir gefiel, wie sich die Akteure auf der Bühne bewegten, nämlich ganz anders als in Broadway-Stücken und in der Oper, denn die Tänzer in den Stücken des New York City Balletts und George Balanchines tanzten in erster

Linie für sich selbst und gestatteten dem Publikum lediglich, ihnen dabei zuzusehen, ohne seine Aufmerksamkeit direkt einzufordern. Die Stücke gefielen mir, weil sie klassisch aufgebaut waren. Schon als Kind haben mich klassische Formen immer angezogen. Sie gefielen mir wegen des geistigen Raums, eines Raums, der es mir einfach gestattet, etwas zu hören und etwas zu sehen. Ganz besonders mochte ich die abstrakten Arbeiten Balanchines. Sie enthielten sich jeder Psychologisierung. Sie atmeten so etwas wie geistige Freiheit.

Dann sah ich Arbeiten von Merce Cunningham und John Cage und mochte auch sie, und zwar aus denselben Gründen. Ich mochte sie wegen des Raums. Es ist merkwürdig, dass in den Stücken von Cunningham und Cage – John Cage ist der Komponist und Merce Cunningham der Choreograf – Musik und Tanz oft bei der Premiere zum ersten Mal aufeinandertrafen. Was man hörte, konnte etwas ganz anderes sein als das, was man sah, und das war sehr merkwürdig: dass ich etwas sah und etwas hörte und dass diese beiden Dinge einander verstärkten, ohne illustrieren, ausschmücken oder kommentieren zu müssen. Und dass sie mir tatsächlich halfen, ihren jeweiligen Gegenpart besser zu hören beziehungsweise zu sehen. Daher glaube ich, wenn ich an diesem Morgen auf mein Werk zurückblicke, dass das Betrachten der Tänzer und ihrer Bewegungen der erste wichtige Einfluss war, der meine heutige Arbeit bestimmt.

Im Jahr 1967 ging ich eine Straße in Summit, New Jersey, entlang und sah einen Polizisten, der im Begriff war, ein Kind mit einem Schlagstock auf den Kopf zu schlagen. Das Kind war ein afro-amerikanischer Junge, dreizehn Jahre alt. Ich fragte den Polizisten: „Warum wollen Sie dieses Kind schlagen?" Er sagte: „Das geht Sie nichts an." Ich sagte: „Doch, ich bin ein mündiger Bürger, warum wollen Sie dieses Kind schlagen?" Wir begaben uns auf eine Polizeiwache. Auf dem Weg dorthin hörte ich die Laute, die der Junge von sich gab, und erkannte sie als die Laute, die Gehörlose von sich geben. Schließlich verließ ich die Polizeiwache mit dem Jungen und begleitete ihn in die Zweizimmerwohnung, in der er mit dreizehn anderen Menschen wohnte. Und zu meiner großen Überraschung wussten diese Leute nicht, dass das Problem darin bestand, dass der Junge taub war.

In den nächsten Wochen lernte ich den Jungen näher kennen und erfuhr, dass er in ein Heim für jugendliche Delinquenten eingewiesen werden sollte und dass man ihn für bildungsresistent hielt. Ich hatte diesen Ausdruck nie zuvor gehört. Er bedeutete, dass er nichts lernen könnte. Soweit ich wusste, konnte er nicht sprechen. Dreizehn Jahre alt. Also sagte ich: „Woher weiß man, dass dieses Kind nichts lernen kann?" Man habe ihn geprüft. Also sagte ich: „Kann ich den Test mal sehen?" – „Das geht Sie nichts an." Ich sagte: „Doch, es geht mich etwas an, ich bin ein mündiger Bürger. Warum wollen Sie dieses Kind einsperren, kann ich bitte die Prüfung sehen?" Man zeigte sie mir. Es war eine schriftliche Prüfung. Ich sagte: „Soweit ich weiß, kann dieser Junge nicht sprechen. Ich möchte, dass er noch einmal geprüft wird."

Er wurde ein weiteres Mal geprüft. Man gab ihm 215 leere Blätter, und er setzte eine kleine diagonale Linie links oben auf jede Seite. Daraufhin sagte der amtliche Psychologe des Staates New Jersey, dass er bildungsresistent sei. Ich sagte: „Sie meinen, diese kleine diagonale Linie bedeutet, dass er nichts lernen kann?" Er sagte: „Genau." Ich sagte: „Das kaufe ich Ihnen nicht ab."

Der Junge hatte keinen gesetzlichen Vormund. Ich war siebenundzwanzig Jahre alt, und es war das Jahr 1967, also beschloss ich, vor Gericht zu gehen und seine Adoption zu beantragen, damit er einen gesetzlichen Vormund hätte und ich ihn davor bewahren könnte, in ein Heim eingewiesen zu werden. In der Verhandlung sagte der Richter: „Was bringt Sie zu der Annahme, dass dieser Junge intelligent ist, Mr. Wilson?" Ich sagte: „Er hat Sinn für Humor, und das ist ein Zeichen von Intelligenz, Herr Vorsitzender." Das überzeugte den Richter nicht. Gegen Ende der Verhandlung fragte ich meinen Rechtsanwalt, der ebenfalls siebenundzwanzig war: „Womit könnte ich den Richter überzeugen, mir dieses Kind zuzusprechen?" Er sagte: „Ich weiß es nicht." Ich sagte: „Glaubst du, dass wir den Prozess gewinnen?" Er sagte: „Nein." Am Ende der Verhandlung sagte ich: „Wissen Sie, Herr Vorsitzender, wenn Sie mir dieses Kind nicht übergeben, wird es den Staat New Jersey eine irre Menge Geld kosten, ihn hinter Schloss und Riegel zu halten." Er sagte: „Das ist ein gutes Argument, Mr. Wilson."

Also wurde mir der Junge zugesprochen. Er zog bei mir ein, und ich schrieb meine erste große Arbeit für das Theater zusammen mit diesem dreizehn Jahre alten gehörlosen afro-amerikanischen Jungen, der nicht sprechen konnte und nie zur Schule gegangen war. Wir schrieben ein siebenstündiges Stück, in dem nicht gesprochen wurde. Es wurde nach Frankreich eingeladen und war zu meiner Überraschung ein großer Erfolg. Ich hatte nie vorgehabt, am Theater zu arbeiten. Doch nun bat man mich, am Theater zu arbeiten. Anfangs kannte ich das Theater nicht. Und als man mich bat, nach Berlin zu kommen und am Opernhaus zu inszenieren, sagte ich zwar, dass ich die Oper nicht kenne, keine Übung, keine Erfahrung hätte, dass es eine Katastrophe werden würde. Aber ich arbeitete weiter am Theater und tue das noch.

Eines Abends waren Raymond Andrews, der gehörlose Junge, und ich in meinem Loft in der Spring Street. Es liegt in einem Fabrikgebäude und ist etwa so groß wie dieser Raum hier. Ich befand mich am einen Ende, er am anderen Ende des Lofts. Ich rief: „Raymond!", doch er wandte sich nicht um, weil er mich nicht gehört hatte. Ich wusste, dass er die Erschütterung spüren und sich umdrehen würde, wenn ich mit dem Fuß auf den Boden stampfte, doch ich tat etwas äußerst Merkwürdiges. Ich rief „Raymond, Raymond!" und gab dabei die Laute von mir, die Gehörlose beim Sprechen machen. Er drehte sich um und kam auf mich zu. Ich sagte: „Raymond, wie geht's dir, Raymond, wie geht's dir?", abermals mit den Lauten, die Gehörlose von sich geben, und er fing an zu lachen. Alles klar, Mann, wir verstehen uns! Mir kam der Gedanke, dass er nicht eigentlich hörte, dass vielmehr sein Körper mit den Schwingungen dieser Laute vertrauter war als mit dem hörbaren Klang von Wörtern. Man konnte sehen, dass er die Bedeutung der Worte „Raymond, wie geht's dir?" durch die Schwingungen dieser Laute erfuhr. Seine eigene Stimme allerdings war nach wie vor blockiert und in seinem Körper gefangen.

Als wir in Paris spielten, bat ich ihn eines Nachts, einen Laut mit einer Bewegung zu verbinden, die er gemacht hatte. Die Bewegung ging etwa so: (Wilson führt sie vor). Ich sagte ihm: „Kannst du einen Laut zu dieser Bewegung machen?", und daraufhin tat er das: (Wilson schreit sehr laut). Ich konnte es nicht fassen. Das war nicht der Schrei eines Gehörlosen. Wenn diese Dame schreien würde, wenn dieser Herr schreien würde (Wilson zeigt auf Zuhörer im Publikum), wenn ich schreien würde und wenn er schreien würde, könnten wir den Schrei des Tauben nicht von denen der Hörenden unterscheiden. Dieser eine Laut war nicht mehr blockiert und in seinem Körper gefangen, dieser Laut konnte den Körper verlassen.

Wir fingen mit der Bewegung an, und aus der Bewegung folgte der Laut, gleichsam als Verstärkung ihrer Schwingungen. Manche Anthropologen glauben, dass sich der Mensch zunächst bewegte und erst dann sprechen lernte. Die Laute gingen aus Bewegungen hervor, verstärkten deren Schwingungen und verknüpften sie mit Bedeutung: Worte wurden gebildet. Ich denke im Rückblick auf mein Werk an diesem Morgen, dass die Begegnung mit Raymond Andrews, dem taubstummen afro-amerikanischen Jungen, der zweite wichtige Einfluss auf meine Arbeit war, die mich vor allem in Theaterkreisen bekannt gemacht hat.

Eines Abends im Jahr 1972 fand in meinem Loft eine Party statt. Ich veranstaltete jeden Donnerstag Partys und lud drei- oder vierhundert Leute aus dem öffentlichen Leben ein. Es kamen Künstler, Wissenschaftler, ältere Menschen, Kinder – ich hatte ein offenes Haus. Auf einer dieser Partys erschien einer meiner ehemaligen Lehrer und übergab mir ein Tonband, auf dem etwa Folgendes war: „Jemm jemm iemm iemm emm emm emm emm … guckt gerne Fernsehen, weil A, weil sie Familie Feuerstein mag, weil B, Emily guckt gerne Fernsehen, weil sie Fernsehen guckt." Ich rief den Lehrer an und fragte: „Von wem stammt diese Aufnahme?" – „Von einem dreizehn Jahre alten Jungen in Schenectady, New York. Christopher Knowles. Er lebt in einem Heim für Kinder mit Hirnschäden." Ich sagte: „Das Band ist sehr interessant, ich würde den Jungen gerne kennenlernen." Zu dieser Zeit arbeitete ich an einem Theaterstück, das „The Life and Times of Joseph Stalin" hieß. Es war ein zwölfstündiges Stück ohne Worte. Mein Ensemble bestand aus 128 Leuten. Ich arbeitete acht Monate lang an der Inszenierung und hatte die ganze Zeit über vor, diesen Jungen anzurufen. Ich musste ihn kennenlernen.

Und vergaß es doch wieder. Eine Woche vor der Premiere rief ich schließlich seine Eltern vom Opernhaus der Brooklyn Academy of Music aus an und sagte, dass ich das Band mit der Aufnahme ihres Sohnes gehört hätte und ihn gerne kennenlernen würde. Ich wollte ihn einladen, sich mein Stück anzusehen. Zufällig war er gerade bei seinen Eltern zu Besuch, die in Brooklyn wohnten. Sie wollten ihn herfahren. Ich sagte: „Hören Sie, das Stück dauert zwölf Stunden, und er ist noch ein Kind. Wenn er nicht die ganze Zeit über hierbleiben kann, ist das in Ordnung. Sie können eine Stunde bleiben und dann wieder gehen und später wiederkommen, wenn Sie wollen. Das muss Ihnen nicht peinlich sein; es ist nicht wie bei Shakespeare, wo man den zweiten Akt kennen muss, um den dritten zu verstehen. Es ist ganz anders aufgebaut."

Also fuhren sie ihn her. Ich spielte in dem Stück mit, und wenn ich selbst mitspiele, bin ich, um die Wahrheit zu sagen, mitunter sehr schwierig – man sagt, ich sei eine echte Primadonna. Deshalb hing ein Schild an meiner Garderobe: „Bitte nicht stören." Eine halbe Stunde vor der Aufführung wurde an die Garderobentür geklopft, und ich sagte: „Ja, bitte." – „Hi, ich bin Barbara Knowles, ich habe Christopher dabei, wir wollten nur mal kurz Guten Tag sagen." Und ich sagte: „O Gott." Dann ging ich zur Garderobentür und öffnete sie, und da stand Chris. Und ich sagte, sagte einfach so: „Willst du heute in meinem Stück mitspielen, Chris?" Wohlgemerkt, ich hatte seit acht Monaten geprobt! Und er sagte gar nichts, und seine Mutter sagte: „Was soll er denn tun?" Ich sagte: „Keine Ahnung. Was ist mit dir, Chris, würdest du gerne in meinem Stück mitspielen?" Und wieder sagte er nichts, und wieder sagte seine Mutter: „Was soll er denn tun?" Also fragte ich sie: „Wie sieht es aus, darf er heute mitspielen?" Sie sagte: „Na gut, wenn es nicht so lange dauert, ist es okay."

Unmittelbar vor Beginn der Aufführung nahm ich ihn an die Hand. Er war dreizehn Jahre alt, wir standen vor Publikum, 2200 Leute im Saal. Ich sagte: „Meine Damen und Herren, EMM, EMM, EMM, EMM, EMM, EMM … Emmemmemmemm, EMM, EMM, Emily guckt gerne Fernsehen, weil A." Und Chris sagte: „Weil sie Buggs Bunny mag." Und ich sagte: „Weil B." Und er sagte: Weil sie Micky Maus mag." Und ich sagte: Weil A." Und er sagte: „Weil sie Familie Feuerstein mag." Und ich sagte: „Weil B." Er sagte: „Emily guckt gerne Fernsehen, weil sie Fernsehen guckt." Wir gingen ab, und es gab Applaus. Ich sagte: „Nicht schlecht, Chris. Lass uns noch mal auf die Bühne gehen, aber diesmal fängst du an." Und er lief auf die Bühne (bei einem Stück ohne Dialog) und sagte: „He, hataKlapshat, Klaps …" Ich improvisierte eine Entgegnung, dann gingen wir ab. Seine Mutter kam uns entgegen und sagte, er müsse jetzt nach Hause, und am nächsten Morgen rief sein Vater an und sagte, sie seien sehr erstaunt, dass Christopher, der niemals vor Fremden sprach und kaum je von sich aus zu reden anfing, so begeistert über seinen Auftritt sei, dass er fragen lasse, ob er am nächsten Abend wieder mitspielen dürfe.

Ich stimmte zu, wir traten miteinander auf, und schließlich nahm ich sein „HataKlaps, hat, hat, happklapp, happ …" auf Band auf und schrieb es ab. Ich war verblüfft, ich war erstaunt angesichts der Organisation, der Mathematik und der Geometrie von „happ, Klaps, hat". Es besaß eine Form: Erst wurde es viermal wiederholt, dann dreimal mit einer Variation, dann wieder viermal, dann wieder dreimal mit einer Variation, dann viermal, dreimal, viermal, dreimal, zweimal, einmal, zweimal, einmal, einmal, zweimal, einmal, zweimal, viermal, dreimal, viermal, dreimal, zweimal, einmal. Wie auch immer: Sein Geist war vollkommen klar, er konnte visuelle ebenso wie akustische Muster unterscheiden. Und schließlich zog auch er bei mir ein und arbeitete mit mir zusammen am Theater.

So entstand mein erstes Theaterstück in Zusammenarbeit mit Christopher Knowles. Es war das erste Mal, dass ich Text in einem Stück verwendete. In der zweiten Nacht, in der er bei mir wohnte, sagte er: „Ich bin der rote Satellit, entworfen nach dem Wahnsinn am Himmel." Ich werde das im Leben nicht vergessen.

Er erinnerte sich an Ereignisse aus der Zeit, als er acht Monate alt gewesen war, und konnte sie schildern. Er konnte eine bedruckte Seite ansehen und sagen: „Auf dieser Seite stehen 68 Wörter." Ich sagte: „Woher weißt du das, Chris?" – „Woher, ich weiß nicht woher, ich weiß nicht." Wenn man die Wörter zählte, kam man auf 68. Ich ging in das Heim, in das man ihn eingewiesen hatte. Ich sprach mit dem Direktor. Ich sagte: „Warum wurde dieses Kind hier eingewiesen?" Alles, was der Junge tat, jedes „HataKlapshathathapp-klapp …" und jedes „EMM-EMMMEMM, Emm" wurde korrigiert, wurde verboten. Ich sagte: „Warum verbieten wir dieses Verhalten? Was ist falsch daran? Natürlich ist es seltsam. Ich würde es ermutigen, ihn dazu bringen, es öfter zu machen, was ist denn falsch daran? Wenn er zu mir käme und bei mir wohnte, mit mir zusammenarbeitete, würde ich es akzeptieren, ich würde es auf die Bühne bringen."

Wenn ich an diesem Morgen auf meine Arbeit zurückblicke, denke ich, dass der dritte wichtige Einfluss die Begegnung mit Christopher Knowles war. Der erste war, den Tänzern zuzusehen. Der zweite die Begegnung mit Raymond Andrews, dem taubstummen Jungen. Der dritte die Begegnung mit Christopher Knowles, bei dem man Autismus und Hirnschäden diagnostiziert hatte.

Ich habe an der University of Texas studiert. Ich habe Business Administration belegt (es ist wirklich wahr) und außerdem eine Art juristisches Vorstudium absolviert. Dann ging ich nach New York und studierte Architektur und Malerei. Der Besuch des Balletts, die Begegnung mit einem gehörlosen Jungen, die Begegnung mit Christopher Knowles, einem als autistisch und hirngeschädigt bezeichneten Kind – diese Dinge bilden die Vorgeschichte meiner heutigen Theaterarbeit.

Vielleicht haben wir uns zu sehr spezialisiert – Geschäftsleute verstehen etwas von Ökonomie, Künstler verstehen etwas von Kunst, Wissenschaftler kennen sich mit Wissenschaft aus und Mathematiker mit Mathe – dabei kommt es für uns heute darauf an, andere zu verstehen, die aus anderen Gebieten kommen. Vielleicht würden wir uns als Individuen dann anders verhalten. Ich danke Ihnen. ➤

Nachdruck aus: Nelson Killius, Jürgen Kluge, Linda Reisch (Hg.):
Die Bildung der Zukunft. Suhrkamp Verlag, Frankfurt am Main 2003;
363 Seiten, 13 Euro.
Mit freundlicher Genehmigung von Suhrkamp und Robert Wilson.

Der Autor und Regisseur Robert Wilson wurde am 4. Oktober 1941 in Waco/Texas geboren. Nach dem Studium der Betriebswirtschaft an der University of Texas wechselte er 1962 an das New Yorker Pratt Institute, um Kunst und Architektur zu studieren. Internationalen Beifall erhielt er für seine stumme Oper „Deafman Glance" (1971), mit seinem taubstummen Adoptivsohn in der Hauptrolle. Mit der Philip-Glass-Oper „Einstein on the Beach" debütierte er 1976 in Deutschland. Seit Mitte der achtziger Jahre interpretiert Wilson für die Bühne neben eigenen Werken auch die anderer Autoren. Zu den erfolgreichsten Stücken gehören seine musikalischen Inszenierungen am Hamburger Thalia Theater. Seit 1998 arbeitet er auch mit dem Berliner Ensemble zusammen. Wilson hat bislang mehr als 100 Stücke, Soli, Filme und Workshops produziert sowie Bühnendekorationen und Möbel entworfen.

„Vom Leben lernen" erschien zuerst im September 2005 in „McK Wissen 14 – Bildung".

• • •

Und heute?

Robert Wilson ist als Choreograph, Lichtkünstler und Autor nach wie vor auf allen Bühnen der Welt zuhause. In Deutschland hat er zuletzt die

Shakespeare Sonette am Berliner Ensemble und den Freischütz am Festspielhaus in Baden-Baden inszeniert. In Hamburg und Berlin waren jüngst eine Reihe der Video Porträts zu sehen, die Wilson seit 2004 anfertigt. Im Frühjahr 2006 erschien der Dokumentarfilm „Absolute Wilson", für den die Autorin Katharina Otto-Bernstein Wilson mehr als fünf Jahre begleitet hat. Auch der Hamburger Fotograf Jo Röttger folgte dem rastlosen Weltenbummler Wilson bei zahlreichen Projekten. Entstanden ist dabei das viel gelobte Buch: „Wilson's World":

Jo Röttger, Andrzej T. Wirth: Wilson's World – A photographic journey with Robert Wilson. Peperoni Books, 2009; 216 Seiten, 48 Euro

QUELLEN

Seite 6
„Leben heißt lernen"
von Peter Lau ist zuerst erschienen in
brand eins 05/2005

Seite 12
„Wir denken, um die Wahrheit zu beweisen"
von Christiane Sommer
ist zuerst erschienen in brand eins 11/2009

Seite 20
„Die Vermessung der Welt"
von Frank Burger ist zuerst erschienen in
Notizen Bildung, 2007

Seite 28
„Krabbeln, brabbeln, entdecken"
von Ralf Grauel ist zuerst erschienen in
McK Wissen 08 – Menschen, 03/2004

Seite 42
„Wieso, weshalb, warum?"
von Kerstin Friemel ist zuerst erschienen in
McK Wissen 14 – Bildung, 09/2005

Seite 52
„Offene Fenster"
von Ralf Grauel ist zuerst erschienen
in McK Wissen 08 – Menschen, 03/2004

Seite 62
„Auf der Suche nach der Begeisterung"
von Mathias Irle ist zuerst erschienen in
brand eins 05/2005

Seite 68
„Zeit der Zeugnisse"
von Andreas Molitor ist zuerst erschienen
in McK Wissen 20 – Qualität, 03/2007

Seite 82
„Mein Tagebuch"
von Elisabeth Gründler ist zuerst erschienen
in McK Wissen 14 – Bildung, 09/2005

Seite 96
„Frau Königs Kinder"
von Andreas Molitor ist zuerst erschienen in
brand eins 05/2005

Seite 106
„Entdecken, was Schule macht"
von Gerhard Waldherr ist zuerst erschienen
in brand eins 05/2008

Seite 116
„Optimal entfaltet"
von Matthias Hannemann ist zuerst
erschienen in brand eins 01/2009

Seite 128
„Die Stunde der Idioten"
von Wolf Lotter ist zuerst erschienen in
brand eins 05/2008

Seite 142
„Die gläserne Firma"
von Jens Bergmann ist zuerst erschienen in
brand eins 03/2007

Seite 152
„Erkenntnisse aus der Fieberkurve"
von Mathias Irle ist zuerst erschienen in
brand eins 05/2008

Seite 162
„Freie Radikale"
von Harald Willenbrock ist zuerst
erschienen in brand eins 02/2008

Seite 174
„Denkende Hände"
von Andreas Molitor ist zuerst erschienen in
brand eins 12/2007

Seite 184
„Der große Graben"
von Jens Tönnesmann ist zuerst erschienen
in brand eins 11/2007

Seite 198
„Qualität kommt von Qual"
von Wolf Schneider ist zuerst erschienen in
McK Wissen 20 – Qualität, 03/2007

Seite 204
„Entdecke die Möglichkeiten!"
von Gesine Braun ist zuerst erschienen in
Notizen Bildung, 2007

Seite 212
„Geht doch"
von Peter Laudenbach ist zuerst erschienen
in brand eins 09/2009

Seite 224
„Labyrinth der Lettern"
von Helge Bendl ist zuerst erschienen in
McK Wissen 07 – Strategie, 12/2003

Seite 232
„Die Kultur des Alterns"
von Sascha Karberg ist zuerst erschienen in
McK Wissen 08 – Menschen, 03/2004

Seite 242
„Vom Leben lernen"
von Robert Wilson ist zuerst erschienen in
McK Wissen 14 – Bildung, 09/2005

Alle Illustrationen in diesem Buch stammen
von Ika Künzel und sind zuerst in verschiedenen Ausgaben von brand eins erschienen.

IMPRESSUM

HERAUSGEBER
brand eins Wissen

CHEFREDAKTION
Susanne Risch

ARTDIREKTION
Britta Max

REDAKTION
Gesine Braun, Renate Hensel, Victoria Strathon, Michaela Streimelweger

ILLUSTRATION
Ika Künzel

VERLAG
brand eins Verlag, Hamburg

VERTRIEBSPARTNER (CO-VERLAG)
tredition, www.tredition.de

DRUCK
Hein & Co Offset GmbH, Hamburg

PAPIER
Holmen Book 75

© brand eins Verlag, Hamburg, 2010

ISBN 978-3-86850-657-0